Da du nun Suleika heißest

g

Ruth Istock

Da du nun Suleika heißest

Marianne von Willemers
Goethe-Jahre

Gollenstein

Unmöglich scheint immer die Rose,
Unbegreiflich die Nachtigall.

Goethe, Westöstlicher Divan

Die Nachricht

Goethe ist tot. Gestorben um die Mittagsstunde des 22. März. Vorgestern also.

Ihr zuerst brachte Gerhard Thomas die Nachricht des Eilkuriers. Stand im Treppenhaus und war außer Atem, wollte nicht mit nach oben kommen, hielt Mariannes Hand für Sekunden fest in der seinen, ist schon wieder auf dem Sprung, in verständlicher Eile, Bürgermeister der Stadt, die ihren größten Sohn nun endgültig verloren hat.

Das schwere Portal ist hinter dem Schwiegersohn zugefallen. Ein Stockwerk höher schmettert Willemers Distelfink Arien, sagt aber für Hatem keinen Frühling mehr an. So rasch dieser Tod! Marianne bekreuzigt sich. Vor den Augen ihrer protestantischen Familie hätte sie sich die Geste versagt, doch heute ist sie allein.

Wenige Tage zuvor war, wie verheißen, ein Paket mit ihren Briefen gekommen, geordnet, gebündelt, versiegelt, dazu die Bitte, bis zur hora incerta die Schnur nicht zu lösen. Nun ist die Stunde da. – Seltsam unwirklich die vertrauten Küchengeräusche und Grittchens Gesang. Von den Steinplatten steigt eine durchdringende Kälte auf.

Du solltest nicht länger im Zugwind stehen, bist gerade erst von der Grippe genesen. Geh hinauf, Marianne, auch wenn dir die Füße schwer sind wie Blei.

Sie fand es selbst in ihrem Zimmer zu kalt, läutete, sagte Bescheid. Bärbel brachte Holz, legte nach, rückte der Geheimrätin einen Wärmestein unter die Füße, reichte das Häkeltuch für die Schultern, breitete eine Decke über die Knie. Der Schüttelfrost blieb.

Was für ein genaues Wort. Der Leib in Ohnmacht gegen den Schauder von innen. Mit beiden Händen hielt Marianne das kleine bunte Kissen fest, das ihr einst aus Weimar geschickt worden war.

*Mich denkend sieh es freundlich an,
Mich liebend lehne dich daran.*

Sie dachte die Verse, sie hatte für vielerlei Not einen Vorrat, aber jetzt, das Gesicht in den Samt gepreßt, mußte sie lernen, was „niemals mehr" heißt. Die Gewißheit des Todes tat sich als große Leere vor ihr und der Zukunft auf. Kein Posttag in Aussicht, welcher Nachrichten aus Weimar brächte, Gesprächsstoff für Jakob und sie. Keine ausgesuchten Geschenke mehr, keine Gedichte, eigenhändig niedergeschrieben auf den schönen Bogen mit dem gehämmerten Rand. Auch keine Bitten mehr, Teppichproben zu senden oder einen Wappenkalender aus alter Frankfurter Zeit.

Jubeltag, wenn er geschrieben hatte. Willemer holte besseren Wein aus dem Keller, und in der Küche wurde eine Fleischpastete bestellt. Einmal war sie, als die Weimarer Herkunft ausgemacht war, mit dem geöffneten Brief auf der Treppe gestürzt, bevor sie den Hausgenossen die Botschaft verkünden konnte. Ihre Blessuren verbrauchten den Vorrat an Arnika.

Man müßte die Spiegel verhängen, dachte sie jetzt, als sie den Kopf hob und sich als kauerndes Bündel sah. Aber wir sind hier nicht im Sterbehaus, und die Weimarer Totenwacht ist vorüber.

Seine Wohnung am Frauenplan. Ihr hatte sie zu keiner Zeit offengestanden. Das berühmte Salve an der Schwelle zum gelben Saal kam jedermann unter die Füße, wenn er nur dreist genug pochte. Ihre leiseren Töne wurden nicht erhört. „Ich möchte Sie wohl in Ihren häuslichen Pflichten und deren Ausübung belauschen, aber noch weit lieber erleichtern!" Vor sieben Wochen hatte sie dies nach Weimar geschrieben, war aber in siebzehn Jahren der Sehnsucht niemals geladen worden und wagte, bei aller Versuchung, den Überfall nicht.

Abendläuten vom Dom. Willemers Standuhr geht nach. „Sine mora volat hora", oft gelesen auf dem vergoldeten Chronos-Schild. Hast dir vor vielen Jahren von Mieg erklären lassen, was es bedeutet. Er hat dir gesagt, daß das Leben leichter gelingt, wenn die Uhr uns ein Freund ist, in aller Gelassenheit. Auch Goethe hat so gedacht. „Die Zeit, die mir gegönnt, sorgfältigst anzuwenden" – das war sein Credo und hatte zuletzt fast nur der Arbeit gedient.

Marianne neigte sich vor, nahm von der Konsole eine kleine silberne Uhr mit arabischen Ziffern zur Hand. Sie ging nicht, man zog sie nicht auf, es war kein Schlüssel mehr da. Aber sie hätte in Gang gebracht und gebraucht werden können, wäre für jede Reise nützlich gewesen, in einer Lederhülle verwahrt. Lange schon ist sie auf Abruf im Haus. Im Jahr der Welten sollte sie der Geliebte erhalten als Abschiedsgeschenk. Es war ja versprochen gewesen: er käme noch einmal herüber von Heidelberg, Frankfurt lag auf dem Weg. Beim letzten Lebewohl, wenn er schon in der Kutsche saß, hätte sie ihm die Gabe hinaufgereicht. Und irgendwann hätte er auf der Rückseite seine eigenen Verse entdeckt: „Von Suleika zu Suleika ist mein Kommen und mein Gehn", der Liebe zulieb in ihrem Auftrag hineingraviert.

Hatem war nicht mehr nach Frankfurt gekommen, ins Rote Männchen nicht und nicht auf die Gerbermühle. Ein Dämon nahm ihn beim Schopf und führte ihn über Würzburg nach Hause. So hatte er's, nicht ihr, sondern Rosette, mitgeteilt und das Federspritzen und Klecksen seiner Seelenverwirrung zugeschrieben. Später berichtete Freund Boisserée, daß Goethe in Heidelberg plötzlich von Fluchtgedanken getrieben war, in Angst vor Krankheit und Tod, so daß er eine Wegbegleitung für nötig hielt.

Anderes hatte Sulpiz verschwiegen. Warum auch hätte Marianne erfahren sollen, daß der Geheimrat immer wieder von Lili Schönemann sprach, sie ernsthaft wiederzusehen wünschte, sich lebhaft erinnert fühlte an die Wanderungen von Frankfurt nach Offenbach, an der Gerbermühle vorbei. Warum hätte sie hören sollen, wie rasch sich Hatem erholte, als Heidelberg hinter ihm lag. In Neckar-Elz schaut er verzückt die frische Bedienerin an, äugelt und scharmuziert, bis er ein Küßchen erhält.

In der Schlafkammer haben's die Freunde kalt. Da liest er aus seinem Divan vor, orientalische Verse wärmen das Blut. Großartig, was er beisammen hat, aus reichen Quellen gespeist. Niedergeschrieben mit leichter Hand, am persischen Hafis geschult. Boisserée sagt nicht, was er sich denkt, als der Alte ihn vor ernsthaften Verhältnissen mit Frauen, vor Verwicklungen, Qualen und Leiden väterlich warnt.

Marianne stellte die Uhr auf ihren Platz zurück. Man hätte sie nachsenden können. Es wurden ja viele Geschenke zwischen Weimar und Frankfurt getauscht. Aber dies hier war für den Gast. Als der Freund eines Tages ein Bildnis schickte, dem, wie er schrieb, das Original nur gar zu gern folgte, hängte sie's neben die Uhr: eine Beschwörung der guten Dämonen, es möge im nächsten oder übernächsten oder nächstfolgenden Jahr Gelegenheit sein, die Gabe zum Abschied hinaufzureichen, wenn der Besucher in seinem Fahrhäuschen saß.

Die letzte Reise brauchte keinen Zeitmesser mehr. Statt dessen, daran glaubte sie fest, holten ihn ihre Gebete ein.

Das Mädchen kam, fragte nach Wünschen zum Abendbrot. Nein, kein Essen zur Nacht. Aber einen Becher Glühwein mit Honig und Zimt. Zwar hielt sie der Schüttelfrost nicht mehr gepackt, doch tat eine Stärkung not.

Marianne schälte sich aus ihren Hüllen, stand auf, ging ins Kabinett ihres Mannes, um dort die jüngsten Weimarer Briefe zu holen. Sie waren in kurzer Folge eingetroffen und gehörten nun ans Ende der Sammlung, welche ihr anvertraut war. Schon im Gehen entfaltete sie die Blätter, las auf dem letzten Bogen: „Dank also für das verschiedenste Gute, aus einfachem Sinn und Gemüte; Glück zu allem Tun! Freude an allem Gelingen! Und nun, zu eiligster Absendung, das treulichste Fortan!" Datum 23. Februar 1832. Eigenhändig nur seine Unterschrift.

Selten hatten Goethes Briefschlüsse ihre Seele erfreut. Treulichst, anhänglichst, unwandelbar, und so fort und für ewig, so geschäftig als liebend – mit derlei Formeln endete das Diktat. Zuletzt aber las man's anders, seltsame Wendungen machten den Schluß: „Respekt vor dem Unerforschlichen, Freude mit Wohlwollenden angeeignet der Ihrige!" – Klang das nicht wie ein Scheidewort? Und war doch nur das Ende eines Reiseberichts. Seinen zweiundachtzigsten Geburtstag hatte der Uralte mit seinen Enkeln in Ilmenau verbracht, hatte Glasbläser, Holzbrenner besucht, war schließlich allein zum Kickelhahn aufgestiegen. So viel einsame Mühe. Wozu? Marianne, in ihr Zimmer zurückgekehrt, griff nach der Lehne, hielt sich sekundenlang fest. Das Nachtlied, jetzt fiel es ihr ein. Wanderers Nachtlied, welches der junge Mann über den Wipfeln gedichtet und ins Holz der Jagdhütte eingeritzt hatte, er muß es noch einmal gelesen haben: „Warte nur, balde ruhest du auch!"

Sie rückte ihren Stuhl zur Schreibplatte hinüber, legte den letzten der Briefe zuoberst, strich ihn glatt. „Dank für das verschiedenste Gute, aus einfachem Sinn und Gemüte." Jetzt kam sie ein Lächeln an. Sie hatte Kastanien und Schwartemagen geschickt. Der Freund war gezwungen, sich selbst um die Wirtschaft zu kümmern seit Augusts Tod. Seine Schwiegertochter schien nicht zur Hausfrau geschaffen, konnte nicht umgehen mit dem zugemessenen Geld. Im Scherz hatte er von seinem kulinarischen Regiment geschrieben, das er mit Seltenheiten zu illustrieren gedenke, hatte im Ernst um die Würste gebeten, „fabelhafte mythologische Produktionen", welche einst die Mutter aus Frankfurt gesandt. Sie waren angekommen und hatten Freude bereitet, das stand zu lesen in diesem letzten Brief. „Dank für den Kasten mit den wünschenswertesten Speisewaren, dem Hauswirt höchst willkommen, seinen Tisch- und Tafelgenossen zu unerwartetem Genusse."

Er wird sich doch nicht daran verdorben haben, nachdem im Februar schon einmal Tauwetter war? Nein, nein, „Erkältungsfieber" hat Gerhard Thomas gesagt. Eine verfrühte Ausfahrt war schuld. Die märzkalten Winde haben ihn attackiert.

Marianne trank den letzten Schluck Wein. Gewärmt und wieder zu Kräften gekommen, stand sie auf, öffnete die Schatulle mit

Goethes Briefen und legte die letzten hinein. Dabei fiel ein Blatt zu Boden, traf den zur Seite liegenden Pudel, der schreckte hoch aus dem Schlaf, biß in die Luft und knurrte den papierenen Vogel an. Marianne zog die Brauen hoch: „Es war ein Versehen, stell dich nicht dran! Bist ein beschränktes Tier und hast nicht verdient, daß man auch dich Pazzarello ruft. Gut, daß dein Vorgänger anders war. Als faustischer Bühnenhund würdest du passen mit deinem Geknurre. Aber hier hätte dich Goethe gewiß nur ungern ertragen. Du hast einen schrägen Blick."

Hatte sie jemals dem Freund erzählt, wie der erste Pazzarello ins Haus gekommen war, zu ihr, dem vaterlosen Schaustellerkind? Doch wohl nicht. Verschwiegen blieb auch, daß die erste Liebe dem Clemens Brentano gehörte, welcher das Mädchen Gitarre spielen lehrte und ihm schöne Augen machte. Große dunkle Augen taten ihr's immer an.

Bin mit Clemens durch den Garten gehüpft, ließ mich küssen, wußte nicht, was sein Seufzen bedeutet, verstand auch nicht, warum er mir eines Tages die Gitarre aus der Hand riß und schrie: „Falsch spielst du wie alle in diesem Haus!" Er meinte den Mann, den ich damals noch Vater nannte. Das hab ich erst später begriffen, nicht gleich. Willemer brachte mir einen kleinen Hund, setzte ihn mir in den Schoß. „Clemens", sagte er, „kommt nicht wieder. Hier hast du einen besseren Spielkameraden." Ich weinte ein bißchen ins nachtschwarze Fell. Aber der Pudel war mir ein Trost.

Pazzarello der Zweite mag keine Zärtlichkeit. Er ist auch nicht schwarz, sondern braun. Und leider ebenso grantig wie dumm. „Geh in die Küche! Dort sollen sie dir einen Knochen geben, andere Dinge verstehst du nicht."

Marianne erhob sich, öffnete die Tür, schloß sie wieder und entzündete, einmal in Tätigkeit, an ihrem Schreibschrank die Doppelleuchter. Sie gaben ein ruhiges, nur hin und wieder schattenbewegendes Licht. Das schien ihr angemessen für das, was zu tun jetzt noch blieb.

Sie bückte sich, holte aus der untersten Schublade ihres Sekretärs, welche sich nur mit Mühe herausziehen ließ, das anvertraute Paket hervor. Er habe seine Papiere gesichtet, schrieb Goethe im Februar. „Da leuchteten mir gewisse Blätter entgegen, die auf die schönsten Tage meines Lebens hindeuten; dergleichen sind manche von jeher abgesondert, nunmehr aber eingepackt und versiegelt. Solche Dokumente geben uns das frohe Gefühl, gelebt zu haben. Allen Zufälligkeiten vorzubeugen, sende ich, was nur unter Ihre Augen gehört, nach Frankfurt zurück."

Die Zufälligkeiten. Klug hatte der Freund, der so gern Geheimes bewahrt sah, sie zu vermeiden gesucht. Eckermann, Kanzler Müller, Ottilie mit ihrem sprunghaften Wesen, sie sollten in diesem Nachlaß nicht stöbern, das ziemte sich nicht.

Seine Handschrift auf dem Paket. Vielleicht auch hatte er eigenhändig geschnürt. Marianne konnte sich noch nicht entschließen, die Knoten zu lösen. Was war da beisammen an Sehnsucht und Hoffen, auch Glück. Von ihrer Enttäuschung nur selten ein Wort. Desto lauter hatte Willemer Klage geführt, hatte den Freund beschworen, die Schatten zu vertreiben, indem er kam. Er schrieb sein Wort in den Wind. Aber der Kummer war überwunden worden, jetzt trieb er sie nicht mehr um. Sie griff nach einem Kristallgefäß mit den Initialen des Freundes, hob den Deckel, leerte, was sich an Körnern, Blüten und Blättern noch fand, auf die Wärmeplatte des Kachelofens, hielt einen Docht daran. Das Kräutergemisch hatte Goethe seinem eigenen Vorrat entnommen, als sie im letzten Jahr darum bat.

Noch einmal dieser feierlich-fremde Geruch, der den Gast auf der Gerbermühle begleitet hatte, wenn er im weißen Mantel wie ein Geisterfürst in die Runde trat. Hatte er nicht immer ein Blatt in Händen gehalten mit neuen orientalischen Versen? Und lehnte er nicht eben jetzt an der Ofenwand?

Marianne, du träumst. Oder bist du im Rausch? Nun hustest du und mußt trotz der Kälte ein Fenster öffnen. Komm zurück an den

Schreibtisch, das Paket liegt bereit. Nimm dein Federmesser und mach einen Schnitt, sieh endlich genauer zu!

Sie erbrach das Siegel, zertrennte die Schnur, schlug das feste, doppelt gelegte Papier auseinander, hatte von siebzehn Jahren der Liebe und Treue die innigsten Zeugnisse vor Augen. Ein Wollfaden hielt die Briefe zusammen, locker geknotet, der Absender mußte in Eile gewesen sein. Obenauf aber – es wäre ihr beinahe zu Boden geglitten – ein blaues Löschpapier, zum Umschlag gefaltet. Darauf ihr Name, „Frau Geheimerätin von Willemer Gnaden". Und in der linken unteren Ecke noch einmal die Mahnung: „Aufzubewahren!" Nun war es doch, als setzte ihr Hudhud die Krallen aufs Herz.

Hatems letztes Wort an Suleika, Abschied und Trost zugleich. Nicht augenblicklich erfaßte sie das, sah nur die vertraute Handschrift, die Unterschrift und dann den dunklen Saum um das Stammbuchblatt. Achtundsechzig plastische Kugeln, von muschelförmigen Schalen umgeben, dazwischen jeweils ein Kreuz. Sonne und Mond, der Erdball unter dem Himmelsgewölbe – was alles mochte ihm durch den Kopf gegangen sein, als er dieses schwarzgerandete Blatt zurechtlegte, um den Abschiedsgruß niederzuschreiben, der ein dankerfülltes Umarmen war.

Marianne kamen die Tränen, nun endlich doch. Erschrocken suchte sie nach ihrem Tüchlein. Kein salziger Tropfen durfte das Papier verderben! Mit seiner schönen, klaren, energischen Schrift, die sie so liebte, hatte der Freund es bedeckt, hatte nicht gezittert und nicht gekleckst. Er, der fast nur noch diktierte, hatte für dieses Vermächtnis selbst zur Feder gegriffen und sie über alle, denen sein Herz einmal zugeflogen war, erhöht.

Vor die Augen meiner Lieben,
Zu den Fingern die's geschrieben, -
Einst, mit heißestem Verlangen
So erwartet, wie empfangen -
Zu der Brust der sie entquollen,

Diese Blätter wandern sollen;
Immer liebevoll bereit,
Zeugen allerschönster Zeit.

Immer liebevoll bereit. Ja, dieses Lob hatte sie verdient. Sie hatte dem Verehrten auf der Gerbermühle behagliche Tage bereitet, und sie hatte das Hatem-Suleika-Spiel mit Anmut gespielt, obwohl es für sie kein Spiel gewesen war. Mit heißestem Verlangen hatte später nur sie auf Brief und Wiederkehr des Freundes gewartet. Sein Ausbleiben hatte sie so geschmerzt, daß Leib und Seele darüber in Krankheit gerieten. Nervenflattern statt holder Gesänge, trübe Tage, sinnloses Brüten; Dr. Passavant nannte es die große Melancholie.

Aber dann war der Divan erschienen, und sie gewann ihre Fassung zurück. Für immer fand sie sich aufgehoben in seinem Werk. Sie hatte die Flamme entzündet, genährt. Und selber gedichtet hatte sie auch. Ahnungslose Leser priesen Suleikas Verse als die schönsten im ganzen Buch.

Sie gab das Paket in die unterste Schublade zurück. Ihre Briefe würde sie später noch einmal lesen. Jetzt brauchte sie Ruhe und Schlaf. Die Kräuter waren verglüht, die Kerzen heruntergebrannt. Marianne erhob sich mit steifen Knien, nahm Goethes Konterfei von der Wand, drückte es an ihr Herz und sprach, ohne die Lippen zu bewegen, ein Gebet, das ihm gefallen hätte, denn es fand sich im Divan, es war von ihm selbst.

Gottes ist der Orient!
Gottes ist der Okzident!
Nord- und südliches Gelände
Ruht im Frieden seiner Hände.

Wasser wird sich ballen

Wie die Geschichte begann? Am 25. Juli 1814 bestieg der Staatsminister von Goethe in Weimar die Kutsche und brach gegen Westen auf. Nachdem der Rhein wieder frei und Napoleon durch den Frieden von Paris gebändigt schien, mochte sich ein Badeaufenthalt im Taunus mit dem Besuch seiner Vaterstadt nützlich verbinden lassen. Freund Zelter hatte in Wiesbaden schon für sie beide Quartier gemacht, und von den Boisserées lag eine dringliche Einladung vor. Was die Brüder in Heidelberg an altdeutschen Kunstschätzen versammelt hatten, sollte der Teilnahme würdig sein.

Nach Ferne und Weite war dem Geheimrat zumute. Sogar Italien geisterte ihm durch den Sinn. Christiane erschrak und riet zu der erholsamen Gegend um Rhein und Main.

Der Tod seiner Mutter hatte den Sohn nicht zur Heimkehr bewegen können. Für die Nachlaßregelung schickte er seine Frau. Nun aber ließ er sich locken, fuhr unter heiterstem Himmel über Gotha, Eisenach, Fulda auf die Vaterstadt zu, zeigte sich entzückt von den Erfurter Blumenfeldern, vom Morgenlichtzauber über der Wartburg, erwähnte im Tagebuch erste Störche und pries den köstlichen Geschmack der Landesprodukte. Nur Artischocken, so las es Christiane, standen noch aus.

> *Ein Liebchen ist der Zeitvertreib,*
> *auf den ich jetzt mich spitze.*
> *Sie hat einen gar so schlanken Leib*
> *und trägt eine Stachelmütze.*

Solche Sehnsüchte waren der Hausfrau recht. Auch die für den Kunstfreund Meyer verfaßte Beschreibung der Gelnhauser Kaiserpfalz kam gut an. Wenn nur kein anderer Zeitvertreib drohte!

Am 28. Juli traf Goethe gegen Abend in Frankfurt ein. Die Stadt war für den König von Preußen illuminiert. Der Besucher nahm es ironisch. Unter Lampen und Mondlicht ging er durch die vertrauten Gassen, stützte sich ein wenig auf Stadelmanns Arm und hörte, im Hirschgraben vor dem Vaterhaus stehend, die große Standuhr schlagen. Das schien ihm seltsam und geisterhaft. War er auf dem Fluß der Zeiten rückwärts gereist und wieder bei der eigenen Kindheit angelangt? Seine Verwandten klärten ihn auf. Der neue Hausbesitzer hatte die Uhr bei einer Auktion entdeckt und zurückgekauft.

Auch Karl Friedrich Zelter hatte dem sonoren Schlagwerk gelauscht, als er, dem Freund vorauseilend, vor dem Anwesen stand, „wo mein Heiland geboren ist". Dergleichen Wendungen kamen vor, wenn er nach Weimar schrieb. Er war aber sonst eher derb und nüchtern, im Wirbel der ersten Wiesbadener Tage ein Fels, will sagen: zuverlässig besorgt, daß sein alter Junge an Leib und Seele im Gleichgewicht blieb.

Dieser genoß den prächtigen Kursaal und das Schwalbacher Wasser, er badete beinahe täglich, speiste mehrfach in Biebrich beim Herzog von Nassau, besuchte die Brentanos auf ihrem Weingut in Winkel, war zur Stelle, als sie in Mainz den Geburtstag des Königs von Preußen feierten, und wurde auch an seinem eigenen Festtag gebührend geehrt. Es kamen, von den zahlreichen Gratulanten abgesehen, zehn Flaschen „Eilfer", es kamen Blumen und Früchte, auch Artischocken, und, im Tagebuch eigens vermerkt, „eine Chocoladen-Tasse mit hiesigen Gegenden". Danach drängte es ihn, seiner Hausfrau noch einmal von Herzen zu danken. Sie hatte ihm zu dieser Reise geraten, nun gingen die Tage vergnüglich und heilsam hin.

Christiane war es zufrieden, die Karlsbader Promenade für diesmal vermieden zu sehn. Den biederen Zelter und die Frankfurter Honoratioren kannte sie und erwartete keine Gefahr. Bettine, die verhaßte Brentano, weilte im fernen Berlin. Gegen Wallfahrten über den Rhein zum heiligen Rochus hatte sie nichts, und bereitwillig reichte sie weiter, was Goethe von Heidelberg schrieb. Er habe bei den Brüdern gutes Quartier gefunden und studiere Tag für Tag ein anderes Meisterwerk altdeutscher Kunst.

Die Rückreise wird ihn noch einmal nach Frankfurt führen. „Damit nähere ich mich dem Ziel, bald bei euch zu sein", teilte der Geheimrat den Seinen mit. Ein zum Verwundern harmloser Schluß. Hatte er sich doch mit Hafis-Erwartungen auf den Weg gemacht. In seinen Träumen mischten sich die Wasser des Euphrat mit den Wassern des Mains. Als ihm der Himmel am ersten Reisetag einen beinahe farblosen Nebelregenbogen bescherte, nahm er ihn als Symbol und schrieb einen munteren Vorsatz auf das Kalenderblatt.

Sind gleich die Haare weiß,
Doch wirst du lieben.

Das Ziel seiner Sehnsucht hatte noch keinen Namen und keine Gestalt.

Für Marianne Jung, welche er später Suleika nannte, begann der Wirbel am 4. August. Vor Sonnenaufgang ward sie geweckt. „Steh auf, mein Kind, wir fahren zu Goethe!" Nach Weimar? Nein, in den Taunus hinüber. Eine kurze Reise, harmlos, was die Strecke betrifft. Daß sie Marianne als Schreckensfahrt im Gedächtnis blieb, lag daran, daß Willemer selber kutschierte. Vor den leichten Phaeton waren die beiden neuen Rappen gespannt. Die wollten in der Morgenfrühe freiweg galoppieren, Jakob gab ihnen die Zügel hin. Marianne mußte sich mit ausgebreiteten Armen an Lehne und Verdeckstangen klammern und atmete erst auf, als sich die Rösser, schweißfleckig und halbwegs entspannt, zu einem gleichmäßigen Trab versammeln ließen. Der Jubelruf des Mannes: „Mignon, sie passen!" nötigte ihr schließlich ein Lächeln ab. Ja, so war das. Wenn Farbe und Temperament, wenn Alter und Größe in Übereinstimmung waren, redeten die Kenner von einem passenden Gespann.

Das Kosewort Mignon schätzte sie nicht. Bei aller Verehrung für den Roman und seinen Verfasser: Wilhelm Meisters Zwitterwesen paßte nicht zum Vergleich. Auch hatte die theatralische Bettine den Namen längst für sich reklamiert.

Marianne war, zusammen mit den Willemer-Kindern, von Hauslehrer Mieg unterrichtet worden, spielte ausgezeichnet Gitarre und sang. Vom österreichischen Schaustellertum war nichts übriggeblieben als Anmut bis in die Fingerspitzen und ein klingender Rest an Donau-Sprachmelodie.

In der Familie wurde sie von allen geliebt. Mit ihrer Heiterkeit glich sie viele Spannungen aus, ihre Herzenswärme setzte zu den sprunghaften Launen des Hausherrn den beruhigenden Kontrapunkt. Im übrigen stand sie in ihrem dreißigsten Lebensjahr, und nur einem flüchtigen Betrachter konnte sie noch als Kindfrau erscheinen.

Den Weg nach Wiesbaden, mit der Sonne im Rücken und den Taunusbergen voraus, legten die beiden Rappen in dreieinhalb Stunden zurück; irgendwann, zwischen üppigen Apfelbaumwiesen, hörte sie Willemer sagen: „Vielleicht kann ich ihn zum Trauzeugen bitten." Ihr klopfte das Herz.

Sie trafen Goethe im Kursaal unter lauter Honoratioren, Exzellenzen und Generälen. Mit ausgebreiteten Armen wurde der Frankfurter Bankier begrüßt. Marianne starrte auf Orden und Epauletten, die zugehörigen Namen schüchterten sie ein. Graf Henckel, General von Lobenthal, Bibliothekar Hundeshagen, Oberbergrat Cramer. Schließlich noch, mit offenem Kragen, denn es war heiß, der allerteuerste Herzensfreund Zelter. Der gefiel ihr, trotz der gewaltigen Nase, wie ihr ein Vater gefallen hätte, und er begleitete sie auch am Nachmittag auf ihrem Gang durch den Park, versuchte, seinen ausgreifenden Wanderschritt für sie zu verkürzen, redete von der Berliner Singakademie, versprach ihr, Noten zu Goethes Liedern nach Frankfurt zu schicken, und ließ sie ein wenig vergessen, daß im Goldenen Adler unter vier Augen vermutlich von ihr und der Heirat die Rede war.

Trauzeugenschaft wurde nicht zugesagt, aber Ermunterung zur Eheschließung ausgesprochen, auch wenn da noch wichtige Papiere fehlten und die Frankfurter Gesellschaft giftige Pfeile schoß. Im Kursaal hatte ein nachdenklicher Blick die zierliche Person gestreift. Goethe sah sich an die junge Christiane erinnert. Dieselben ungebärdigen Locken, in denen er sich so gern verfing. „Besuchte mich Willemer mit seiner kleinen Gefährtin", schrieb er nach Weimar, und später, am 12. Oktober: „Dieser unser würdiger Freund ist nunmehr in forma verheiratet. Sie ist so freundlich und gut wie vormals." Ja, warum nicht?

Während der Heimfahrt verfiel Willemer, dessen Ehrgeiz nicht ganz befriedigt schien, in ungewöhnliches Schweigen. Die Hitze des Tages war groß gewesen, und auch der Abend hatte noch keine rechte Abkühlung gebracht. Die Pferde gingen im Schritt. Als man gegen Mitternacht das Frankfurter Stadttor erreichte, war Marianne an der Schulter des Mannes eingeschlafen. Auch der Bankier wirkte erschöpft. Doch seinem Kutscher, welcher zum Ausspannen kam, rief er voll Freude zu: „Phil, sie passen. Georg Brentano wird uns beneiden. Ein ideales Gespann!"

Die Trauung fand Ende September statt. Vor dem Stadtschultheiß von Günderrode hatte die Jungfer Maria Anna Katharina Theresia Jung zu erklären, daß Taufschein, Todesschein des Vaters sowie Konsens der Mutter noch nachzuliefern seien, daß aber eine vorhabende Reise nach Wien die rasche eheliche Verbindung notwendig erscheinen lasse. Gegen die Entrichtung von fünfzig Reichstalern erteilte man dem Paar Dispens vom Aufgebot und die Erlaubnis zur privaten Trauung, welche denn auch noch am selben Tag durch den achtzigjährigen Kirchner vollzogen wurde.

Arme Marianne! Kein Glockenklang, keine Orgelmusik und schon gar keine Messe. Eine protestantische, beinahe heimlich vollzogene Trauung im Musikzimmer des Frankfurter Hauses. Rosette, Meline und Maxe, ihre Pflegeschwestern und jetzt nach dem Gesetz ihre Töchter, waren zugegen, als Gast noch der treue

Hauslehrer Mieg. In einer Anwandlung von Trotz, ihr selbst unverständlich, hatte Marianne sein Angebot abgelehnt, auf dem Klavier wenigstens zwei Choräle zu spielen. Vielleicht auch hatte sie Angst vor Tränen. Willemer wünschte den 23. Psalm. Pfarrer Kirchner las, weder deutlich noch gut, „Der Herr ist mein Hirte", zum Glück kannte jeder den Text. Nach zwanzig Minuten war alles vorbei.

Ob das Wissen um eine ebenso schlichte Weimarer Trauung Marianne getröstet hätte? Vermutlich nicht. Denn ihr persönlicher Makel war der unauffindbare Vater, und überdies fehlte es in Frankfurt am glücklichen Bettschatz-Wesen. Deshalb empfand es die junge Frau als Zeichen von Zartgefühl, daß Willemer am Tag der Heirat keine Ansprüche stellte.

Man war zur Gerbermühle hinausgefahren, genoß, wie so oft, den Zauber des Sonnenuntergangs. Allein seinetwegen, so wurde behauptet, war Goethe vor der Hochzeit dreimal gekommen.

Später hielt ein Brief an den Freund die Impressionen für immer fest. „Mit glühendem Purpur färbt die Sonne den klaren Abendhimmel, der Main ist dunkelblau wie die Schatten, die Wolken sind beinahe grün, und der Berg ist violett, ganz so wie damals, aber einer fehlt, der es betrachtet und deutet, und andere dadurch beglückt."

So viel zum Frankfurter Himmel im August und September. Was aber war am 12. Oktober, einem nachweislich trüben Tag? – Marianne, du hast dein erstes Gedicht für Goethe, ein Weihnachtsgeschenk, auf den 12. Oktober datiert. Warum?

Er kam zu Besuch, gleich nach der Rückkehr aus Heidelberg. Und Willemer war nicht da. Eine Höflichkeitsvisite nach unserer Heirat. Er hatte dazu geraten. Jetzt wünschte er Glück.

Und weiter?

Für Wein und Schinken war es zu früh. Ich habe Schokolade bringen lassen. Die hatte seine Mutter schon gern getrunken. Und Mandelbrot stellte ich hin. Er hat getunkt.

Die Zähne. Du hättest weicheres Konfekt wählen sollen.

Ich war nicht im Bild. Wenn er lächelte, hielt er die Lippen geschlossen. Auch wagte ich, so allein mit ihm, keine zudringlichen Blicke, sah nur manchmal die großen dunklen Augen unter der hohen Stirn. Er hat getunkt, und dabei kam ihm ein Fleck auf die Weste. Den wischte ich mit meinem Schnupftüchlein weg.

Was war sonst noch am 12. Oktober? Gewiß hast du dich nicht, wie die kecke Bettine, dem Sohn der Frau Aja auf den Schoß gesetzt. Aber der Schokolade-Fleck und die großen Augen, das reicht zur Erklärung nicht aus.

Ich hab ihn gefragt, wo er Platz nehmen wolle, und er meinte, das sei breit wie lang, wenn ich nur so säße, daß alles Licht auf die schwarzen Wimpern und die niedlichen weißen Zähne falle.

Das war etwas mehr als nur Höflichkeit. Auch verweilte dein Gast bis zur Dämmerung.

Er hat mir eine Geschichte erzählt.

Und welche?

Die von der Königstochter Suleika.

Marianne, bist du sicher, daß du jetzt nichts durcheinanderbringst?

Es war die Suleikageschichte. Zuerst wollte er, daß ich ihm etwas sänge. Aber ich konnte nicht. Es saß mir wie ein Stein auf der Brust. Und zwischendurch war es so still, daß ich unsere Hausmäuse nagen hörte.

Warum seid ihr nicht wie sonst am Fluß spazierengegangen?

Es hatte geregnet, und das Wasser tropfte noch von den Bäumen. Zuletzt fragte ich ihn, ob er mir nicht etwas Hübsches erzählen wolle. Da stand er auf, fuhr mir übers Haar und sagte: „Also gut, erzählen wir der lieben Kleinen eine schöne Geschichte." Er lehnte am Fensterkreuz wie ein Schattenmann. Manchmal ging er auch ein wenig auf und ab, dann sah er wieder hinaus auf den Main. – Seinen Abschied nahm er so plötzlich, daß ich verwundert war. Doch sagte er freundlich: „Bis bald!"

Zwei Tage später kam Goethe mit Christian Schlosser herüber. Die Köchin hatte ein üppiges Mahl bereitet, Gänseleberterrine, Hasenbraten, gespickt, Kastanien und Kohl, gekochte Birnen zum Nachtisch. Der Gast tat mit kräftigen Schlucken dem Rüdesheimer die Ehre an. Wer nicht trinke, der könne auch nicht lieben, hatte er augenzwinkernd erklärt. Bei all den munteren Reden fiel er immer mehr in den Dialekt seiner Vaterstadt. Und warf Pazzarello, der ihn unverwandt ansah, Reste vom Hasenbein zu.

Die Bitte der Freunde, nach der Mahlzeit etwas zu lesen, erfüllte er gern. Es gab ja neue Gedichte zuhauf, er hatte immer welche dabei. Auch solche, die zur Unterhaltung einer fröhlichen Runde dienen konnten.

Hans Adam war ein Erdenkloß,
Den Gott zum Menschen machte,
Doch bracht' er aus der Mutter Schoß
Noch vieles Ungeschlachte.

Die Elohim zur Nas' hinein
Den besten Geist ihm bliesen,
Nun schien er schon was mehr zu sein,
Denn er fing an zu niesen.

Doch mit Gebein und Glied und Kopf
Blieb er ein halber Klumpen,
Bis endlich Noah für den Tropf
Das Wahre fand, den Humpen.

Willemer war begeistert und stieß auf Noah und Goethe so heftig an, daß sein Glas zersprang und Rosette mißbilligend herübersah. Der Freund beeilte sich, den Hausherrn vor der strengen Tochter in Schutz zu nehmen. „Trinkt sich das Alter wieder zur Jugend, so ist es wundervolle Tugend." War das nicht gut gesagt?

Marianne sah gedankenverloren ins Kerzenlicht. Der Gast, als er es bemerkte, zog ein anderes Blatt hervor, seine Stimme bekam einen neuen dunkleren Klang. Vom Schmetterling las er, der sich nach Flammentod sehnt.

Und so lang du das nicht hast,
Dieses: Stirb und werde!
Bist du nur ein trüber Gast
Auf der dunklen Erde.

Selige Sehnsucht hieß das Gedicht. Marianne schien aber nach seinem Vortrag noch mehr in den Anblick der flackernden Kerzen versunken. So bemerkte sie nicht, wie das wieder aufgenommene Gespräch eine vaterländische Wendung nahm und auf den 18. Oktober zulief, den Jahrestag des großen Leipziger Sieges über Napoleon. Sie schreckte erst hoch, als Goethe ausrief: „Er ist ein Genie!" und die Runde betreten schwieg. Waren sie nicht alle in der Katharinenkirche gewesen, als Elias Mieg die Fahne des Frankfurter Freikorps weihte, dem auch Willemers einziger Sohn angehörte? Damals wäre Marianne am liebsten mit aufgebrochen, in Männerkleidung wie zuweilen die wilde Bettine. Und die Schlossers wollten, genau wie der Freiherr vom Stein, nach dem Aufbruch der Jugend ein einiges deutsches Reich, doch gewiß nicht unter der Herrschaft fremder Tyrannen. Marianne blitzte den Verehrer Napoleons an und sagte, mit größter Bestimmtheit im Ton: „Wir haben ihn über den Rhein gejagt. Frankfurt ist wieder frei, und soll es auch bleiben."

Goethe hätte erwidern können, daß jetzt Kosaken, Baschkiren und Kroaten die Straßen unsicher machten, aber er faßte sich höflich, lächelte Marianne an und sagte: „Der kleine Blücher, sieh da!" Ließ sich auch einladen auf den Mühlbergturm, um von dieser Höhe die patriotischen Freudenfeuer bewundern zu können.

Der 18. Oktober brachte einen klaren und kalten Tag, letzte Himmelsbläue des Herbstes. Die Frauen hatten sich von der Gerbermühle zu Fuß auf den Weg gemacht. Kurz vor ihrem Ziel mußten sie die schweren Röcke ihrer altdeutschen Tracht, die sich Willemer für heute ausgebeten hatte, ein wenig schürzen, damit sie die Weinbergstufen vor dem Türmchen emporsteigen konnten.

Indem ihre Atemlosigkeit ihnen Rast gebot, entdeckten sie in den Rebzeilen, deren Laub nach der Lese nicht mehr so dicht war, hängengebliebene Trauben, pflückten sie und stellten sie oben, zusammen mit Äpfeln, Birnen und Nüssen, für den erwarteten Gast bereit. Der Wein lag im Kellerraum kühl.

Goethe, den der Hausherr in der Stadt abgeholt hatte, entstieg der Kutsche mit unsicheren Knien. Willemer hatte diesmal den Landauer anspannen lassen und auch nicht selbst kutschiert. Aber auf der Mainbrücke waren die Pferde gestiegen. Nicht eigentlich durchgegangen, dazu war in dem Gedränge gar keine Möglichkeit. Die Fuhrleute, die sich auf der Brücke befanden, hatten dennoch alle Hände voll zu tun gehabt, weil ein paar Flößer, schon vor Abend in übermütiger Festtagsstimmung, Brandraketen steigen ließen. So war es verständlich, daß der Gast in eher bedenklicher Laune zum oberen Turmzimmer stieg, auf den Treppenabsätzen schwer atmend stehenblieb und oben sogleich von einem Unglücksfall in den Manebacher Steinkohleschächten berichtete, wo die Sprengung zu stark gewesen und zwei Feuerwerker zu Tode gekommen waren.

Kaum hatte er geendet, überfiel sie von der Stadt her ein mächtiges Glockengeläut. Marianne sah sich durch Goethes Stirnrunzeln veranlaßt, die Fenster zu schließen. Auch wagten die Gastgeber nicht, den Kirchturmjubel mit vaterländischen Reden zu begleiten. Also machte sich's die Gesellschaft am Tisch bequem, man aß und trank und schwieg, bis die letzten Töne draußen verhallten. Es kam aber auch dann kein Gespräch zustande, so daß Willemer um die Stimmung des Freundes in Sorge geriet und Marianne bat, ein wenig Musik zu Gehör zu bringen.

Sie nahm die Gitarre zur Hand, präludierte lange, als suche sie nach dem passenden Ton, dann sang sie Wunderhorn-Lieder, vom wilden Falken und von der Linde im tiefen Tal. Schmuggelte auch „Zu Straßburg auf der Schanz" dazwischen und ein Lied vom Soldatentod in der Schlacht. Denn heute war ein vaterländischer Tag.

Goethe bemerkte die Ausdruckskraft ihrer Stimme, die mühelos wechselte zwischen Kampfesmut und innigem Herzeleid. Doch hatte der Wein ihn müde gemacht, so daß ihm die Bilder verschwammen. Bettine, Christiane und dieses liebenswerte Geschöpf, sie alle im Schmuck der dunklen Locken, von denen sein persischer Hafis mit so viel Entzücken sang.

Willemers reizende Freundin, ach nein, seine Frau, war schelmisch und sanft, ihre Stimme wärmte sein Herz. Daß sie die Lieder sang, die Clemens Brentano gesammelt hatte, nagte ein wenig wie Eifersucht, aber schon versicherte ihm der Freund, als habe er seine Gedanken gelesen: „Wenn Sie im nächsten Jahr auf die Mühle kommen, singt sie Ihnen Ihre eigenen Lieder vor."

Es war inzwischen dunkel geworden, und man trat hinaus auf den kleinen Altan. Der Anblick ergriff auch den Weimarer Gast: Stadt und Brücke illuminiert, zu beiden Seiten des Mains eine unregelmäßige Fackelkette, auf dem Fluß erleuchtete Boote in Fahrt. Am eindrucksvollsten die hoch auflodernden Feuer vor dem nächtlichdunklen Taunusgebirge. Marianne schien alle Hügel zu kennen, deutete auf Rossert, Eichkopf, Hainberg, Feldberg und Glaskopf, Altkönig, Dallwigsberg, Bleibeskopf. Von Hofheim zischten Raketen hoch. Die Kronberger und Königsteiner hatten an den Hängen besonders mächtige Holzstöße aufgebaut, und Rosette behauptete, im Westen könne man sogar die Flammen vom Sonnenberg leuchten sehn. Niemand wollte die Aussicht verlassen, doch wurde die Nachtluft empfindlich kühl, und die Frauen begannen zu frösteln. Willemer beschloß, aus der Kutsche Decken zu holen. Er mußte bis ans Ende des Weinbergs hinab und ließ auf sich warten. Da breitete Goethe, der in seinem Reisemantel hinter den Frierenden stand, unvermutet die Arme aus. Wie die jungen Vögel sollten sie unter seine Fittiche schlüpfen, bot er den Damen an. In diesem Augenblick hörte man Willemer auf der Treppe, der Gast trat zurück. Auch hielt er seinen Kragen nun streng geschlossen; die Frauen standen in Decken und Tücher gehüllt.

Als der Hausherr, um ihrer aller Gesundheit besorgt, schließlich zum Aufbruch drängte, schlug Marianne vor, der Freund möge noch rasch und zur bleibenden Erinnerung seinen Namen auf die weiße Fensterwand schreiben. Nur, woher einen Bleistift nehmen? Da sei keine Not, er habe Schreibzeug immer zur Hand. Einfallende Verse müßten augenblicklich festgehalten werden. Später bringe er die geglücktesten Strophen oft nicht mehr aufs Papier.

Es kam kein Gedicht an die Wand, aber doch eine Zeile vor den erbetenen Namen: „Im weiten Mantel bis ans Kinn verhüllet: Goethe den 18. October 1814." Zwei Tage später trat der Gast die Heimreise an.

Marianne sah die Inschrift als Chiffre für ein Geheimnis, das noch verborgen war. Aber sie hatte einen Vertrauten, dem sich ihr Herz schon verriet. Anfang November schrieb sie an Mieg:

„Von den Freudenfeuern landauf landab werden Sie inzwischen gelesen haben. Es sollen in unserer Gegend über hundert gewesen sein. Phil, unser neuer Kutscher, wollte auch auf dem Mühlberg ein Feuer entzünden. Willemer mußte es ihm verbieten wegen des Funkenflugs, der das Schindeltürmchen hätte gefährden können. Wir standen aber auf dem Altan bis nach Mitternacht und bewunderten die Sterne, die ihr flackerndes Licht zur Abwechslung von der Erde zum Himmel sandten. Möge dieser uns die neuerworbene Freiheit bewahren!

Goethe war, wie schon zuvor auf der Mühle, auch auf dem Turm unser Gast. Bei den politischen Reden hätten Sie vermutlich scharf widersprochen, er ist ein Napoleonfreund. Wir haben ihn dennoch ins Herz geschlossen. Sogar Rosette liebt ihn, was bei ihrer Zurückhaltung schon etwas heißt.

Er will im nächsten Jahr wiederkommen. Das wäre ein großes Glück. Damit er unsere Gegend nur ja nicht vergißt, habe ich ihm eine Karte vom Taunus geschenkt und zuvor noch 24 rote Pünktchen hineingetupft, überall dort, wo die Feuer brannten.

Aber denken Sie, wo ich die Landkarte fand! In unserem alten Schulschrank auf der Gerbermühle lag sie zwischen Reisejournalen, mit einem Zettel von Ihrer Hand: Lerne die Heimat kennen, bevor dich die Welt entzückt!

Verehrter Elias, wie viele glückliche Stunden der Belehrung verdanken Ihnen die Kinder des Hauses, zu denen ich mich im halbkindlichen Zustand zählen durfte. Inzwischen muß ich selbst dafür sorgen, daß mein Wissen nicht verkümmert und mein Geist nicht erlahmt.

Mit Goethe haben wir viele Spaziergänge am Main entlang und durch die Wildnis unseres Gartens gemacht. Er kennt fast alle Pflanzen mit ihren lateinischen Namen. – Manchmal erzählte er uns eine passende Geschichte, oder er brach einen Zweig, eine Blüte ab und rief: Das haben wir auch im Tiefurter Park!

Eine Szene will ich zuletzt noch beschreiben, weil ich sie gar nicht vergessen kann. Sie erinnern sich an den Brunnen am Ende des Schattenganges. Nicht weit davon entdeckte ich einen winzigen, gleichsam verirrten Rosenstrauch und war so voll Freude über sein spätes Blühen, daß ich mit meinen Händen ein Schüsselchen formte und den Rosen Wasser hinübertrug. Goethe hatte mir die ganze Zeit zugesehen. Als ich wieder neben ihm ging, sagte er leise: Schöpft des Liebchens reine Hand, Wasser wird sich ballen.

War das eine Erfindung des Augenblicks? Lag der Anlaß bei mir? Er hat ja wohl immer Verse im Kopf, aber man wüßte auch gern, wie es geht, daß das Wasser sich ballt.

Wann sehen wir Sie wieder? Kommen Sie doch recht bald und schreiben Sie uns in der Zwischenzeit!

Ihre Marianne, die jetzt Willemer heißt"

Memento mori

In der Stadt Frankfurt war für den verstorbenen Goethe keine Trauerfeier vorgesehen. Willemers Anfrage beim Theater wurde abschlägig beschieden. Schließlich hatte man erst zum 80. Geburtstag Szenen aus Faust aufgeführt, übrigens ohne großen Erfolg.

Als Gerhard Thomas im Senat noch einen Vorstoß wagte, winkten die Ratsherren ab. Der Säuzippel war 1817 nach eigenem Wunsch aus der Bürgerschaft ausgeschieden, hatte das elterliche Vermögen abgezogen und die Vaterstadt mit dieser Entscheidung um manchen Steuergroschen gebracht.

Ganz so unverblümt wurde es nicht gesagt. Bürgermeister Thomas war ein angesehener Mann, und man wußte auch, daß die Willemersippe engste Beziehungen zu Goethe unterhielt. Aber der Jubilar hatte es vor zwei Jahren abgelehnt, Frankfurter Ehrenbürger zu werden. Das bezeichnete einer der Ratsherren unter Auslassung aller Details als Beleidigung für seine Stadt. Sollten die Weimarer machen!

Die Weimarer machten es schlecht. Zwar hatte man den Toten auf dem Paradebett ausgestellt, der Bühnentradition gemäß im seidenen Petrarca-Hemd, mit goldener Leier und Lorbeerkranz. Aber im Hause drängte sich das gemeine Volk, war über Mauern und Hecken geklettert, schlurfte, neugierig gaffend, an der Leiche vorbei. In der Nachmittagsdämmerung ging es zum Friedhof. Equipagen und Gassenjungen, Kleinbürger und Honoratioren gaben der Exzellenz das letzte Geleit. Vor lauter Lärm und Getrappel und Hundegebell hörte man kaum die Glocken läuten. Kein Kreuz an der Spitze des Zuges. Generalsuperintendent Röhr wartete mit den Chorknaben an der Fürstengruft. Seine Abneigung gegen den Toten versteckte der Prediger geschickt hinter selbstkritischen Goethe-Zitaten, war freilich eitel genug, dem verehrten Amtskollegen Reil eine Abschrift der

Leichenrede zu senden. „Urteilen Sie gnädig und mild über mein Gesagtes, denn ich hatte dazu nur ein paar Stunden Zeit, indem der Abgeschiedene sich selbst zwar, nicht aber mir zur bequemen Stunde starb."

Goethe hatte im 82. Lebensjahr seinen Faust beendet, das Manuskript eingesiegelt und – nachdem er diesen schweren Stein über den Berg gebracht – sein ferneres Leben als reines Geschenk angesehen. Womit der Generalsuperintendent in den letzten Märztagen beschäftigt war, ist nicht bekannt, aber mit seiner bösen Laune hielt er nicht hinter dem Berg: „Gott ist tot, denn Goethe ist gestorben, rufen unsere Goethekoraxe." Er selbst, versichert er Reil, sei über des Geheimrats sittlichen Wert mit möglichstem Glimpf hinweggegangen und habe sich damit begnügt, ihn mit seinem eigenen Fett zu beträufeln.

Von alledem wußten die Willemers nichts. Eckermann schrieb am Tage nach des Verehrten Tod, aus eigenem Antrieb und im Auftrag Ottiliens, teilte nähere Umstände mit. Wenn Mariannes Schmerz es gebot, konnte sie sich von den milderen Sätzen einlullen lassen. „Um 11 Uhr hatte sein Geist das Irdische verlassen, indem der geliebte sichtliche Körper vor unsern Augen in edler Haltung fortzuschlummern schien." Aber selbst dieser Brief verschwieg nicht die Gliederschmerzen, deutete Brustweh und Atemnot an. Genaueres blieb den Freunden erspart. Nur Gerhard Thomas nahm später in Weimar Einsicht in Dr. Vogels Bericht. „Die Gesichtszüge waren verzerrt, das Antlitz aschgrau, der eiskalte Körper triefte von Schweiß." Marianne stellte sich vor, wie Ottilie die Kissen gerichtet hatte, wie sie dem Sterbenden ihre Hand überließ.

„Das war mehr, als er selbst zu geben bereit war." Rosette sprach's, biß sich auf die Lippen, bat die Freundin mit einem Blick um Vergebung, doch der Satz war heraus. Ja, ein Genie der Verweigerung war Goethe gewesen. Sogar Bramys Tod hatte ihm kein Wort der Teilnahme entlockt. Der Vater sprach damals vom Dämon der Gleichgültigkeit.

Marianne sah sich umarmt, dann war sie allein. Nur Rosettes Rede stand noch im Raum. Leider hatte sie recht. Wenn der Überempfindliche sich schützen wollte, ließ er seine Nächsten im Stich. Man hatte in Frankfurt darüber geredet, wie die arme Christiane unter furchtbaren Krämpfen gestorben war. Niemand habe sich mehr in ihre Kammer getraut, niemand ertrug ihren gellenden Schmerz. Und er? Lag, dem Leidensdrama entzogen, wegen Unpäßlichkeit zu Bett. Christiane war in ihrer Todesstunde allein.

Der Sohn hatte die Mitteilung vom Ableben seiner Mutter mit der Versicherung verbunden, daß der Vater sich durch fortgesetzte Tätigkeit aufrechterhalte. Und Willemer beeilte sich, das Zugseil für den Freund auszuwerfen. Ein neuer glücklicher Sommer auf der Gerbermühle würde den Trauernden trösten. „Wie sorgsam wollen wir Ihrer pflegen und Ihnen die Liebe beweisen, die wir für Sie im Herzen tragen." Mariannes Erwartung mußte üppige Blüten treiben. Auch fernere Freunde wünschten sich Goethe herbei. Einen Abend lang hatten Willemer, Fritz Schlosser und der Freiherr vom Stein zusammengesessen und beratschlagt, wie man ihm zum Erwerb eines Anwesens Mittel und Möglichkeiten beschaffen könnte. Der Vereinsamte kehrt in die Stadt seiner Väter zurück – das wäre doch einiger Anstrengung wert! Und war er nicht schon unterwegs gewesen?

Fünf Wochen nach Christianes Tod hatte er anspannen lassen zur dritten Badereise an Rhein und Main. Als aber kurz hinter Weimar die Achse des Wagens brach, da erschien es ihm wie ein Wink der eifersüchtigen Nemesis. Sein Divan mußte die Götter versöhnen. Denn wenn die Fluten der Leidenschaft ihre Perlen an den Strand geworfen haben, ohne das Haus zu zerstören, ziemt den gnädig Verschonten zuletzt nur Demut. Und Dank.

Marianne ging wieder ihren Pflichten nach. Sophie hatte frische Tischwäsche verlangt, in der Küche warteten sie auf den Speiseplan, und Milly, die Katze, brauchte einen Tropfen Öl für ihr grindiges Ohr.

Beim Abendbrot sprach Willemer nicht mehr über Eckermanns Brief. War überhaupt schweigsam, kündigte nur seine Absicht an, frühzeitig schlafen zu gehn. Marianne begleitete ihn ins obere Stockwerk, rieb seine schmerzenden Beine mit Kampfer ein, stellte ihm ein Glas Wasser zurecht, küßte ihn auf die Stirn und zog sich in ihr Zimmer zurück. War sie nicht müde? Müde vielleicht, aber im Wirbel der Fragen ein kreisendes Blatt.

Nach Rosettes Besuch schien der Tag auf Erkenntnis angelegt. Da war noch ein anderer Tod. Sie nahm Goethes Briefe heraus, legte vom letzten Jahr ein Dutzend beiseite, dann fand sie den, der sie einstmals so sehr erschüttert hatte.

In dem langen Diktat stand vieles zu lesen, über Eckermann und Sulpiz Boisserée, über verschiedene Bücher, über Artischocken und Ingwer, die Frankfurter Gaben im Herbst. Mittendrin und beinahe unauffällig der Satz: „Mein Sohn hat auf eigene Weise mit Heil und Unheil seine Reise nach Rom vollbracht; wenn er zuletzt glücklich nach Hause gelangt, soll er mir willkommen sein." Als der Vater dies schrieb, war der Sohn schon seit zwölf Tagen tot, nur wußte er's nicht. Wenn er zuletzt... Und falls nicht? Oder war das „wenn" nur zeitlich gemeint? Doppelsinniges Wort!

Marianne hatte immer freundlich an den hübschen Studenten mit den großen Goethe-Augen gedacht. Aber in den letzten Jahren waren trübe Gerüchte aufgetaucht. Der Sohn sei zum Säufer geworden und läge manchmal bewußtlos am Weg. Erwartete ihn der Vater aus Italien zurück mit dem Vorsatz, Langmut zu üben? Oder überwog seine Angst?

Mit demselben Schauder wie damals blickte Marianne in das Gangwerk der Zeit. Am 11. November 1830 meldeten die Gazetten August von Goethes Tod. Zwei Tage später kam dieser Brief vom 9. November in Frankfurt an. Nun wußte man auch in Weimar Bescheid. Hatte der Vater seinen fatalen Satz noch im Sinn? Marianne tunkte die Feder ins Tintenfaß, strich ihn doppelt und dreifach aus, löschte verzweifelt, was hier nicht stehen sollte, hielt inne, erschrak, schüttelte über sich selbst den Kopf. Die unerlaubte Retusche war sinnlos, denn genau diese Sätze hatte sie den Jenaer Frommanns mitgeteilt, als sie um Nachricht über Goethes Befinden bat.

Alwine Frommann beruhigte. Er rede mit seinem Arzt und mit Kanzler Müller über den Sohn, nicht mit Ottilie, sei aber freundlich zu ihr. „Traurig ist, daß alle und wohl auch der Vater fühlen müssen, daß dies das Mildeste war, was geschehen konnte." Also doch! Und was wäre weniger mild gewesen als dieser ferne, lautlose Fall? Eheszenen, Affären, Scham und Verzweiflung, boshafte Häme, zuletzt ein Skandal. In Weimar dies alles. Nicht auszudenken. Nun aber war August von Goethe unvermutet in Rom an Hirnhautentzündung gestorben, beinahe schmerzlos, wurde gesagt. Gnädig hatte das Schicksal die Familie vor schlimmerem Unheil bewahrt.

Der Vater erlitt dann doch noch einen Zusammenbruch. Heftige Blutstürze, bange Tage. Ende November nach Frankfurt die Meldung, daß er noch lebe und liebe. Dazu ein ärztliches Bulletin. Abermals hatte der Wille gesiegt. Anfang Dezember die Rücksendung einiger Teppichproben, erbeten, zuvor, aus der Messestadt. Marianne hatte ein ruhiges Grün empfohlen und gehofft, sich von nun an den Boden vorstellen zu können, über welchen der Freund täglich ging. Er würde, so der Bescheid, diese Farbe gewählt haben, wäre es an der Zeit, das Haus zu schmücken. Nun aber gibt er das Muster ohne Bestellung zurück.

Marianne über den Briefen. Es ist schon spät, die Augen fallen ihr zu. Dieser Nachrichtenwirbel hinter der Stirn, die Gedanken verdichtet zum dröhnenden Schmerz: Teppichmuster, der Schlaf ist gut, daß ich noch lebe und liebe, mit Heil und Unheil, vortreffliche Konstitution, Reise nach Rom vollbracht, soll er willkommen sein, Krisis vorüber, Forderungen der äußeren Welt, dies das Mildeste, Meiden, Scheiden und Leiden …

Sie überhörte das Klopfen, ihr Mädchen öffnete die Tür einen Spalt, sah, daß die Geheimrätin noch nicht zu Bett war, händigte ein Schreiben aus – der Kutscher warte auf Antwort.

„Wollen Sie, meine Liebe", schrieb Frau Rat Schlosser, „die Gelegenheit nutzen, zwei Tage bei uns auf Stift Neuburg zu sein? Kammerrat Fellner, zur Zeit unser Gast, hat einige Gepäckstücke hierher beordert. Sie könnten am morgigen Tag bequem und ohne Aufenthalt reisen. Fellner lädt Sie auch für die Rückfahrt nach Frankfurt ein, wenn Sie mit seiner Begleitung einverstanden sind. Pater Justinus wird am Montag in unserer Privatkapelle eine eigene Messe lesen. Für einen lieben Verwandten, sagte ich ihm. Natürlich weiß er, daß wir für Goethes Seelenheil beten wollen. Er teilt unsere Verehrung und segnet den Plan. Wir dachten, es könnte Sie trösten, in unserer Mitte zu sein."

Das war Sophie Schlosser, die sie immer verstanden hatte. Marianne fühlte sich aus dem Strudel des Tages mit fester Hand emporgezogen und ließ sagen, sie komme mit. Am anderen Morgen traf sie zu ihrer Erleichterung Willemer in besserer Laune an. Sie konnte ihm ihre Reise erklären, er fand sich rasch damit ab. Sein Gesundheitszustand erlaubte keine Anstrengung mehr. Als sie sich über ihn beugte, umarmte er sie. Behutsam machte Marianne sich los.

Der Kutscher war pünktlich vorgefahren. Rasch rollte der Wagen über die Brücke, die Pferde schnaubten, in der Morgenfrische wurde der Atem zu Dampf. Sie rückte sich in den bequemen Polstern zurecht. Dieser Ausflug war ein Geschenk, erlaubte ungestörte Erinnerung, schien ihr wie Brautfahrt und Pilgerreise zugleich. Sie lächelte, fand für den Gegensatz ihrer Gefühle eine Erklärung: es lag am Gespann. Vor dem Gefährt ein Schimmel, ein Rappe. Unverdrossen trabend brachten sie die Kalesche rasch voran. Schon zeichneten sich die Odenwaldberge im Gegenlicht als dunkle Silhouette ab. In den weißblühenden Schlehdornhecken lärmten die Vögel. Glockenklänge gaben von rechts und von links Sonntagsgeleit. Marianne schloß die Augen. Fuhr noch einmal zu Goethe nach Heidelberg. Im Jahr der Welten war's heiß gewesen, die Kutsche nicht so vortrefflich gefedert wie diese hier. Willemer saß mit

Phil auf dem Bock, Rosette schlief, sie träumte still vor sich hin. Die Reise hatte sie durchgesetzt, nun mußte sie hoffen, daß man ihn antraf, daß die Überraschung gelang. Über die Felder ging ein trockener, kräftiger Wind. Sie ließ sich von ihm die Wangen kühlen, empfand seinen Atem als Botschaft, dachte sich in glückseliger Erwartung Zeile um Zeile das Wiedersehen aus.

Und mich soll des Windes Flüstern
Von dem Freunde lieblich grüßen;
Eh noch diese Hügel düstern,
Sitz ich still zu seinen Füßen.

Ja, es war ihr im Jahr der Welten so manche Strophe gelungen. Diese hatte Goethe, ohne zu fragen, durch „tausend Grüße" und „tausend Küsse" verdorben, sie wußte wahrhaftig nicht, warum. Tausend Küsse? Niemals. Überhaupt so viel Leidenschaft nicht. Oder doch? Umarmung und Kuß auf der Schloßterrasse, Schauder des Glücks, im Herzen dann freilich ein Feuerbrand.

Marianne schreckte empor: der Wagen stand. Pferdewechsel, in Darmstadt ein bescheidenes Mittagsmahl. Der Kutscher hatte es eilig, sprach von Gewitter, obwohl der Himmel noch blaute. Sie atmete schwerer, das gab ihm recht.

An den Mandelbäumen brachen die Knospen auf. Die Rosenfarbe brachte neues Erinnern in Gang. Ihre Jupitermuschel! Sie mußte nach Weimar schreiben. Hoffentlich war sie noch da. Goethe hatte sie an sich genommen, „nur bis zum nächsten Besuch". Hatte behauptet, sie flüstere ihm, vor allem bei Vollmond, die herrlichsten Verse ins Ohr. Sehr Verliebtes fand sich im Divan unter der Überschrift Vollmondnacht. „Herrin, sag', was heißt das Flüstern?" – „Ich will küssen! Küssen! sagt' ich." Ja, das hatten sie sich versprochen: Unterm Vollmond wollten sie einander gedenken, wie Liebende tun. Ein paarmal hielt Goethe Wort, bezeugte es im Brief oder gar im Gedicht, zuletzt noch einmal, als er so lange in Dornburg war. Sie mußte die Muschel wiederhaben, wenn es sie nach siebzehn Jahren in Weimar noch gab.

Heppenheim. Letzte und gerade noch rechtzeitig erreichte Umspannstation. Tatsächlich ist das Gewitter gekommen. Lange hatte die Wolkenwand über dem Rheintal gestanden, war aber stetig herangerückt und schüttete endlich Blitz und Donner und Hagel aus.

Fuhrleute und Ausflügler saßen in der Schenke, um das Ende des Unwetters abzuwarten. Frau von Willemer hatte sich aus dem Lärm und Tabaksqualm rasch wieder in die Kutsche geflüchtet. Sie stand überdacht, auch waren die Pferde ausgespannt.

Das Toben des Himmels nahm sie zustimmend hin. Es war keine Brautfahrt, es war eine Pilgerschaft. Und wenn sie auch ein Verdammungsurteil nicht für wahrscheinlich hielt, so blieb es doch ungewiß, wie sie und der faustische Freund vor dem ewigen Richter bestünden.

Schade, daß es auf Stift Neuburg keine feierliche Totenmesse geben konnte. Aber sie wußte schon einen Trost. Wenn sie in Frankfurt mit ihrem geliebten Cäcilienchor Mozarts Requiem aufführten, dann sänge sie die Solostelle „Te decet hymnus" nur für den Freund. Den dreistimmigen Fanfarenruf des „Dies irae" hatten sie bereits einstudiert und den Introitus auch. „Requiem aeternam dona eis, Domine: et lux perpetua luceat eis!" Ruhig fing es an, das gewaltige Werk. Ruhiger rauschte nun auch der Regen. Die Fahrt konnte weitergehn.

Als sie sich Heidelberg näherten, war das Gewitter davongezogen. Am westlichen Horizont sank eine glutrote Sonne hinab und verwandelte den Neckar in flüssiges Gold. Die Pferde mußten noch einmal bergauf, dann rollte der Wagen durchs Tor. Marianne kletterte mit steifen Gliedern aus dem Gefährt. Fritz Schlosser breitete stumm die Arme aus. Sophie erwartete sie im Salon. Nein, essen wollte sie nichts, nur sich erfrischen, und dann noch ein paar Minuten in der Kapelle verweilen.

Der Hausherr ging durch den gotischen Saal mit einer Leuchte voran. Ihr Fuß stockte. Hatte sie eine Vision? Goethe blickte auf sie herab, im roten Mantel mit Stern und Ordensband, feierlich fremd. „Aber Sie müßten das Bild doch kennen", meinte die Rätin, später deswegen befragt. „Er hat es geschickt, als er selber nicht kam. Nun, da er niemals mehr kommen wird, hat Schlosser den Plan gefaßt, im Rittersaal ein kleines Museum einzurichten, mit Briefen, Zeichnungen und anderen Erinnerungsstücken. Das Portrait hängt auf Neuburg, seitdem wir das Stift erworben haben."

Im schmalen Klostergemach eine unruhige Nacht. Die Messe um viertel nach sechs. Als der Priester den Segen sprach, leuchtete Morgenlicht auf, fiel durch die bunten Fenster auf eine Böhmische Madonna, Schlossers schönsten Besitz. Der Jesusknabe war viel zu schwer. Um ihre Last dennoch tragen zu können, stemmte die Mutter den Leib nach vorn. Darüber bildete das faltenreiche Gewand gleichsam ein Schiff. Marianne nickte. Zu dieser Gottesmutter wollte sie wiederkehren, sooft sie es einrichten konnte. Zu ihr und zu Goethes Portrait, zu seinen Verwandten und auch zu der Schloßterrasse drüben am Hang.

Vor dem Abschied kramte sie in ihren Papieren, hatte von Goethe ein ganzes Kuvert voller Briefe und Zettel dabei. Rückte für das kleine Museum einen zerknitterten Streifen heraus. Darauf stand: „Wirfst mir deine Leidenschaft zu, als wär's ein Ball. Will ihn fangen. Geb' ihn nicht wieder her." „So etwas Kostbares", murmelte Sophie. „Es ist seine Handschrift, nicht wahr?" Marianne legte ihr eine Hand auf den Arm. „Behalten Sie's nur! Damals hat er ein paar Tage im Roten Männchen gewohnt. Als er abgereist war, fanden wir den Abfallkorb voller Zettel: Wörter, Verse, Skizzen, verworfen, zerrissen. Ich habe das alles aufbewahrt. – Die Neuburger Messe war mir ein himmlischer Trost. Nun handle ich, wie es der Kanon verlangt: ein Dankopfer dem, der die Gnade vermittelt hat."

Zwischenspiel

„Titus singt nicht mehr!"

„Wie sollte er bei diesem Wetter Lust zum Singen haben? Schon vier Tage Regen und kein Ende abzusehn."

Frau Willemer füllte am Vogelkäfig den Futternapf und steckte noch ein Stück Apfel zwischen die Stäbe. Der Distelfink war in der Mauser. Sie las eine gelbe Feder vom Boden auf. Dann ging sie hinüber zu ihrem Mann. Das ereignisreiche Jahr 1814 eilte seinem Ende zu, man schrieb den 9. Dezember und erledigte Weihnachtspost. Willemer hatte gerade seinen Eintrag in Goethes Stammbuch beendet.

Der Wein begeistert den Verstand,
die Liebe das Herz, Goethe beide.
Laßt uns trinken, lieben,
Goethes Werke lesen, und i h n kennen.

Marianne lächelte. Die Zuneigung für den Dichter kam wie immer emphatisch daher. Aber Jakob würde es nicht bei Worten belassen, er hatte sich mit Erfolg um einen größeren Vorrat an Elfer bemüht und gedachte dem Verehrten zwölf Flaschen des flüssigen Goldes zu senden. Vornehm wurde der Göttertrank avisiert: „Nehmen Sie, trefflicher Herr, aus Freundeshand mit großer Güte die kleine Gabe." Der Empfänger war hocherfreut.

Weil am 12. Dezember eine Extrapost ging, sollte nun auch Marianne noch rasch ins Stammbuch schreiben. Rosette hatte ihr Platz gelassen, die rechte Seite war frei. Sie ging hinaus und kam mit einem Zettel zurück. Ihre Verse lagen seit Tagen bereit und harrten der Abschrift, wenn Willemer guthieß, was sie gedichtet hatte.

Zu den Kleinen zähl ich mich,
Liebe Kleine nennst Du mich.
Willst Du immer so mich heißen,
Werd ich stets mich glücklich preisen,
Bleibe gern mein Leben lang
Lang wie breit und breit wie lang.

Als den Größten kennt man Dich,
Als den Besten ehrt man Dich,
Sieht man Dich, muß man Dich lieben,
Wärst Du nur bei uns geblieben,
Ohne Dich scheint uns die Zeit
Breit wie lang und lang wie breit.

Mit Verwunderung hörte der Ehemann zu. Die liebe Kleine hatte Talent. Hoffentlich fand sich der Freund nicht allzu mutwillig persifliert.

„Jakob, er hat das so oft gesagt. Einmal sogar über sämtliche Potentaten. Ihr habt von der Zukunft Europas geredet und gestritten, welche Regierung die beste sei. Erinnerst du dich? Er zählte allerlei Herrschaften auf und wischte dabei mit der Hand über den Tisch. Der Zar, der Kaiser, der preußische König – beschränkte Figuren, alles breit wie lang. Nur Napoleon habe Verstand, fügte er noch hinzu, und deshalb trage er bei Gelegenheit den französischen Orden, auch wenn sich die neuen Sieger darüber das Maul zerrissen."

Willemer nickte. Ja, irgendwann hatte es diesen Disput gegeben, und Marianne hatte sogar mitgefochten, gegen Napoleon. – Er nahm ihr das Blatt aus der Hand, las das Gedicht noch einmal, ließ sich von seiner Anmut bewegen und gab das Stammbuch zur Eintragung frei. Mochte sie dem Freund ihre Verehrung mit diesem schelmischen Kratzfuß bezeugen.

Vorsichtshalber verfaßte er aber doch einen Kommentar. „Meine Frau will, seitdem sie von Ihnen die Kleine genannt worden, durchaus nicht mehr wachsen, es wäre dann in Ihrem Herzen. Ich kann ihr nicht unrecht geben; denn wenn auch in der Philosophie vieles breit wie lang ist, so ist es doch nicht einerlei, Goethe zu kennen oder nicht zu kennen." Um diesen Briefschluß zu lesen, mußte sich Marianne am Stehpult ihres Mannes auf die Fußspitzen erheben. Sie bestätigte sein Kompliment, indem sie das erste „kennen" dick unterstrich.

Unbemerkt blieb, daß sie ein falsches Datum in Goethes Stammbuch geschmuggelt hatte; Frankfurt am Main, den 12. Oktober. Hoffend, daß man in Weimar Geschriebenes sorgfältig las und zu deuten wußte, beschwor sie den zweisamen traulichen Nachmittag.

Am nächsten Morgen zeigte sich in Frankfurt eine schüchterne Dezembersonne. Die Familie ging auf den Wällen spazieren. Später traf das erste Weihnachtsgeschenk ein. Zelter hatte die versprochenen Noten gesandt, nach Gedichten von Goethe. Marianne jubelte, als sie die Titel las: „Der du von dem Himmel bist", „Nur wer die Sehnsucht kennt", „Füllest wieder Busch und Tal". Genug für den Winter, aber am besten fing man gleich damit an. Einsingübungen lockten bei Titus ein leises Gezwitscher hervor.

Willemer, der die Abneigung seiner Frau gegen Dämmerlicht kannte, entzündete ein Dutzend Kerzen, dann machte er es sich auf dem Sofa bequem. Rosette griff zu ihrer Stickerei, und Pazzarello verleugnete sein Hundewesen, indem er mit Kennerblick aufrecht saß und die Pudelohren hob, sobald seine Herrin den Mund auftat.

Die hatte fürs erste den „König von Thule" gewählt, weil die Begleitung sich vom Blatt weg spielen ließ. Nur war die Melodie für ein Baßstimme gesetzt und auch in der nächsthöheren Oktav für ihren Sopran zu tief. Da blieb nichts übrig, als Rosette um Verstärkung zu bitten. Die Freundin legte ihre Stickerei zur Seite, stand auf, schaute mit in die Noten und gab der Melodie durch ihren Alt in der Tiefe festeren Grund. Allmählich sangen sich die Frauen in eine schwermütige Stimmung hinein. Marianne ließ schon nach der zweiten Strophe am Klavier alle aufhellenden Schnörkel weg und beharrte gegen den Komponisten auf einem Schlußakkord in Moll.

Es war aber auch wirklich ein ergreifendes Lied. Da erlaubt sich der König noch einen letzten Trunk, gedenkt in Liebe und Treue längst vergangener glücklicher Tage, wirft seine goldenen Becher ins Meer und stirbt.

„Sag doch nur, woher kennen wir den Text? Er kann ja nicht bei den Wunderhorn-Liedern stehen, aber dort würde ich ihn suchen, wenn ich nicht wüßte, daß er von Goethe ist." Rosette hatte die Frage gestellt. Willemer stand auf, ging zum Bücherschrank und kehrte mit einem grauen Bändchen zurück. Er blätterte, fand das Lied: Gretchen sang es zur Nacht. Kurz zuvor war der Fremde mit Mephisto in ihrer Kammer gewesen. Das wußte sie nicht, war nur verwirrt und sang, weil sie die bange Stille nicht aushalten konnte.

Die musikalische Entdeckung brachte Willemer in Schwung. Er würde eine Abschrift der Zelter-Noten ans Theater geben. Wenn sie, was hoffentlich bald geschah, den Faust inszenierten, mußten sie diese Melodie singen lassen. Das machte gewiß einen starken Effekt.

Marianne spielte nicht weiter, las in dem Drama, sann über Gretchen nach. Ein unschuldig Ding von vierzehn Jahren, so alt wie sie, als sie noch das Theaterkind war. Erinnerungen drängten sich auf: Flitter und Staub, die Blicke der Schauspieler, wenn sie ihr heimlich über die Locken strichen. Hartes Training am Tag, Beifall zur Nacht für die zierlichen Tanzschritte des Harlekin. In der Kammer ein kärgliches Mahl. Die Mutter mit verhärmten Zügen über ihr Flickzeug gebeugt. Dann kam der Zauberer Apo, wie Clemens ihn nannte. Setzte das niedliche Ding mit leichtem Gepäck in die Kutsche, brachte es fort.

Und dünkelt ihm es wär' kein Ehr'
Und Gunst die nicht zu pflücken wär';
Geht aber doch nicht immer an.

„Marianne, du träumst. Wir haben erst ein einziges Lied von Zelter gehört, und es hat noch so viele." Willemer stand auf, nahm ihr das

Buch aus der Hand und klappte es zu, sah in die Noten, stieß einen Freudenruf aus. „Kennst du das Land, wo die Zitronen blühn – Mignon, das mußt du uns singen! Die Reise über den Gotthardt, erinnert ihr euch? Wir waren in den Wolken, genau wie es Goethe beschrieben hat. – Kennst du den Berg und seinen Wolkensteg? Das Maultier sucht im Nebel seinen Weg. – Ist es sehr schwer, dieses Lied?" Marianne schüttelte den Kopf, richtete sich auf, spielte und sang. Von den Goldorangen im dunklen Laub, von Myrte und Lorbeer und Marmorbildern.

Der Vater, der Beschützer, der Mann, der sie liebte, er hatte ihnen allen, auch Rosette und Bramy und Mieg, diese Italienreise geschenkt. Aber recht eigentlich war es ein Brautgeschenk.

Ja, sie erinnert sich: an die Plätze und Gassen in Rom, an tausend Gerüche, an fröhliches Kindergeschrei. An die Katzen in den Ruinen, an schwer beladene Esel, an die Kühle der Kirchen, wenn man die Tageshitze kaum noch ertrug. Manchmal war sie traurig gewesen, ohne zu wissen, warum. Und fühlte sich auch jetzt, nachdem sie das Lied beendet hatte, seltsam erschöpft.

Als sie nicht weitersang, nahm Willemer die Noten, blätterte, hielt inne, las einen Text, las ihn zum zweitenmal, trug ihn den Frauen vor. Es war die Ballade vom indischen Freudenmädchen, das – ahnungslos – den großen Gott Shiva beherbergt und ihn am Morgen tot in ihren Armen hält. Weil dem Besucher der Nacht ihre Liebe gehört, will sie sich mit dem Toten verbrennen lassen; das aber ist nur den rechtmäßigen Gattinnen erlaubt. Als sie sich dennoch in die Flammen stürzt, trägt sie der unsterbliche Gott in den Himmel empor.

Nach dem Vortrag sagte keiner ein Wort. Man hörte das Pendel der Standuhr gehen, Pazzarello gähnte mit einem langgezogenen Klagelaut. Dann aber fragte Rosette den Vater, warum ihm just dieses Gedicht so gefalle. Er blickte verwundert. Mußte man die Begeisterung für Goethes Ballade begründen?

Nein, das mußte man nicht. Marianne, die Spannungen nur schwer ertrug, nahm ihrem Mann mit einem freundlichen Lächeln den Notenband ab und begann die Kerzen zu löschen. Rosette öffnete ein Fenster und lehnte sich hinaus. Am Himmel zogen die Wolken rasch und erlaubten dem Mondlicht für Sekunden ein Bad im nachtdunklen Main. Die Tür fiel ins Schloß, dann waren die beiden Frauen allein.

Rosette räusperte sich. „Wir hatten heute morgen einen Disput. Meine Umzugspläne mißfallen ihm. Er hat mir Eigensinn vorgeworfen. Was besagt das aber? Steht uns Frauen eine eigene Meinung nicht zu? Da kann ich in unserem Verein ruhig die Vorsteherin sein. Mein Vater erwartet Gehorsam, sonst nichts. – Bajaderen, zu jeglichem Dienst bereit, die wären ihm recht."

„Rosette, du übertreibst. Und liegst auch schief mit deinem Vergleich. Das Mädchen schwebt in den Armen eines Gottes zum Himmel empor. Da kann es keine Verwechslung geben. Mir gefällt das Gedicht. So viel Liebe! Und sie weiß nicht einmal, wer der Besucher ist."

„Bleib du bei deinen Märchen und Träumen. Ich bin froh, daß ihr endlich verheiratet seid. Wenigstens ist deine Stellung im Haus jetzt klar." Marianne nickte, aber eher leichthin. Was gab es noch zu bereden? Sie war seit drei Monaten dem zweimal verwitweten Bankier Johann Jakob Willemer rechtmäßig angetraut, und ihre Pflegegeschwister nannten sie scherzhaft „unser Mütterlein". Das heißt, eigentlich sagten es nur Maxe und Meline. Die verwehrten ihren Kindern auch nicht, sie, die kaum über dreißig war, in den Stand des Großmütterchens zu erheben. Rosette, verwitwet ins Haus des Vaters zurückgekehrt, blieb, was sie immer war, ihre beste Freundin, zuverlässig, diskret. Bramy, der Jüngste in der Familie, küßte seiner Stiefmutter neuerdings die Hand, aber seit der Italienreise hatte man sich nur selten gesehen.

Es waren die Schwestern gewesen, die auf Legalisierung eines Verhältnisses drängten, das sie segensreich fanden und vor Medisancen geschützt wissen wollten. Der Witwer hatte sich mit seinen sprunghaften Aktivitäten und seinen wortreich-kritischen Schriften mancherlei Feinde gemacht. Deshalb waren die Frankfurter rasch bereit, von Maitressenwirtschaft zu reden, auch als Marianne sich dem Werben des Bankiers noch standhaft entzog.

Nach dem frühen Tod der Lieblingstochter Käthe war Willemer, schwankend zwischen Larmoyanz und Nörgelei, oft schwer zu ertragen. Allein seine Mignon wußte ihn aufzumuntern. Aber erst nachdem die Jüngeren das Haus verlassen hatten, fühlte sie sich frei genug, ihre Herzensgüte in ein Gewährenlassen umzumünzen. Sie hatte manchmal, wenn die Dämmerung in alle Winkel kroch, sehen müssen, wie der Mann, den sie ehrte, die Hand hochnahm, um eine Träne fortzuwischen. An einem dieser schwermütigen Abende war sie ihm nachgegangen. Er hatte sie umarmt, behutsam, erlöst und beglückt, er hatte am Ende der Nacht seinem Engel ewigen Dank gelobt. – Ja, ihre Stellung im Haus war jetzt klar. Sie erhob aber keinen Anspruch auf irgend eine Schlüsselgewalt.

Zwei Tage vor Weihnachten gab es Bewegung in der Halle. Pazzarello stürzte aufgeregt die Treppe hinunter, und in der Küche gerieten Deckel und Pfannen mit lautem Lärm durcheinander. Bramy war da, in der schmucken grünen Uniform der Frankfurter Jäger. Auf dem Tschako prangten ein nickender Federbusch und ein roter Pompon. Den weiten Postkutschenweg von Berlin in seine Heimatstadt hatte er trotz Regen und Überschwemmung pünktlich geschafft. Marianne flog ihm an den Hals und erklärte, seine Ankunft nehme das Christfest vorweg. Hanne, die ihren Liebling als erste begrüßt hatte, rückte ab in die Küche, um Franzbrote für einen Schokoladen-Auflauf einzuweichen. Vorher tippte sie aber noch rasch auf den untersten der messingfarbenen Adlerknöpfe und fragte, nur so zum Spaß: „Schenkste mir den?"

Bramy lachte. „Hannchen, du hast Glück, du darfst dich bedienen. Die Uniform wird heute noch ausrangiert. Ich lasse sie euch zum Andenken hier. In der Kiste, die Phil eben hereinschleppt, liegt eine neue in preußischem Königsblau." Der Vater hörte die Nachricht mit Stolz.

Viel gab es in den nächsten Tagen zu erzählen, bei Hannes Rebhuhnpastete und Willemers Wein. Hatten sie ja noch nicht einmal genug vom französischen Feldzug gehört. Der junge Mann berichtete heiter. Ihre Verpflegung, versicherte er, habe ihnen in den kalten Wintertagen das Leben gerettet; sie hatten fast immer nur Branntwein und Brot. Da gab's keine Cholera, und sogar die Armee der Läuse nahm ab. Doch hätten sie sich vor den französischen Bauern in acht nehmen müssen. Als man in Paris schon über den Frieden verhandelte, seien in Mâcon zwei seiner Kameraden durch Steinwürfe aus dem Hinterhalt getötet worden.

Neuigkeiten aus Berlin? Wo anfangen, wo enden? Der König habe ihn persönlich zum Oberleutnant befördert und im gewohnten Polterstil Grüße an den Vater aufgetragen. In die Berliner Gesellschaft hineinzukommen sei nicht leicht, doch es gebe die Arnims, die Humboldts, die Savignys. Und neuerdings sei er auf Groß-Beeren ein gern gesehener Gast.

Vor zwei Wochen habe er Zelter in seiner Singakademie besucht. Sie probten über einem Pferdestall und hätten da keine gute Luft. Aber der Maurermeister sitze schon über Plänen für ein eigenes Haus. Die Berliner Theater spielten bravourös, obwohl im September der große Iffland gestorben sei. Freilich viel zu viel Kotzebue und leider nicht Kleist.

Ja, Heinrich von Kleist. Die Freunde sagten, er sehe ihm ähnlich, deshalb sei ihm der Name vertraut. Aber Kleist habe sich vor vier Jahren mit seiner Geliebten am Wannsee erschossen, und dies gedenke er nicht zu tun. Was der Mann geschrieben habe, gehe in gewissen Offizierskreisen von Hand zu Hand. Sein letztes Stück dürfe in Berlin nicht aufgeführt werden, weil da ein zum Tode verurteilter preußischer Prinz vor seinem offenen Grab aus der Fassung gerate. – Ein ziemlich verrückter Kerl, dieser Kleist. Ob sie denn nicht wüßten, daß Goethe ein Lustspiel von ihm habe aufführen lassen. Es sei aber bei der Weimarer Gesellschaft durchgefallen. Die Geschichte vom Dorfrichter Adam war den Leuten zu derb.

Marianne wandte keinen Blick von Willemers einzigem Sohn. Was für ein redegewandter junger Mann aus dem schüchternen Bramy geworden war. Und noch kein Ende mit Kleist. Er las ihnen einiges vor. Dieser seltsame Patriot, welcher die ungeheuerlichsten Begebenheiten in zehn Zeilen preßte, hatte auch Zeitungstexte verfaßt. Den stärksten Beifall erhielt die Anekdote aus dem letzten preußischen Krieg. „Bassa Teremtemtem" wurde in der Familie zum geflügelten Wort.

Die „Berliner Abendblätter" waren übrigens ein Geschenk für Elias Mieg. – Der komme zu Silvester. Und getanzt werde auch. Wahrhaftig? Aber ja, warum nicht? Willemer glaubte seiner jungen Frau und diesem schmucken Offizier ein gesellschaftliches Vergnügen schuldig zu sein. Mit Rosette, den Scharffs, den Andreaes, den Guaitas, mit Mieg und der Sängerin Bucher zählten sie zwölf Personen. Ein kleines Orchester war engagiert.

Wünsche fürs Festessen? „Leicht, Hannchen, leicht. Sonst können wir unsere Bäuche nicht mehr rasch genug schwenken!" Man einigte sich auf Zitronensuppe, gefüllte Karpfen, Rindszunge mit Maronen und Apfelcharlotte. Der Elfer lag in stattlichen Batterien bereit.

Die Damen des Hauses blieben stundenlang in der Kleiderkammer verschwunden. Mit Rüschen und Spitzen suchten sie der altdeutschen Tracht ein wenig aufzuhelfen und sicherten sich die nötige Halsfreiheit. Marianne musterte ihren Schmuck und liebäugelte mit den Juwelen, welche die französische Kaiserin Joséphine ihr einst in Mainz fürs virtuose Gitarrenspiel hatte überreichen lassen. Zwar lebte man in patriotischen Zeiten, aber ein Kollier war kein Orden und das Geschmeide zuletzt ein Verdienst ihrer Kunst. Die Entscheidung fiel salomonisch aus. Der Hals blieb frei, aber die Gürtelschnalle mit der zarten Kamee wurde unter dem Busen wirkungsvoll angebracht.

Nachdem alle Messinglampenschirme und erst recht alle Spiegel auf Hochglanz poliert und Dutzende von Kerzen aufgesteckt waren, konnte das Fest beginnen. Oboe, Klarinette und Fagott boten eine heitere Tafelmusik, man aß, man trank, die schöne Meline Guaita bezauberte alle mit ihrer aparten Frisur. Marianne saß zwischen Bramy und Mieg, das hatte sie so gewollt. Die beiden Vertrauten, der Wein, die Kerzen – Wärme kam von überall her, machte sie glücklich und still. Sie barg ihr Kinn in den Rüschen und atmete einen feinen Hamamelisduft ein. Das Parfum hieß „Printemps", Bramy hatte es ihr aus Lyon mitgebracht.

Gegen zehn hob der Hausherr die Tafel auf und kündigte einen besonderen Kunstgenuß an. Frau Bucher sei im Opernarchiv fündig geworden. Schon 1791 habe man in Frankfurt „Cosi fan tutte" herausgebracht. Nun wolle man mit einigen Duetten Mozarts selten gehörtes Meisterwerk wieder aufleben lassen. Seine Frau übernehme den zweiten Part.

Elias Mieg erhob sich und ging ans Klavier. Die beiden Sängerinnen postierten sich rechts und links von der Tür, lehnten lässig am Rahmen und boten dem überraschten Publikum nicht nur Musik, sondern auch das zugehörige Spiel. Verzückt betrachteten sie die Medaillons ihrer beiden Galane, schworen bei Amors Strafe ewige Treue und erklärten sich doch im nächsten Duett schon bereit, mit den beiden fremden Verehrern anzubändeln. Fiordiligi hatte dabei ein schlechtes Gewissen, wenigstens gab das die blonde Agnes Bucher vor. Marianne hingegen verkündete als Dorabella augenzwinkernd die schiere Lebensfreude. „Che diletto, che spassetto io proveró." Die Zuhörer teilten den Spaß, applaudierten begeistert, man wiederholte das zweite Duett.

Willemer strahlte: der Gesangsunterricht hatte Früchte getragen. Er umarmte seine Frau, dann schritt er mit ihr zur Eröffnung des Balles. Das Silvestervergnügen nahm seinen Lauf. Man walzte Schottisch und Deutsch. Die gesetzteren Herren bevorzugten den Ländler, der ging nicht so schnell.

Marianne tanzte mit Mieg. Ihr Lehrer, ihr Reisebegleiter, ihr Freund – sie mochte ihn sehr. Weil er eher zierlich gewachsen war, konnte sie ihm in die Augen schauen, ohne den Kopf in den Nacken zu legen. Aber in Wahrheit sah sie voll Verehrung zu ihm empor. Er wußte alles, so kam es ihr vor, er sagte es immer einfach und klar. Und wenn ein Lächeln seine strengen Züge erhellte, fühlte sie sich beschenkt.

Als er, auf Willemers Wunsch, nach Yverdon gegangen war, um mit Bramy in der Nähe Pestalozzis zu leben, las sie die alten Schulbücher noch einmal von vorne bis hinten durch. Der Unterricht in Latein und Französisch war von unnachsichtiger Strenge gewesen. Aber Mieg hatte auch Märchen erlaubt. Er hatte ihnen Lessings Fabeln erklärt und sie aufgefordert, selber welche zu schreiben. Marianne machte sich mit Eifer ans Werk. Da Hunde, Katzen, Vögel, Eichhörnchen, Igel und Mäuse zu ihrer täglichen Klientel gehörten, erzählte sie unter Mißachtung von Baugesetzen und aufgeklärter Moral die anschaulichsten Tiergeschichten. Fabeln waren es freilich nicht.

Eines Nachmittags – Mieg bereitete schon seinen Aufbruch vor – schob er ihr einen Gedichtband über den Tisch, mit Goldschnitt verziert, in feines rotes Leder gebunden. „Das Buch gehört deinem Vater. Paß gut darauf auf! Lies die Gedichte, sprich sie so schlicht und so schön, wie du kannst! Reden können wir später darüber." So lernte sie Goethe kennen, das Mailied, Willkommen und Abschied, Prometheus, Ganymed, den Erlkönig auch. An einem der letzten gemeinsamen Abende trug sie ihrem Lehrer vor, was sie auswendig wußte, ohne zu stocken, beseelt und beseligt, denn es schien ihr, was sie da sprach, wie Musik.

Mieg verbarg seine Ergriffenheit, aber er schenkte dem Kind, dem Mädchen, der jungen Frau – sie war ja alles zugleich – ein handbeschriebenes Blatt. Die Schrift war ihr fremd.

Hast du Verstand und ein Herz, so zeige nur eines von beiden.
Beides verdammen sie dir, zeigest du beides zugleich.

Sie sah ihn fragend an. „Du mußt dir das jetzt nicht zu eigen machen. Aber das Blatt heb gut auf. Es ist von Hölderlin. Seine Gedichte werden später einmal neben Goethes Versen im Bücherschrank stehen.

Das braucht jedoch Zeit. Hölderlin war mein Freund. Und Hauslehrer bei den Gontards."

Flaumfederleicht der Tanz mit Elias Mieg. Und jetzt erinnerte er sie an ihre erste Unterrichtsstunde. – „Weißt du noch?" – Das alte vertrauliche Du! Was sollte sie wissen? Sie war verwirrt.

„Du saßest als neues Kind im Haus nur so am Rande dabei. Bramy malte. Maxe und Meline sollten den Zauberlehrling aufsagen. Es war ein Stotterduett. Ich sprach die Ballade ein zweites, ein drittes Mal vor, da wurde es dir mit dem Stillsitzen gar zu arg." „Und was hab ich gemacht?" „Du bist aufgestanden und hast die Geschichte gespielt. Zuerst hast du den Besen getanzt, der Wasser schleppt, dann die Angst des Jungen gemimt und zuletzt den Zeigefinger des Meisters gehoben, der alles in Ordnung bringt. Als Bramy sein Blatt präsentierte, hatte er keinen Besen, sondern ein tanzendes Kind gemalt."

Marianne schluckte, war froh, daß ihr die Musik eine Antwort ersparte, lehnte den Kopf an Miegs Schulter, er war von Erinnerung schwer. Da faßte sie jemand am Arm. „Meine Mutter ist müde, sie muß sich erholen, ich bitte, sie begleiten zu dürfen." Mieg ließ los, trat zurück. Ein Schatten ging über sein Gesicht, aber er sagte kein Wort. Es war Bramy, der den Tanz unterbrochen hatte. Er geleitete Marianne, die nicht wußte, wie sie das ablehnen sollte, in die Bibliothek, schob ihr einen Sessel zurecht, holte ihr ein Glas Champagner, blieb am Bücherschrank stehen. Sie trank nicht, sie sah ihn nur an.

„Wir haben ein einziges Mal miteinander getanzt."

„Ja, das ist wenig. Aber du weißt, eine Gastgeberin ist allen verpflichtet."

„Besonders Herrn Mieg?"

„Bramy, was soll diese Frage?"

„Lassen wir sie. – Zu deinem Auftritt mein Kompliment. Ich hatte vergessen, daß du so wunderbar singst."

„Frau Bucher unterrichtet mich, seitdem sie in Frankfurt ist."

„Deine Dorabella klang sehr vergnügt. Nach gehorsamer Ehefrau klang sie nicht."

„Aber Bramy, du wirst doch der Sängerin ein klein wenig Opernthéater gestatten!"

„Wenn es nur Theater war, habe ich mich geirrt."

Was war das? Marianne griff zu ihrem Fächer. Hatte plötzlich wieder Bramys Hand auf der Schulter, wie in der Theaterloge, als sie Don Carlos spielten und Willemer eingeschlafen war.

„Bist du glücklich mit ihm?"

„Falls du deinen Vater meinst: Es ist alles so, wie es war. Ich habe nur meinen Namen geändert."

„Du hast meine Frage nicht beantwortet. Bist du glücklich mit ihm?"

„O Gott, was ist das für ein Verhör? Ich weiß nicht, ob ich weiß, was Glücklichsein heißt. Wir kommen miteinander aus. Aber der Friede in diesem Haus ist ein zartes Gewächs. Du solltest behutsam sein."

Draußen hörte man Stühle rücken und starke Akkorde auf dem Klavier. Marianne stand auf, begab sich zur Gesellschaft zurück und kam eben recht zu einer Polonaise durchs Haus. Deren aufgelöste Ordnung entsprach der mitternächtlichen Stimmung, man zog treppauf, treppab, die drei Musikanten improvisierend dazwischen. Im Erdgeschoß schloß sich die Dienerschaft an, dann dröhnten die Glocken: Prosit Neujahr! Man eilte zu den Fenstern, die ersten Raketen stiegen empor. Marianne, als sie sah, daß Mieg seinen Platz nicht verlassen hatte, trat zu ihm hin.

„Was war das für eine revolutionäre Musik?"

„Beethoven, Polonaise alla Polacca. Er hat sie aber der Kaiserin von Rußland gewidmet. Dort ist keine Revolution."

„Sie müssen uns mehr von Beethoven spielen, sobald es sich einrichten läßt."

„Ja. Das neue Londoner Hammerklavier ist sehr gut."

Lag es an Mieg, daß die Musik so zornig geklungen hatte? Der bat jetzt Rosette zum Tanz, und der Hausherr behielt seine Frau am Arm. Das Fest ging noch eine Weile fort, die letzten Gäste brachte Bramy hinaus.

Das Ehepaar zog sich zurück. Marianne, obwohl sie todmüde war, fand keinen Schlaf. Die Klarinette hüpfte in Quinten, und diese Quinten gingen ihr nicht aus dem Ohr. Cosi fan tutte? Nein, das wollte sie nicht. Und wie denn auch? War sie nicht Geheimrätin Willemer, Jakobs geliebte Mignon?

Da du nun Suleika heißest

Die Krähen. Waren es immer so viele am Kai? Und schrien sie immer so häßlich und laut? Das Geschwader flog eine letzte Schleife unterm Januarhimmel, landete in den Auen, dann suchten die Vögel ihre blattlosen Schlafbäume auf. Dunkle Schatten, die Schnäbel im schwarzen Gefieder versteckt, bewegungslos, stumm.

Und du, Marianne? Allein unterwegs, in der Dämmerung, in der Kälte. Pazzarello braucht Auslauf, und es hat niemand Zeit für ihn? Wäre er nur kein so harmloser Hund! Phils Rottweiler könnte dich schützen. Der Pudel bellt, wenn er Angst hat, aber neben dir hat er ja keine Angst.

Du läufst ohne Pelz. Wie wird die feuchte Luft deiner Stimme bekommen? Im Botanischen Garten faulen die Strünke dem Boden entgegen. Die Bleichwiesen schmatzen vor Nässe, und schon auf den Wegen hängt sich die Erde in schweren Klumpen an deine Schuh. Wärest wahrhaftig besser zu Haus.

Bramys vorzeitiger Abschied hat dich erschreckt. Aber du weißt es doch selbst: er braucht seinen Mentor nicht mehr. Und die Ratschläge des Vaters regen ihn auf. Man wird ihm in Berlin eine Kompanie anvertrauen. Auch hat die Baronin von Beeren ein Auge auf ihn.

Seine Hände auf deinen Schultern, fragend, ob in der dunkel gewandeten Stiefmutter die heitere Schwester verlorenging. Eifersucht, ein wenig, vielleicht. Oder auch nur Champagnerlaune. Was ist Spiel, was ist Ernst, wenn beim Tanzen der Puls schneller geht? Vergiß die Szene, sie hat kein Gewicht.

Da ist noch Elias. Jahrelang in der Schweiz, in Frankreich, jetzt wieder hier. Als Hauslehrer wird er in Offenbach bleiben, einige Jahre, die Ysenburgsöhne sind jung. Besuchen kann man ihn schwerlich, bei Fürsten fährt man nicht vor. Auch mit Briefen solltest du sparsam sein. Leicht knüpft sich ein Netz aus Gedanken, in dem du dich selber verfängst. Schreibst dir gar eine Sehnsucht ins Herz. – Möchtest von ihm erfahren, wie es mit Diotima und ihrem Geliebten ging? Laß die alten Geschichten ruhn! Die Damen Gontard in Rosettes Frauenverein haben damit nichts zu tun. Mieg aber brächtest du in Verlegenheit. Er müßte Partei ergreifen gegen die selbstgerechte Moral eines reichen Bankiers. Und du kämest womöglich zu dem Schluß, daß Hölderlins Stellung der seinen nicht unähnlich war. Nein, keine alten Geschichten. Eure Gäste sind abgereist. Und dort drüben bist du daheim.

Marianne wählte den Hofeingang, am vorderen Tor hätte sie läuten müssen. Im Haus war es still. Willemer saß in seinem Kabinett und schrieb an dem, was er „Bruchstücke zur Menschen- und Erziehungskunde" nannte. Seit Wochen war er damit befaßt, nahm keine Einladung an, legte wichtige Briefe beiseite, versäumte sogar das Theater und war ein ungeselliger Ehemann. Wortkarg saß er zu Tisch, schlief nach der Mahlzeit über den Gazetten ein. Wenn seine Frau auf Fußspitzen das Arbeitszimmer betrat, nickte er ihr zu und beugte sich sogleich wieder übers Papier. Sie nahm die ausladenden Schriftzüge wahr, versuchte zu lesen. Kopfschüttelnd schob er das Blatt ein wenig zur Seite. Keine Lektüre für seine geliebte Mignon. Sobald er die nächsten vier Hefte fertig habe, gehe die Sendung an Goethe ab.

Sie zog sich zurück. Bekam auch später nicht zu sehen, was der Gemahl im Begleitbrief nach Weimar schrieb. „Vier Bände in drei Monaten, alles drei- bis viermal durchkorrigiert, das ist die Arbeit eines Fieberkranken und keines Gesunden. Es schwindelt mir der Kopf und ich verstehe nicht mehr, was ich geschrieben habe. Auch nehme ich keines der gedruckten Hefte zur Hand, ohne daß mich ein Ekel überfällt, der bis ans Erbrechen grenzt. Ich begreife jetzt, wie Mütter einen Haß auf ihre Kinder werfen können. Vielleicht habe ich etwas sehr Einfältiges geschrieben, aber ich konnte nicht anders, ich mußte schreiben oder umkommen."

Einfältig war es nicht, was der Bankier geschrieben hatte, aber weitschweifig, abstrakt und dennoch trivial. In Weimar schnitt man nur wenige Seiten auf. Am Frankfurter Fahrtor las einzig Rosette das Traktat und ärgerte sich. Bei Marianne machte sie ihrer Empörung Luft.

„Mein Vater preist das Kind armer Eltern glücklich, weil es Hunger und Kälte ertragen lernt. Er hat die erfrorenen Füße der Häuslerskinder niemals gesehen, hat nie ihren schwindsüchtigen Husten gehört. Für solche Realitäten interessiert er sich nicht. Statt dessen teilt er uns mit, was dem Verstand ein Licht anzündet: frommes Gebet und Demut, mit Fleiß gepaart. – Daß ich nicht lache! So hätte er's gern. Aber die Sachsenhäuser Buben gebrauchen ihren Verstand, um für die hungrige Familie ein Huhn zu stehlen.

Der ist am besten erzogen, der stets heiter ist. – Erzähl mir was von meines Vaters Heiterkeit! Und dabei wiederholt er auf jeder Seite, daß nicht die Lehre, sondern das Beispiel den Menschen erzieht. Meinte er wenigstens Leute wie Mieg. Aber nein, er selber hält sich für ein Werkzeug in Gottes Hand. Himmlischer Hüter der Ordnung in Haus und Familie! Gehorsam und Hingabe kommt dann den Frauen zu."

„Wir ändern Willemer nicht. Und er ist doch auch gut. Schau, er hat mir diese schöne italienische Gitarre geschenkt. Erinnerst du dich an Neapel, die Werkstatt, das Haus mit den Katzen, den kleinen Brunnen im Hof? Ich werde dir etwas singen und spielen, vergiß deinen Zorn!"

Marianne langte nach ihrem Instrument, griff ein paar Akkorde, sang aber mit dem Lied keinen Trost herbei, auch wenn es von Goethe war. Die Stimme schwankte und verlor ihren Klang. Rosette erschrak. Tränen, Zustände, Umstände – war ein Kind unterwegs? Zu solchen prosaischen Fragen schüttelte die Freundin nur wortlos den Kopf. Schuld an der Trübsal trug allein dieser traurige Text. Steige einer mit dem einsamen Schäfer vom Berg, pflücke Blumen, die keiner will, sehe einen Regenbogen über der Liebsten Haus, und die Tür bleibt verschlossen, weil hier niemand mehr wohnt. Da müssen die Tränen ja fließen, und sei's, weil man selber der Liebe entbehrt.

Rosette schaute die andere nachdenklich an. Als der Vater sie zum erstenmal in die Arme schloß, hatte sie's gewiß nur geschehen lassen. Auf der Italienreise war sie vor Bramy und Mieg in Verlegenheit, bis der Lehrer sie beiseite nahm. Sein gütiges Zureden schien zu helfen, gab ihr neue Gelassenheit. Sie schuldete Willemer Dank, der brauchte ihre Wärme, und seine Kinder brauchten sie auch. Mit dem Auszug der Jungen war es stiller geworden im Haus. Aber dann kam der Freund, der berühmte, den sie alle verehrten, dessen Lieder Marianne jetzt sang. Er war ihnen zugetan und hatte die Hoffnung auf hellere Tage geweckt. Wenn er in Weimar die Arbeit hinter sich lassen könne, käme er wieder. Es war versprochen, sie zählten alle darauf.

Ein neues Notenblatt wurde aufgestellt. „Laß gut sein, sing mir ein andermal vor!" „ Nur den Erlkönig noch. Hör dir an, wie ihn Reichardt im Ostinato verführerisch flüstern läßt. Du liebes Kind, komm, geh mit mir! Gar schöne Spiele spiel ich mit dir."

Einfache Worte, und immer derselbe Klang. Aber hinter dem Text, den Schauder erklärend, noch eine Erinnerung. Auf dem Mühlbergturm, im weiten Mantel, wollte sie einer vor Kälte schützen: Kommt, Kinder, kommt!

„Mein Vater, mein Vater, jetzt faßt er mich an! – Goethe hat sicher alles gefühlt, was er niederschreibt, auch die Angst."

Rosette nickte. „Es liegt am Sehen, am Blick. Jeder Grashalm ein Wunder, jede Menschenseele ein Buch – wie sollte er da nicht empfunden haben, was er in Verse bringt?" Auch sie war bereit, für den Dichter zu schwärmen. Hatte einen Heros erwartet, aber nicht einen Mann von solcher Ruhe und Freundlichkeit. Stimmte zu, als Marianne fragte: „ Du denkst doch auch, daß man ihm herzlich vertrauen kann?"

Wünschte man die Gegenwart seines Wortes, genügte ein Griff in den Bücherschrank. Willemer hatte jede Neuerscheinung sofort gekauft. Wenn die Damen vom Frauenverein zusammenkamen, um für den Frühjahrsbasar mit feinen Fingern Blumen auf Tabaksbeutel und Hosenträger zu sticken, las man neuerdings aus „Dichtung und Wahrheit" vor. Elise Wallots unverkennbar heimischer Tonfall wurde besonders geschätzt. Wer hört auch nicht gern in vertrauten Klängen vom vergangenen Leben der eigenen Stadt? Vom Einholen der Kaufmannsfuhren zur Messezeit, von den reitenden Biedermännern, welche weder ihr Pferd noch sich selbst auf dem Pferd zu halten vermochten. Die Älteren ließen die Stickrahmen sinken, schlossen die Augen, erinnerten sich: an die sechsspännigen Galawagen beim Krönungsspektakel, an den schönen Erbmarschall Pappenheim. Und wie das Volk die bretterne Küche zerlegte, nachdem der Ochse verzehrt worden war.

Wenn Marianne allein war, las sie das Märchen vom neuen Paris, träumte sich ins Geschehen, spielte die Laute im grünen Gewand, neckte den Knaben, bis dessen Zerstörungswut alles verdarb. Spazierte auch einmal zur Schlimmen Mauer und ertappte sich dabei, wie sie nach dem spitzbogigen Pförtchen Ausschau hielt, das den Garten verschloß. Sie fand es so wenig wie einst die Freunde, welche der junge Goethe mit seiner Erzählung verzaubert hatte. Aber sie saß noch am Abend über alte Frankfurter Stadtansichten gebeugt.

Schließlich schob sie die Blätter zur Seite, las nicht länger im Knabenmärchen. Es gab einen anderen Text. Der wirkliche Geheime Rat hatte ihr auf der Gerbermühle eine wundersame Geschichte erzählt, die schrieb sie jetzt auf.

„Es lebte eine Königstochter, Suleika geheißen. Sie hatte die Anmut einer Gazelle und war der Liebling aller in des Vaters Palast. Wenn sie ihre Lieder unterm Mandelbaum sang, klang ihre Stimme so süß, daß die Nachtigallen verstummten und lauschten.

Eines Abends war sie im Mondschein eingeschlafen und träumte von Jussuf. Der sei ihr, sagte ein Seraphim, von Allah zum Gatten bestimmt und Großwesir in Ägypten.

Suleika machte sich auf in das Land des Pharao und war noch nicht lang in der Stadt, da kam ein Bote vom Großwesir. Der Herr habe sie in ihrem Garten gesehen und sei von ihrer Schönheit entzückt. Sie gefalle ihm wie nie eine Frau, er begehre sie noch heute zum Weib. Sie willigte ein, aber als man sie vor den Großwesir führte, weiteten sich ihre Augen: dies war nicht der Mann ihres Traums. Ein Fremder umarmte sie. Wohl ergab sie sich in ihr Geschick, aber alle Perlen, die der Gatte ihr schenkte, wogen die heimlichen Tränen nicht auf.

Da sah sie eines Tages auf dem Sklavenmarkt einen Jüngling, schön und schlank, einer Lilie gleich. Ihr Herz sprang auf. Dieser war Jussuf, der Mann, der ihr verheißen war! Sogleich sandte sie Diener hinunter zum Markt, ließ ihn kaufen und zum Gärtner bestellen. Am späten Abend schlich sie hinunter, zog ihn im Schatten der Zypressen nieder auf eine steinerne Bank. Sie umschlang seinen Hals, und unter zarten Schleiern hörte er sie sagen: ‚Du mein Allerliebster, Stern aller Sterne, umarme und küsse mich! Vergehen muß ich, wenn du mich ohne Liebe läßt, verbrennen muß ich wie die Kerze, welche sich selbst verzehrt. Denn wisse: die Glut der Liebe ist eine Flamme des Herrn.'

So flüsterte sie mit heißem Atem. Aber der erschrockene Jüngling stieß sie zurück und floh. Da erfaßte sie Zorn. Sie, die Königstochter, von einem Sklaven verschmäht, und der Traum nur ein Trug! So sehr ward ihre Seele getrübt, daß sie Klage führte beim Großwesir: dieser da, der neue Gärtner, er habe sie unter den Zypressen auf unziemliche Weise bedrängt und müsse seinen Frevel in Ketten büßen.

Allsogleich ward Jussuf in den Kerker geworfen. Suleika aber hatte keine ruhige Stunde mehr. Sie ging des Nachts in den Garten und faßte in die Dornen, bis ihr das Blut von den Händen rann. Endlich hielt sie es nicht mehr aus im Palast und floh in die Wüste. Viele Monde und Jahre lebte sie dort, wurde alt und grau in Hunger und Durst und Leid. Aber sie hörte nicht auf, Gott zu bitten, er möge Jussuf befreien und sie selbst erlösen von schlimmer Schuld.

Eines Tages befahl ihr eine Stimme vom Himmel, aus der Wüste hinaufzugehn in die Stadt. Suleika gehorchte. Als sie vor den Palast des Pharao kam, war da eine dichte Menschenmenge, alle jubelten dem neuen Großwesir zu, und es war Jussuf, der Mann ihres Traums.

Niemand hatte der Büßerin verwehrt, die Stufen des Throns emporzusteigen. Als sie auf der letzten stand, erbarmte sich Allah und gab ihr die einstige Schönheit zurück. Da faßte der Großwesir ihre Hand, bekränzte ihr Haar mit den Zweigen der Myrte und nahm sie zur Frau. Sie erlebten Jahre des innigsten Glücks. Suleikas Herz war erfüllt von Allahs Güte, sie weihte ihm in frommer Demut viele Gebete. Als aber Jussufs Tage sich neigten, flehte sie zu Gott, mit dem Geliebten sterben zu dürfen. Und Allah war gnädig: beide fanden sie Einlaß ins Paradies."

Marianne zeigte ihre Geschichte nicht her. Rosette hätte womöglich die Nase gerümpft. Willemer wäre begeistert gewesen. Aber Geheimnisse, deren Bedeutung man selbst noch nicht kennt, gibt man nicht preis.

Der Weimarer Dichter weilte gleichfalls im Orient, las seinen Hafis, legte die Rollen fest. „Da du nun Suleika heißest, sollt' ich auch benamset sein." Für Jussuf ist er nicht jung genug, also wird er sich Hatem nennen, das bedeutet: ein Mann von adliger Freigebigkeit. Er kann nicht wissen, daß die Geliebte sich ihm entgegenschreibt, doch seine Sehnsucht ist unterwegs.

Kamele ruhn, die Treiber desgleichen,
Rechnend still wacht der Armenier;
Ich aber, neben ihm, berechne die Meilen,
Die mich von Suleika trennen.

Am Fahrtor hat sich der Alltag zum Frühjahr hin aufgehellt. Meline Scharff ist mit einem Sack voller Neuigkeiten zurück aus Berlin. Clemens Brentano sei im Herbst bei den Arnims gewesen. In Wiepersdorf hätten sie Bäume gefällt und Steine gekarrt, die Wände gestrichen und abends getanzt. Bettine hätte Milchsuppe kochen und Kuchen backen gelernt, sogar einen Abtrittdeckel geschnitzt. Ganz glücklich sei die Familie wohl nicht. Arnim müsse sich grämen: der preußische Generalstab hatte im Kampf gegen Napoleon keine Verwendung für ihn.

Den Winter verlebten sie in Berlin. Drei Söhne gebe es jetzt: Freimund, Siegmund und Friedmund. Komische Namen, nicht wahr? Bettine wäre am liebsten wieder im Rheingau, aber daraus würde wohl nichts. Übrigens sei sie noch immer gekränkt, weil Goethe sie in Teplitz nicht mehr empfangen wollte. Wie hätte sie das aber erwarten können nach dem Weimarer Skandal? Immerhin habe sie die Vulpius eine tolle Blutwurst genannt, da müsse ja der Hausherr ein Ende machen mit der Frankfurter Aufdringlichkeit.

Marianne hörte nicht ohne Genugtuung zu. Christiane hatte Frau von Arnim die Brille heruntergerissen, als diese gar zu kritisch und spöttisch Weimarer Bilder besah. Sie wußte sich nicht mehr anders zu helfen. Nun aber schien die arme Geheimrätin ernsthaft erkrankt. Zwei Querfinger vom Tode sei sie gewesen, schrieb Goethe am 3. April. „Werde ich das alles, bei einem schönen Oberrader Sonnenuntergang, hinter mich werfen?"

Er würde, wenn er nur wollte, und Willemer beeilte sich, dem Asyl einen paradiesischen Anstrich zu geben. „Sie könnten bei uns auf der Mühle wohnen. Platz ist genug da, und meine Frau und ich würden nie eine größere Freude empfunden haben wie die, Sie als Gastfreund bei uns zu sehen. Wenn Sie der Sonne müde sind, und der Arbeit, singt sie Ihnen von Ihren Liedern vor. Von Krieg und Frieden kein Wort."

Ganz so leicht war es nicht, sich der Zeit zu entrücken. Man konnte den persischen Hafis lesen, arabische Schriftzeichen üben und Gelassenheit zur Maxime erheben. Aber dann hielt Napoleon die Welt noch einmal in Atem, war am 1. März in Antibes gelandet und hatte am 20. März schon Paris erreicht. Kampflos war er marschiert, weil Volk und Armee den Heimgekehrten jubelnd empfingen. Wurde er auch erst noch als korsischer Vielfraß verhöhnt, die Tonlage in den Journalen änderte sich. General Bonaparte in Grenoble, Napoleon in Lyon, der Kaiser in Auxerre – so schritt die Nobilitierung voran. Am 20. März standen seiner Kaiserlichen Majestät 300 000 Mann zur Verfügung, die Pariser Garde nicht mitgezählt. Die Alliierten machten mobil. Wer möchte da ohne große Not Geld und Zeit am Rhein vergeuden? Goethe eigentlich nicht.

„Der April eilt zu Ende, in sechs Wochen sollte ich schon wieder in Ihrer Nähe sein; indessen ist es gerade jetzt, wo jedermanns Verstand still steht, wohl zu entschuldigen, wenn man mit Entschlüssen zaudert." Ein Gedicht sollte die Frankfurter vorläufig trösten. Im Kranz von bunt- und goldgemalten Arabesken kam es prachtvoll daher, und der Absender wünschte sein Blättchen unter Glas und Rahmen, was Willemer umgehend versprach. Vom Vater auf den Sohn fortgeerbt, werde die Gabe ein Heiligtum bleiben.

Reicher Blumen goldne Ranken
Sind des Liedes würdge Schranken;
Goldneres hab ich genossen
Als ich Euch ins Herz geschlossen.

Goldner glänzten stille Fluten
Von der Abendsonne Gluten,
Goldner blinkte Wein zum Schalle
Glockenähnlicher Kristalle.

Weisen Freundes goldne Worte
Lispelten am Schattenorte,
Edler Kinder treu Bekenntnis,
Elterliches Einverständnis.

Goldnes Netz das Euch umwunden
Wer will seinen Wert erkunden!

Wie dem heilgen Stein der Alten
Muß sich Golde Gold entfalten.

Und so bringt vom fernen Orte
Dieses Blatt Euch goldne Worte,
Wenn die Lettern, schwarz gebildet,
Liebevoll der Blick vergüldet.

„Die schönste Gabe, die je uns erfreute" – der Hausherr war stolz. Marianne fand die ersten Strophen ganz liebenswert, Rosette stockte, als sie die dritte las. Auch befand sie, es sei im ganzen des Goldes zu viel, was eine kleine Verstimmung ergab. Willemers Wunsch, seine Frau möge den Dank der Familie in hübsche Verse kleiden, wurde mit vier gestelzten Zeilen zwar prompt, aber unzureichend erfüllt. Die Lautenspielerin schrieb sie jedoch gefällig auf grünes Papier und verzierte die Ecken mit weißen Blumen im Scherenschnitt.

Ob Goethe ihr Gast sein würde, blieb für die Freunde weiterhin ungewiß. Eigentlich müßte er ja seiner kranken Frau zur Seite stehn. Aber das ließ sich anders einrichten. Er stellte für einen Karlsbader Kuraufenthalt genügend Geld zur Verfügung, schickte eine pflegeerfahrene Gesellschafterin, einen Kutscher und sogar die beiden Schimmelchen mit. „Du gibst es mir gern", bemerkte Christiane gerührt. Der Ehemann brach am 24. Mai gen Westen auf, „mehr aus fremdem Andrang als aus eigner Bewegung", wie er an Zelter schrieb. Doch so fremd war der Andrang nicht. Cotta, welcher ihm die Übersetzung des persischen Hafis geschenkt hatte, bekam die Nachricht, es könne bald ein deutscher Divan erscheinen. Der Westen sei mit dem Osten auf heitere Weise verknüpft.

„Haben Sie aber die Güte, von meinem Unternehmen gegen niemanden etwas zu erwähnen. Denn ob ich gleich aus meiner Arbeit kein Geheimnis mache, so habe ich doch das eigentliche Wie und Was niemand vertraut. Mein Divan besteht gegenwärtig aus ungefähr hundert größeren Gedichten. Es kommt aufs Glück an, wie er sich vermehren wird." – Der Brief war diktiert. Doch eingedenk seines Glaubens, daß man die Dämonen im Reich der Poesie besser ungestört walten lasse, schickte ihn Goethe nicht ab. Praktische Fragen, wie sie im Geschäftlichen nun einmal auftauchen müssen, schienen verfrüht.

Das geplante Werk wuchs in den Tagen der Reise und beim Wiesbadener Aufenthalt üppig heran. „Die Nachtigallen singen, wie man nur wünscht, und so ist es keine Kunst, sich nach Schiras zu versetzen." Im regenverhangenen Karlsbad wurden Christianes Augen ein klein wenig feucht.

Nach Schiras, nicht auf die Gerbermühle? Nein, die Geliebte, Suleika geheißen, lange erharrt, in dunkelsten Wintertagen Allerliebste genannt, sie soll ihn später beglücken, jetzt noch nicht.

Mußte sich Faust zur Verjüngung in die Hexenküche begeben, seinem Dichter genügt im Taunus ein kleines irdisches Paradies, mit Gaumenfreuden und Augenlust. Er wohnt sehr schön, wenn auch teuer, badet fleißig, trinkt morgens Schwalbacher Wasser und abends Rheingauer Wein. Am Tag geht er zweimal spazieren, die Gegend erscheint um so herrlicher, je mehr man sie sieht. Es ist das heiterste Wetter, die Schotenerbsen sind reif. Herzkirschen stehen in großen Körben an allen Ecken. Besonders erfreulich der Salmen, den man mit trefflichem Gelee zu jeder Stunde für 30 Kreuzer im Kursaal haben kann. Man muß sich in acht nehmen, daß man nicht zu viel davon ißt. Zwar ist Stadelmann, der bewährte Diener, zeitweise krank, so daß der Geheimrat sich zu den Strümpfen und Schuhen selbst hinabbücken muß, aber es geht.

Am 18. Juni ist der korsische Usurpator besiegt. Im prächtig illuminierten Wiesbadener Gesellschaftshaus kann das Dankfest gefeiert werden. Am 1. August heftet man der Weimarer Exzellenz den österreichischen Leopoldsorden an die Brust. Da hat der Gast seine Reise nach Köln mit dem Freiherrn vom Stein schon hinter sich.

„Der alte Recke war sanft und mild, dämpfte seine politische Leidenschaft, um den Dichter zu schonen. Professor Wallraf, welcher den Dom erläuterte, bis man ihn in- und auswendig kannte, schonte die beiden nicht." Der dies schrieb, war selber kein Jüngling mehr. Ernst Moritz Arndt sah dem Kölner Treiben mit Staunen zu, ließ sich von Goethe bezaubern, pries das herrliche Angesicht, die stolze Stirn, die schönsten Augen, immer im Schauen begriffen, sicher und fest. Wenn der Freiheitsdichter dieser Verführung erlag, wie sollte Mariannes Herz nicht verloren sein?

Gast auf der Mühle

„Ich denke, noch ein Stückchen Badekur mitzunehmen, in Frankfurt wenige Tage mich herumzukomplimentieren und dann nach Hause zu eilen. Schöbe sich nicht so manches dazwischen, was ich nicht wegräumen kann, wäre ich Anfang August bei euch.

Wiesbaden, den 11. Juli 1815 G."

Erwartung in Weimar. Enttäuschung, Visiten und Kartenspiel. Der schmerzlich Ersehnte blieb aus. Erst drei Monde später rollte die Kutsche übers Pflaster am Frauenplan.

Vieles schob sich dazwischen, auch die Frankfurter brauchten Geduld. Denn Wiesbaden, Biebrich, Nassau, die Geisbergschenke, römische Altertümer in Mainz, ferner der Dom zu Köln – Wege und Umwege schlugen zu Buch. Es kam aber bei dem Reisenden keine Müdigkeit auf, eher jugendliche Verwegenheit. Bedenken wurden zur Seite gefegt.

Laßt mich nur auf meinem Sattel gelten!
Bleibt in euren Hütten, euren Zelten!
Und ich reite froh in alle Ferne,
Über meiner Mütze nur die Sterne.

Auch wenn der Geheimrat von Goethe nicht ritt, sondern fuhr, Verwandte, Freunde, Verehrer konnten zufrieden sein. Man war unterwegs. Und zuletzt an den Ufern des Mains die liebe Kleine fast immer dabei.

Gute Dämonen hatten mit Verheißungen nicht gespart, dem Reisenden, schon als er ankam in seiner Heimat, Hudhud entgegengeschickt. Der taubengroße Vogel mit dem Schmetterlingsflug und der Federkrone am Schopf stolzierte einher übers Feld, rief sein „huphup" und erinnerte daran, daß der Wiedehopf seit Salomos Zeiten als Liebesbote gehandelt wird. Das ergab für den Divan ein hübsches Gedicht. Auch sonst war dem Sänger täglich nach neuen Versen zumute. Es sollte in Frankfurt so bleiben, erst recht nach der Wahl des Quartiers.

Die Verwandten hatten den berühmten Schwager im vorigen Jahr liebevoll aufgenommen und rechneten auf seine Wiederkehr. Da war aber noch Freund Willemer, mit dem man, die Erbschaft betreffend, Finanzielles zu regeln hatte. Doppelt und dreifach lagen schriftliche Einladungen vor. Zimmer, Bett, gutes Wasser wurden geboten, Ruhe für den Gast, wenn dieser arbeiten wollte. Dem Diener Carl ein Stube, dem Fahrhäuschen Unterschlupf. Und eine bespannte Kalesche je nach Bedarf. Damit schaffte es Willemer, den Verehrten zu kapern.

An die Schlossers wurde ein diplomatisches Schreiben diktiert: „Da es aber billig ist, daß bei wiederholter Erscheinung in meiner Vaterstadt sich die Wohlwollenden die Einquartierungslast liebevoll teilen, so habe nicht angestanden, schon früher das Anerbieten Herrn Geh. Rat Willemer anzunehmen, da ich denn zu Ende dieser Woche glücklich auf der wohlgelegenen Mühle einzutreffen und von da meine teuren Frankfurter Freunde fleißig zu besuchen hoffe."

Nach diesem Versprechen konnte niemand beleidigt sein, nicht einmal Christian Schlosser, der zur Eifersucht neigte. Eher hätte Sulpiz Boisserée den Schmollwinkel aufsuchen können, denn ihm, der den Alten schon einige Tage begleitet hatte, wurde ausdrücklich untersagt, mit auf die Mühle zu ziehen. Käme ein Dritter oder Vierter hinzu, könnten leicht Wahlverwandtschaften entstehen. Goethe mochte das nicht.

Wie wurde gezählt? Wer waren die vorhandenen zwei oder drei? Welches Rollenspiel ist intendiert? Mußte sich Hatem vor Jussuf hüten, dem liebenswürdigen Jungen mit seinem Lockengesicht? Am Ende ward das Gebot nicht gar zu streng ausgelegt. Nachdem die poetische Konstellation bei Sonne, Mond und Sternen verankert war, durfte Sulpiz doch noch auf der Mühle Einzug halten und hatte es gut. „Wilmer bringt mir den Kaffee ans Bett. Munteres Gespräch mit den im Nebenzimmer frühstückenden Frauen. Partisane und Hellebarde kreuzweise in der offenen Tür." Das liest sich freundlich. Auch hielt die Idylle stand. Das Bemühen der Gastgeber wirkte sich aus.

Vieles hatte man zeitig gerichtet. Während Goethe noch in Wiesbaden weilte, war die Treppe geflickt, die Balustrade erneuert worden. Willemer hatte sogar die Maler bestellt und im Gartensaal für einen geschmackvollen Anstrich gesorgt. Der Fensterfront gegenüber ließen die Efeu- und Weinlaubranken gerade noch Raum für die beiden Portieren aus rotem Samt.

Als Goethe, endgültig zusagend, schrieb, daß er am zwölften des Monats anzuklopfen gedächte, brachte man in freudiger Aufregung noch einmal eine kleine Möbelfuhre auf den Weg. Für den Saal bestand Marianne auf dem Hertransport des Hammerklaviers, nachdem sich die Stimmung des alten Spinetts als endgültig unhaltbar erwiesen hatte. Aus Bramys Frankfurter Stube kam der bequem gerundete Schreibtischsessel und ein Sekretär aus Kirschbaumholz. Rosette hängte im Gastzimmer ein paar zart aquarellierte römische Veduten auf. An den blankgeputzten Scheiben bauschten sich Musselinvorhänge. Ein moosgrüner Teppich lag vor dem Bett.

Dennoch fand Marianne alles viel zu bescheiden. Und am 12. August gab es noch nicht einmal den herrlichen Fensterblick. Es goß in Strömen und sah nicht nach Aufhellung aus.

Goethe begegnete den vorgetragenen Bedenken der Hausfrau schon auf der Schwelle zu seinem Gemach mit dem liebenswürdigsten Trost. Prächtige Zimmer, wie er sie manchmal in Karlsbad bewohne, machten ihn lässig und faul. Ein Stuhl, ein Schreibtisch, da gehe die Arbeit voran. Auch daß seine Stube nicht heizbar sei, bedeute ihm nichts. Gegen Kälte habe er seit dem Champagne-Feldzug stets eine wollene Decke dabei. Stadelmann bringe sie mit dem Gepäck.

Im Gartensaal war schon der Tisch gedeckt, und der Kanonenofen strahlte wohlige Wärme aus. So fand man sich denn gegen drei in familiärer Runde zum Begrüßungsmahl ein. Nach dem ersten

Trinkspruch, den Willemer ausgebracht hatte, verbat sich der Gast nicht nur die Exzellenz, sondern, in Anbetracht der Doppelbesetzung im Haus, auch noch den Geheimen Rat. Wenn man mit Doktor Goethe vorlieb nehmen wolle, fühle er sich angenehm an alte Frankfurter Zeiten erinnert. Und nun sollte man sich's wohl sein lassen beim köstlichen Mahl.

Die Rindszunge mundete dem Gast vortrefflich, und der Rheingauer Wein, mit dem Franz Brentano ihn grüßen ließ, erst recht. Ach ja, das Weingut in Winkel, ein gesegneter Ort! Als er im vorigen Jahr dort mitten im Rebland logierte, habe er die verschieden Lagen ausprobiert. Und das Brentanosche Wappen, die Butte mit den Tragriemen rechts und links, hätte längst vergessen geglaubte Szenen aus Kindheitstagen heraufbeschworen. Da habe er nämlich bei der Traubenernte immer den Buttenträger bedauert, der mit seiner schweren Last auf schmaler Leiter am Fuhrwerk emporklettern mußte, um dann, sich bückend, den Ertrag der Lese kopfüber in einen riesigen Zuber zu kippen.

Unvergeßlich der Winkeler Rosengarten, der Blick hinüber auf Ingelheim. Und der Weinlaubengang mit seinem anmutigen Spiel von Schatten und Licht. Nun sei er aus einem Gartenparadies ins andere gelangt. Freilich stehe heute nicht der heilige Cyriakus Pate, sondern die schöne Melusine, vor der man sich besonders in acht nehmen müsse. – In der Tat, das Wasser rann an den Scheiben herab, als sei die Gesellschaft in einer neuen Arche versammelt. Und mit Noah hatte es auch seine Richtigkeit. Goethe sprach dem „Winkeler Hasensprung" ausgiebig zu.

Bevor sich der Gast zu einem Ruhestündchen in sein Zimmer verfügte, steckte er den Kopf in die Küche, um Hanne zu begrüßen und sie für die köstliche Rindszunge zu loben. Die Köchin knickste und gab dem Herrn Geheimrat Bescheid. „Mit Reechewasser muß mer se koche unn fünf bis sechs Stunde, dann werd se zart." Die vertraute Sprache der Heimat! Schmunzelnd zog er sich in sein Zimmer zurück. Dort hatte Stadelmann von den Seidenstrümpfen bis zu den Schnupftüchern alles ordentlich eingeräumt. Auf dem Schreibtisch fanden sich Tinte, Federn, Papier, und einen Großvatersessel gab es auch. Zufrieden lehnte er sich in die Polster, schloß die Augen und hörte dem Regen zu. Rindszunge in Reechewasser gekocht, das war gut, auch der Sessel war gut. Sanfte Stimmen und sanfte Gefühle hüllten ihn ein.

Gegen Abend kehrte er gestärkt zur Familie zurück. Marianne sah auf, als ein Luftzug die Kerzen zum Flackern brachte. Erlkönig stand in der Tür. Nein, natürlich ihr Gast. Im weißen Flauschmantel, den er fortan privatissime trug. Nachdem er sich's in der Nähe des Ofens bequem gemacht hatte, bat er um ein wenig Musik. „An einem Melusine-Tag mußt du vom Fischer singen", schlug Willemer vor. Marianne nickte, sang von der Nixe, von gefährlicher Sehnsucht und schließlich vom Tod.

Goethe räusperte sich: „Sie haben die Vertonung von Reichardt gewählt. Warum geht sie so ans Gemüt?" „Es kann der Sechsachteltakt sein. Und nach dem höchsten Ton kommt noch der Abgesang, eine volle Zeile nach unten, das paßt zu dem Text." Marianne wiederholte das Lied. Ihre Finger huschten über die Saiten, der Gitarrenklang trug die liebliche Stimme, als schwebe sie über nickenden Gräsern, perlendem Tau. Goethe starrte mit feuchten Augen zum Fensterkreuz. War's schon um ihn geschehn?

Wer weiß, in welche Untiefen sich die Stimmung verloren hätte. Doch Pazzarello holte die Gesellschaft auf festeren Boden zurück. Plötzlich stand er in der Mitte des Raumes. Eigentlich hatte man ihn in die Küche gesperrt. Aber nun war zu bekennen, daß er mit geschickten Sprüngen die meisten Türen zu öffnen verstand. Und daß er, was ja nicht gegen ihn sprach, Mariannes Konzerte nur ungern versäumte. Vielleicht auch, dachte seine Herrin, hat er die sonore Stimme wiedererkannt. Er war auf der Schwelle gelegen, als Goethe im vorigen Jahr Suleikas Geschichte erzählte.

Der Pudel sah den Fremden aus gebührender Entfernung erwartungsvoll an. Sein schwarzes Näschen nahm Witterung auf. Der weiße Prophetenmantel verbreitete einen zarten Weihrauchduft, den er auch schon an der Schwelle des Eckzimmers erschnuppert hatte. Doch selbst der klügste Pudel braucht zur Bewertung fremder Gerüche und fremder Personen Zeit. Pazzarello wartete höflich ab.

„Nun, wir wollen diesen wunderlichen Musikliebhaber doch nicht enttäuschen. Marianne, singen Sie weiter! – Ja, es kursieren Gerüchte, daß man mir Hunde fernhalten müsse. Die Meinung ist nicht ganz falsch, ich habe schlimme Erlebnisse hinter mir. Doch läßt sich über Ausnahmen reden. In meinem Divan finden Sie ein Gedicht mit der Überschrift ‚Gute Nacht'. Darin begleitet ein treues Hündlein die Heroen ins Paradies."

Als Marianne aus einem Stapel Noten Zelters Goethelieder hervorzog und zum Klavier gehen wollte, hörte sie hinter sich sprechen: „Nein, nein. Für heute abend wollen wir lieber bei Reichardt bleiben. Und Frau Städel soll auch singen. Sie hat gewiß einen klangvollen Alt." Seine Bitte war leicht zu erfüllen, denn die Frauen hatten schon das Italienlied zweistimmig eingeübt. Es gab viel Beifall, dann war man mit den Erinnerungen gemeinsam in Rom.

Genau wie Goethe hatten die Willemers auf dem Dach der Peterskirche eine Stadt im kleinen entdeckt. Waren wie er im Mondschein zum Kapitol hinaufgestiegen. Und welches Entzücken, um die Mittagsstunde am Rand eines Brunnens zu sitzen, die Hände zu kühlen unter dem Wasserstrahl! Rosette schwärmte von den vollkommenen Maßen des Pantheon, welches ja eigentlich eine zur Hälfte ummantelte Raumkugel sei.

Gern hatte man sich unter das Volk gemischt. Der Hausherr erzählte, wie Mieg ganz verzweifelt gewesen sei, als sie in Trastevere einen Schuster entdeckten, der sein Leder auf einem antiken Marmorkopf klopfte. Marianne hatte in den Ruinen die Katzen gefüttert. „Immer hungrig, streitbar, mit Narben bedeckt." Goethe nickte, blieb bei den römischen Katzen. Eine habe in seiner Wohnung Gott Vater den Bart geputzt. – Wie das? – Ja, sie sei auf den Tisch gesprungen, wo ein Gipsabguß des Zeus von Otricoli stand. Dort habe sie zur Verwunderung seiner Wirtin ihre Pfoten dem Gott auf die Brust gelegt, sich tüchtig gereckt und mit Ausdauer den göttlichen Bart geleckt. Ihr feines Näschen hatte die Spuren von Fett entdeckt, welche nach dem Abguß in den Rillen und Falten verblieben waren.

Über den Jupiterbart kam man zu Michelangelo. Willemer beschrieb, wie Bramy immer wieder zu dessen Moses wollte, wegen der Hörner und weil ihm der lockige Bart so gefiel. Er habe den Patriarchen sogar gezeichnet und dann plötzlich gesagt: „Die Arme sind viel zu lang." „Das kommt vom Pestalozzischen Rechenwesen", erklärte der Gast. „Wer sich aber in den Gesetzgeber hineindenken kann, der begreift, daß es eine gewaltige Aufgabe war, die beiden Tafeln zu schleppen. Und wie hätte sich Moses, der eine Armee Juden zu kommandieren und zu bändigen hatte, mit ganz gewöhnlichen Armen begnügen können?" Seine Zuhörer wußten nicht recht, ob er es ernsthaft meinte oder im Spaß. Goethe ließ es offen, erhob sich und bat seinen Diener herbei, weil er nun doch der Ruhe bedürftig sei. Pazzarello gab ihm bis an die Schwelle Geleit.

Zur Erholung des Gastes blieb noch der folgende Tag. Dann besserte sich das Wetter, und der Besucherreigen begann. Es kamen die Schlossers und die Willemertöchter mit Schwiegersöhnen. Es kamen Ehrmann und Riese, der Physiker Seebeck, Syndikus Schmidt. Die Familien Bansa, Guaita und Savigny. Der preußische Gesandte von Otterstedt, Frau Hollweg aus dem Hause Bethmann und Dr. Melber, einstmals Frau Ajas Arzt. Eines Abends im erleuchteten Wagen auch noch die Herzogin von Cumberland mit ihrem Gemahl.

Goethe hatte vorausgesehen, daß sie ihn in Frankfurt beanspruchen würden, er sperrte sich nicht. Wenn man ihn morgens in Ruhe ließ, empfing er die Besucher zu späterer Stunde mit liebenswürdiger Höflichkeit. Seiner leidenschaftlichsten Verehrerin, Rahel Varnhagen, glückte es zwar nicht, bis zur Gerbermühle vorzudringen, doch ein flüchtiger Anblick bescherte auch ihr Entzücken genug. „Nein August", meldete sie nach Paris, „wie weint meine Seele, daß Du's nicht mitgenossen hast. Zerstreut im Gespräch gehen wir hin. Da fährt ein niedriger halber Wagen den langsamsten Schritt. Drei Damen sitzen drin, ich sehe hinein. Der Schreck! Die Freude macht mich zum Wilden. Ich schrei mit der größten Kraft: Da ist Goethe! Die Damen lachen, ich aber packe die Vallentin, wir rennen dem Wagen voraus und kehren um, sehen ihn noch einmal. Aber eigentlich sah ich ihn diesmal nicht. Ich hatte den Mut verloren, war so rot wie Scharlach, vielleicht auch blaß. Eine halbe Stunde lang zitterten mir die Knie. Wie rasend dankte ich Gott in seine Abendsonne hinein. Den Mainherrn nannten wir ihn, das erfand ich gleich. Gott, August! Ich bin so agitiert. Meine Augen sahen ihn, ich liebe sie dafür. Und wer wird es mir gönnen wie Du!"

Rahels Ekstase hatte vor allem Marianne zum Kichern gebracht. Ob sie die Dame einladen sollte? Goethe winkte ab. Einverstanden war er mit Ehrmann als Gast. Den kannte er aus Straßburger Tagen, und der Arzt war Willemers Freund. Mochte er kommen. Und Boisserée auch.

Man aß, man trank, Ehrmann gefiel, er war ein Original. Als Goethe einen Amethyst bewunderte, den er am Finger trug, erzählte er die Geschichte dazu. Es hatte der Markgraf von Baden vor Zeiten verlangt, er sollt ihm eins lügen, worauf er sich in drastischen Reden erging, einen Amtmann beschrieb, welcher sich vom Schulmeister den Arsch wischen ließ. Natürlich glaubte der Markgraf kein Wort.

„Und weiter?"

„Später kam ihm zu Ohren, daß in der Nachbarschaft ein Schulmeister auch die Geschäfte des Amtmanns versah. Es war also eine Person."

„Ja so. Doch der Ring?"

„War als Bestechung gedacht. Der Markgraf befahl mir, die Sache für mich zu behalten und schickte als Schweigegeld diesen Amethyst."

Goethe lachte, schlug auf den Tisch, trank noch ein weiteres Glas, zog einen Zettel hervor, tuschelte mit dem Bankier und bat schließlich Ehrmann, vorzulesen, was da geschrieben stand. Er könne als Arzt den Beruf des Storches am besten erläutern. Sie brauchten den Doktor nicht lange zu bitten, er las.

> *Der Storch, der sich von Frosch und Wurm*
> *An unserm Teiche nähret,*
> *Was nistet er auf dem Kirchenturm,*
> *Wo er nicht hingehöret?*
>
> *Dort klappt und klappert er genung,*
> *Verdrießlich anzuhören;*
> *Doch wagt es weder alt noch jung,*
> *Ihm in das Nest zu stören.*
>
> *Wodurch – gesagt mit Reverenz –*
> *Kann er sein Recht beweisen,*
> *Als durch die löbliche Tendenz*
> *Aufs Kirchendach zu scheißen.*

„Hoho, alter Knabe!" – Die Gläser klirrten, ein Leuchter fiel um. Die Damen blickten bedenklich, aber Willemer rückte die Sache zurecht. Sie hätten heute morgen Metzler in seinem Garten besucht. Und an der Bürgeler Pankratiuskirche sei Phil im höchsten Tempo vorübergefahren. Auf Goethes Frage nach dem Grund dieser Eile habe der Kutscher nur mit dem Peitschenstiel nach oben gewiesen. Bei der Rückfahrt sah man's genau: Das Kirchendach war unter mehreren Nestern weiß gestreift und die Straße zumindest gefleckt. Zwischen Offenbach und der Mühle hätten sie dann gemeinsam gedichtet und Phil eine Abschrift versprochen. Wie man sehe, habe Stadelmann ihre Kritzeleien schon lesbar ins Reine gebracht.

Goethe hob noch einmal sein Glas auf die Störche, die ja als Mäusevertilger nützliche Tiere seien. Dann sagte er, zu Boisserée und den Damen gewandt: „Ich habe heute abend Tränen gelacht und mich wohlgefühlt wie seit langem nicht mehr. In unserer Weimarer Gesellschaft ist man fein und höflich, aber niemand hat den Mut, gemütlich und wahr zu sein. So hat ein Mensch mit natürlicher Neigung und Gesinnung einen recht bösen Stand." Er erhob sich, stützte sich auf die Tischkante und rief: „Zu Bett, ihr lustigen Hasen, wir haben genug geschwätzt, und morgen ist auch noch ein Tag."

Ehrmann war also angenommen. Er durfte sogar am 28. August im kleinen Kreis Goethes Geburtstag mitfeiern und verlas eine Knittelvers-Biographie. Der Jubilar behauptete seinerseits, man hätte Ehrmann im Garten ein Denkmal gesetzt. Es gab in der Tat eine Brunnenmaske, die mit ihren dichten Brauen an den kauzigen Doktor erinnern mochte, zumal ihr das Wasserröhrchen wie eine Pfeife zwischen den Lippen klemmte. Und Ehrmann pfiff, sooft er zur Mühle kam. Erst wenn Willemer pfeifend geantwortet hatte, betrat er das Haus. Die „verrückten Hofräte" bestanden auf Ritualen, sie boten auch Goethe den Beitritt zum Orden an.

Es waren heitere Tage. Immer neue Späße ergötzten die Runde. Wenn freilich Clefchen Schmidt, Maxe Andreae, Claudine Piautaz, die Brentanogeschwister Meline und Gunda den alten Herrn wie bunte Falter umschwärmten, plagte Marianne die Eifersucht. Etwas weniger Wirbel wäre ihr lieber gewesen. Sie zog sich, um ihren Goethe zu finden, in den besuchsfreien Morgenstunden in eine stille Leseecke zurück.

Neuerdings lag der persische Hafis, ein Gastgeschenk, auf dem Tisch. Wohl wissend, daß hier die Quellen sprudelten zu manchem Divan-Gedicht, las Marianne sich ein. Las von Ostwind und Westwind und Morgenwind, von Moschus- und Rosengeruch. Wie erschrak sie aber, als sie auf einer einzigen Seite noch etwas anderes als gedruckte Buchstaben fand, nämlich kräftige Bleistiftlinien. Unterstrichen war dies:

Die Liebe eines Jünglings ist
In meinen greisen Kopf gefallen.

Vogel meines Herzens,
Du fliegst auf dem Weg der Leidenschaft.

So viel sie auch blätterte, weitere Botschaften fand sie nicht. Aber war nicht die eine bewegend genug?

Dr. Seebeck wurde als Hausgast erwartet. Um ihn zu treffen, fuhr Willemer in die Stadt. Goethe wollte sich ausruhen, schlug Marianne einen Gartenspaziergang vor. Sie gingen bis ans Ende der Hauptallee und sahen unterwegs eine Weile den wiederkäuenden Schafen zu.

„Die gehören Phils Eltern. Im Sommer halten sie unsere Wiesen kurz. Im Winter wird ihre Wolle versponnen. Damit bringt das Mühlengelände neben Nüssen und Brennholz noch einen weiteren Nutzen hervor."

„Mir wird immer bange", bemerkte Goethe, „wenn ich diese Tiere eine längere Weile betrachte. Das Beschränkte, dumpf Träumende ihres Zustandes hat eine magische Kraft. Man fürchtet, selber zum Tier zu werden." Marianne lachte. „Ähnliches habe ich sogar schon vor einem Bild empfunden. In unserem Frankfurter Haus hängt eine Radierung von Roos. Der Mann hat sich wahrhaftig ganz und gar in die frommen, grasfressenden Tiere hineingedacht. – Aber wir müssen hier nicht stehenbleiben. Ich möchte Ihnen eine Geschichte vorlesen, die Sie schon kennen. Dafür ist dort oben die Weißdornlaube der rechte Ort."

Goethe schritt rüstig voran, blieb aber stehen, als vom hinteren Teil des Geländes Pfauenschreie herüberdrangen. „Gehören die auch auf den Mühlengrund?" Marianne schüttelte den Kopf. „Eigentlich nicht. Aber eine Henne fliegt uns immer wieder zu. Gewiß hat sie die Köchin mit Leckerbissen hergewöhnt. Nun wird die Ausreißerin vermahnt, nach Hause zu kommen." Goethe nickte. „Solange ich in Weimar im Gartenhaus wohnte, lockte ich mit Beeren und Brotstücken ganze Familien aus dem herzoglichen Park herbei und freute mich an den prachtvollen Farben der Hähne. – Übrigens habe ich vor vielen Jahren bei einem der Tiefurter Sommerfeste den Hochmutsteufel gespielt, mit Pfauenschwanz und auf Stelzen. Ach Gott, was legen wir nicht alles in die unschuldigen Tiere hinein!"

Mit dieser Rede waren sie bei der Laube angekommen. Der Blick reichte über den Fluß zur Stadt und zu dem dahinterliegenden Taunusgebirge. Nachdem Goethe ihn eine Zeitlang schweigend genossen hatte, ließ er sich auf einer der roh gezimmerten Bänke aus Birkenholz nieder und sah Marianne erwartungsvoll an.

Die hatte ein Bündel Blätter aus der Kleidertasche gezogen, aber als sie die großen Augen des Freundes auf sich gerichtet sah, verließ sie der Mut. Die Kehle war ihr wie zugeschnürt. Sie konnte nicht lesen. Mit Herzklopfen gestand sie ihre Verlegenheit und reichte hinüber, was ihr der Geschichtenerzähler anvertraut hatte im vorigen Jahr.

Der las und vertiefte sich, begegnete seinem orientalischen Märchen im neuen Gewand, gab die eng beschriebenen Seiten endlich zurück, küßte Marianne die Hand, sagte noch immer kein Wort, weil Schöneres jetzt nicht zu sagen war, stand aber auf und ritzte, damit doch etwas geschähe, mit seinem Federmesser den Namen Suleika in einen nahen Zypressenstamm.

Den Rückweg nahmen sie am Ufer des Mains entlang. Sie schwiegen beide, der Mann, weil er von Mariannes Liebreiz und dem poetischen Gleichklang ergriffen war, die Frau, weil ihr der rauschende Fluß einen Traum in Erinnerung brachte. Hier hatte sie nächtens gestanden und einen Ring ins Wasser geworfen. Sollte sie, um Deutung bittend, davon erzählen? Sie tat es nicht, heute war nicht der rechte Tag. Doch sie fand noch Gelegenheit.

Von der Mitte des Maines wehte der Wind Gesang und Rufe herüber. Die beiden Spaziergänger sahen auf. Ein dicht besetztes Floß, Ausflügler mochten es sein, glitt mit der Strömung zu Tal. Einer der Männer, ein kräftiger Kerl, stand breitbeinig am hinteren Ende und winkte herüber.

„Was denken Sie, Marianne, ließe der sich von meiner Wasserfrau in die Tiefe locken?"

„Gewiß nicht. Er kommt mir eher wie Petrus vor, der übers Wasser ging."

„Aber Petrus wäre ertrunken ohne die helfende Hand seines Herrn."

„Das lag an dem starken Wind."

„Es lag am sinkenden Mut. – Doch glauben Sie ja nicht, daß ich den Eifer herabsetzen will. Scheiternd hat der Jünger bewiesen, daß schwierige Unternehmungen der festen Zuversicht bedürfen, wenn sie gelingen sollen, wogegen bei anwandelndem geringsten Zweifel der Mensch sogleich verloren ist."

Just als sie der Mühle ansichtig wurden, fuhr Willemer vor. Die Pferde schnaubten, Pazzarello bellte, Phil und Stadelmann schleppten Gepäck. Goethe begrüßte den Physiker Seebeck, den er aus Jenaer Tagen kannte, und war nach kürzester Zeit in ein Fachgespräch vertieft.

Marianne warf einen Blick in die Küche. Hannchen hatte Forellen in Rotwein gedünstet, zum Dessert gab es Himbeercreme. Als man gegessen, getrunken, geplaudert hatte, las Goethe aus seinen Gedichten vor, das Hochzeitslied, den Totentanz und zuletzt, weil man doch auch etwas Orientalisches hören wollte, das Gedicht „Es ist gut".

Hans Adam, den Erdenkloß, hatte man im Jahr zuvor kennengelernt. Nun wurde ihm im Schlaf ein Evchen zur Seite gelegt, so lieblich anzusehen, daß der Schöpfer sich kaum zu trennen vermochte von seinem Geschöpf.

Kein Wunder, daß es uns berückt,
Wenn Auge frisch in Auge blickt,
Als hätten wir's so weit gebracht,
Bei dem zu sein, der uns gedacht.
Und ruft er uns, wohlan, es sei!
Nur, das beding' ich, alle zwei.

Niemand konnte wissen, daß Goethe den zärtlichen Schluß des Gedichtes unterschlug und es beim gemeinsamen Eintritt ins Paradies beließ, wie er schon Jussuf und Suleika erlaubt worden war. Hatte Marianne die feine Reminiszenz bemerkt?

Sie war beschäftigt, dem Wohlklang der Stimme zu lauschen, ließ sich verzaubern vom lebhaften Mienenspiel und sah: ein weiteres Blatt aus der Divan-Mappe wurde geprüft und wieder zur Seite gelegt. Als man sich trennte, gab es ihr Goethe in die Hand, leihweise bis morgen, wie er betonte und bat. Entstanden sei das Gedicht schon im März, als vor dem Weimarer Gartenhaus die ersten Anemonen aufgeblüht waren. Sie möge es lesen, als Gegengabe zum heutigen Nachmittag.

Geburtstag

In tausend Formen magst du dich verstecken,
Doch, Allerliebste, gleich erkenn' ich dich;
Du magst mit Zauberschleiern dich bedecken,
Allgegenwärtige, gleich erkenn' ich dich.

An der Zypresse reinstem, jungem Streben
Allschöngewachsne, gleich erkenn' ich dich;
In des Kanales reinem Wellenleben,
Allschmeichelhafte, wohl erkenn' ich dich.

Wenn steigend sich der Wasserstrahl entfaltet,
Allspielende, wie froh erkenn' ich dich;
Wenn Wolke sich gestaltend umgestaltet,
Allmannigfaltige, dort erkenn' ich dich.

An des geblümten Schleiers Wiesenteppich,
Allbuntbesternte, schön erkenn' ich dich;
Und greift umher ein tausendarm'ger Eppich,
O Allumklammernde, da kenn' ich dich.

Wenn am Gebirg der Morgen sich entzündet,
Gleich, Allerheiternde, begrüß' ich dich,
Dann über mir der Himmel rein sich ründet,
Allherzerweiternde, dann atm' ich dich.

Was ich mit äußerm Sinn, mit innerm kenne,
Du Allbelehrende, kenn' ich durch dich;
Und wenn ich Allahs Namenhundert nenne,
Mit jedem klingt ein Name nach für dich.

„Pazzarello, hast du jemals ein schöneres Gedicht gehört? Alles haben seine großen Augen gesehen, den Brunnen, die Wolken, das Gebirge im Morgenlicht. Und die Allerliebste, in tausend Formen versteckt. An wen nur hat er gedacht?

Du schniefst. Was hast du, mein Hunderl, geht's dir nicht gut? Bist du krank? Oder plagt dich die Eifersucht? Ich weiß, es ist dir manchmal zu laut. Gelächter bis spät in die Nacht. Und täglich fremde Füße im Haus. Aber das läßt sich nicht ändern. Wir haben eine berühmten Dichter zu Gast, die Leute wollen ihn sehen.

Komm, sei verständig und hör mit dem Winseln auf! Bring lieber dem Doktor Goethe sein Schnupftuch hinüber. Er hat wieder eines liegengelassen. Mit zwei Zähnen, hörst du, und nur bis zur Schwelle! Dann bist du ein artiges Tier, und alle haben dich lieb."

Pazzarello tat einen Blaff, besorgte das Tuch, kehrte zurück und rollte sich auf seiner Matte zusammen, während Marianne zu Willemer ging. Unerschöpfliches Thema: wie man den großen Geburtstag immer noch schöner gestalten könne. Der Hausherr war in seinem Element. Den Dichter ehren, den Freund verwöhnen, zu geben, was Liebe vermag – dabei wuchs er über sich selbst hinaus.

Ähnlich dachten die andern und fanden Freude dabei. Rosette stellte täglich neue, hübsch gezeichnete Tischkarten auf. Hannchen kochte mit Feuereifer und hörte vom Herrn Geheimrat persönlich, es habe ihm nur noch am Tisch der Mutter so gut geschmeckt. Phil brachte das Fahrhäuschen auf Hochglanz, vor allem das Lederzeug. Und die mürrische Christine war wenigstens in Stadelmann verliebt. Immer häufiger hörte man bei ihren Auseinandersetzungen mit Köchin oder Kutscher den Satz: „Awwer de Kall hat gesacht, ..."

Was Wunder, daß man auf der Mühle dem 28. August mit freudiger Spannung entgegensah. Der Hochverehrte, geboren in ihrer Stadt, mittags Glock zwölf, als die Sonne im Zeichen der Jungfrau stand, er wird einen Festtag bekommen, welchen er niemals vergißt.

Über dem Main liegt Morgendunst. Stadelmann öffnet ein Fenster, Musik tönt herauf. Der Geheimrat, im Hemd und noch unfrisiert, zeigt sich ein wenig erschrocken, aber er braucht nur zu lauschen, mehr ist nicht verlangt. Und was er da hört, gefällt ihm doch sehr. Janitscharenmusik, ein Bläser-Potpourri, sie spielen Mozart, entführen den Divan-Dichter ins Serail. „Singt dem großen Bassa Lieder, töne, feuriger Gesang. Und vom Ufer halle wider unsrer Lieder Jubelklang." War das nicht liebevoll ausgesucht? Jetzt schallt das „Vivat Bacchus" herauf. Goethe ist wirklich erfreut und schickt, nachdem die Tschinellen noch einmal ordentlich aufgetrumpft haben, Stadelmann mit einem Dukaten hinunter. Aber die sich da in der Morgenfrühe heraufrudern ließen, sind von Frau Hollweg beauftragt, gehören dem Theaterorchester an und wollten mit ihrem Ständchen den Frankfurter Dichter ehren. Sie lehnen das Geldgeschenk ab.

Stadelmann ist in Verlegenheit, bis ihn die Frauen des Hauses erlösen. Hanne und Christine kommen mit dampfenden Kannen, die Willemer-Damen teilen Teighörnchen aus. Der Diener, so wird den Männern erklärt, habe ohne Auftrag gehandelt, die Exzellenz aber lasse höchlichst danken für die schöne Musik. Pazzarello wedelt mit seinem Stummelschwänzchen. Trotz des lärmenden Beckens hat er das Ständchen auch gut gefunden, bekommt ein Teighörnchen ab und bellt dem gewendeten Nachen fröhlich nach.

Goethe kann sich in Ruhe fertig machen. Während Karl ihn rasiert und ihm beim Ankleiden hilft, erinnert sich der alte Herr an Mozart als durchreisendes Wunderkind. Er selbst war damals vierzehn und hat den kleinen Mann auf der Bühne mit seiner Galauniform sehr bestaunt. Nun ist der große Mozart schon lange tot. Wenig Zeit haben die Dämonen diesem Genie gegönnt. Er aber muß sich glücklich preisen, daß er seinen Acker noch immer bestellen darf.

Karl bringt das Frühstück. Noch erwartet man keinen Auftritt von ihm. Marianne hat einen Gruß gesandt: zwei Pfauenfedern im hohen Glas, dazu ein Gedicht.

Am Flaum wie an den Sternen
Ist Gottes Lieb zu lernen,

Daß er, der Welten überblickt,
Sein Auge hier hat aufgedrückt.

Unglaublich! Die kleine Frau hat Talent. Man könnte die Verse so, wie sie sind, übernehmen.

Gegen zehn kommt Boisserée. Sie reden über die geplante Denkschrift zum Kölner Dom. Als Goethe kurze Zeit draußen ist, baut Sulpiz seine Gaben auf. Einen Kupferstich von van Eyck hat er auftreiben können und Lorbeerzweige dazu. Das Barbara-Bild brauchte er bloß zu kaufen, nach dem Lorbeer mußte er spät in der Nacht auf die Suche gehn. In der Mainzer Straße stand ein Gartentor offen, da hatte er Glück.

Heute morgen ist er im Sturmschritt hergeeilt und doch eine Viertelstunde zu spät. Schuld daran war das vertrackte Geburtstagsgedicht. Es wollte und wollte zu keinem brauchbaren Ende kommen. Goethe schmunzelt. Zum erstenmal hat der Freund ein Gedicht gemacht? So so. Die Schrift ist kraus, er wird es ihm vorlesen müssen. – Armer Sulpiz! Wer brachte ihn aber auch auf die krumme Idee, einen Dichter mit selbstverfaßten Versen zu ehren?

Reitest du bei einem Schmied vorbei,
Weißt nicht, wann er dein Pferd beschlägt.
(Das hatte Goethe vor ein paar Tagen gesagt.)

Siehst du eine Hütte im Felde frei,
Weißt nicht, ob sich hinter dem Fenster
ein Liebchen bewegt.
(So ähnlich hatte er's einmal gehört.)

In einem Laden findest du
Zum Jubelfest ein altes Bild dazu.
(Ja, die Zeitnot am Ende! Aber er brauchte doch einen passenden Schluß.)

Gerührt umarmt der Alte den jungen Mann. Nicht gut gemacht, aber schön gedacht. Vielleicht läßt es sich für den Divan in Ordnung bringen. Doch müssen sie jetzt zur Familie hinüber. Es warten auch noch Riese, Dr. Seebeck, Fritz Schlosser und das Ehepaar Scharff.

Ein Seufzer, dann macht sich die Exzellenz auf den Weg. Und steht überrascht. Der Gartensaal ist nicht wiederzuerkennen. Palmen rings an der Wand? Nein, keine Palmen, aber Schilfrohr so geschickt gebündelt und aufgestellt, daß die überhängenden Enden eine vollkommene Täuschung bewirken: Land zwischen Euphrat und Tigris am Main. Da, wo der Jubilar präsidieren soll, an der Wand ein üppiger Blumenschmuck. Seine Lieblingsblumen, prachtvolle Dahlien, in den Farben des Regenbogens auf grünem Laub.

Goethe ist überwältigt, nimmt die Glückwünsche mit feuchten Augen entgegen, läßt sich zum Gabentisch führen. In der Mitte prangen zwei Körbe mit Früchten: Ananas, Melonen, Feigen und Trauben, Pfirsiche, Äpfel, obenauf ein Turban von feinstem indischem Musselin. – Ein Turban? Ja, allerdings. Neben Zelt und Schwert und Poesie hat Allah als vierte Gnade den Turban geschenkt. Könige und Kaiser trugen den Tulbend als Krone oder als Band. Da ihnen der Dichter an Bedeutung nicht nachsteht, soll ihm das Liebchen die Stirn mit dem silberstreifigen Stoff umwinden. Marianne hat seine Verse gelesen und mit geschickten Händen einen Turban genäht. Das Anprobieren gehört zum Rollenspiel, der Turban kleidet die hohe Stirn recht gut. Zur Würde eines Patriarchen fehlt Hatem freilich der Bart.

Sie haben gelacht, und sie haben es ernst gemeint. Als Goethe auf der Frankfurter Messe Abschiedsgeschenke ersteht, ist für Suleika ein kostbarer Schal dabei. Und Boisserée zeichnet zwei Jahre später, mit den Freunden der heiteren Tage gedenkend, ein figurenreiches Erinnerungsbild: Marianne kniend im Garten, unterm Balkon. Sie spielt Mandoline und singt dazu, das Haupt unterm vielfach gewundenen Turban zur Seite geneigt. Hudhud daneben, im Schnabel ein Herz. Das Mühlrad dreht sich, die Wolken ziehen. Sulpiz hat alles begriffen, mit dem alten Gemäuer der Mühle auch Schwermut ins Bild gerückt.

Doch im Jahr der Welten behauptet sich heiter die Gegenwart. Goethe besieht die Geschenke. Rosette, die bei Radl Unterricht hat, brachte die Aussicht aus seinem Fenster aufs Papier. So wohlgelungen scheint ihm der Blick auf den Fluß, die Brücke, den Dom, daß er später in Weimar Kopien herstellen läßt, sie, mit Versen versehen, an die rheinischen Freunde schickt.

Mariannes Kunstgebilde ist nicht zu kopieren. Sie hat einen Kranz von winzigen Feldblumen aufgeklebt. Ehrenpreis, Vergißmeinnicht, Sonnenröschen und Fingerkraut, dazwischen in leuchtendem Rot das Blümchen Ackergauchheil. In der Mitte ein Goethegedicht.

> *Alles geben die Götter, die unendlichen,*
> *Ihren Lieblingen ganz,*
> *Alle Freuden, die unendlichen,*
> *Alle Schmerzen, die unendlichen, ganz.*

Ach Marianne! Da hast du ein Stück des eigenen Lebens umschrieben, in Blumen gefaßt. Boisserée wendet heute den Blick nicht von dir. Erst gestern hat ihm Christian Schlosser deine Geschichte erzählt. Ein Gemälde mit feinen Rissen, denkt der Sammler und schenkt seine Liebe dem Bild.

Zu Tisch, zu Tisch! Rosette zur Rechten, Meline Scharff zur Linken des Gastes, die Willemers dem Freund gegenüber. Stadelmann serviert in Livrée. Phil wurde abgesetzt, nachdem er beim Üben einen der Höchster Porzellanteller fallenließ.

Der Hausherr hat eine Flasche Wein aus Goethes Geburtsjahr auftreiben können. Er schmeckt nicht so gut wie der Elfer, deshalb stößt man mit ihm nur zum ersten Trinkspruch an. Gepriesen wird nach dem Götterliebling der Göttertrunk. Und der Erntetag setzt sich fort.

Wenn der Mensch die Erde schätzet,
Weil die Sonne sie bescheinet,
An der Rebe sich ergetzet,
Die dem scharfen Messer weinet,

Weiß er das der Glut zu danken,
Die das alles läßt gedeihen:
Wird Betrunkner stammelnd wanken,
Mäßiger wird sich singend freuen.

Goethe lächelt. Der gute Willemer kann das Moralisieren nicht lassen, deshalb muß auch der Schluß als getreues Abbild ins Buch. Im übrigen hält sich der Weimarer Gast an den Rat. Trotz kräftiger Schlucke wird ihn keiner stammelnd oder wankend erleben. Noch um die Mitternachtsstunde schreibt er mit fester Hand ein Distichon auf, eh er die Lampe löscht.

Als die Tage noch wuchsen, gefiel das Leben mir wenig,
Nun, abnehmend mit Eil' könnten gefallen sie mir.

Wie sein Faust bleibt er bei der Möglichkeitsform, aber heute, daran zweifelt er nicht, ist ein glücklicher Tag.

In der Küche haben sie bereitet, was Leib und Seele zusammenhält: junge Hühner auf Reis, gefüllte Kalbsbrust, dazwischen Salat mit köstlichen Kräutern, zum Nachtisch die berühmten Windbeutel der Frau Rat. In seinen Kindertagen hießen sie Echaudés.

Nach dem Festmahl ist Ruhezeit. Und bevor die hübsch herausgeputzte Christine Artischockenböden in Krebsbutter als leichtes Abendbrot serviert, bleibt Gelegenheit für einen Gang zur Weißdornlaube. Rosette und Marianne bekommen je einen Arm gereicht. Man plaudert, man verweilt, man betrachtet und schaut. Der Wind jagt die Wolken am blauen Himmel entlang, ihre Schatten fegen über den Main. Rosette spricht davon, wie das Zeichnen zum genauen

Ansehen der Natur erzieht. Goethe stimmt zu und verrät, daß er Schiller für dessen Tell die Schweizer Landschaftsbilder geliefert hat. Er brauchte sich nur zu erinnern, das war schon genug.

Ehrmann im Anmarsch, sein Pfeifchen ertönt. Gemeinsam gehn sie zurück ins Haus. Goethe kleidet sich um, erscheint im weißen Prophetenmantel, zum Spaß noch einmal vom weißen Turban gekrönt. Trägt im kleinen Kreise Neuestes aus dem Divan vor. „Hat er es zierlich nett geschrieben, will er, die ganze Welt soll's lieben." Ach ja, sie lieben den Dichter, und sie lieben sein Werk. Rosette ist ergriffen, als er „Im Atemholen sind zweierlei Gnaden" spricht. Ehrmann möchte noch einmal von Adam und Eva hören und findet auch, daß man die Frauen, aus krummer Rippe erschaffen, mit Nachsicht behandeln muß. Willemer wird wieder munter, als Goethe das Leben ein Gänsespiel nennt.

Und Marianne? Sie lauscht mit geschlossenen Augen, läßt sich wie immer vom Klang der Stimme verzaubern. Wie sie dann doch einmal aufblickt, ist sie erstaunt. Was liest er da von einem winzigen Zettel ab? War für die Reinschrift noch keine Zeit?

> *Woher ich kam? Es ist noch eine Frage,*
> *Mein Weg hierher, der ist mir kaum bewußt,*
> *Heut nun und hier am himmelfrohen Tage*
> *Begegnen sich wie Freunde Schmerz und Lust.*

Von wem ist die Rede? Ist das nicht ihr Gefühl? Höchstes Glück und plötzlich die Angst, daß alles ein Traum sein könnte, beim Aufwachen nicht mehr wahr. Sie muß hinübergehen, seine Schulter berühren. Die Nacht wird kühl, soll sie die Fenster schließen? – Nein, lieber nicht, das Rauschen des Flusses ist die schönste Musik.

Boisserée wünscht sich die Verse an Hudhud, dieses wundervolle Gedicht von der Ankunft am Main. Die andern kennen es nicht. Goethe hat es in der Mappe ziemlich weit unten liegen. Und es soll auch für heute das letzte sein. Wäre es heller gewesen, hätte Marianne vielleicht ein leises Zittern der Hände bemerkt. Vor der schönen Suleika muß Hatem sich sammeln, die Luft einziehen, der Stimme besonders viel Atem geben. Das Herz ist voll von Frühlingshauch und Sommerbrand. Jussufs Reize möchte er borgen, der alte Mann. Aber er braucht sie nicht. Stärker als alle Jugendschönheit bezaubert sein Wort.

O wie selig ward mir!
Im Lande wandl' ich,
Wo Hudhud über den Weg läuft.
Des alten Meeres Muscheln
Im Stein sucht' ich die versteinten;
Hudhud lief einher,
Die Krone entfaltend;
Stolzierte, neckischer Art,
Über das Tote scherzend,
Der Lebend'ge.
„Hudhud", sagt' ich, „fürwahr!
Ein schöner Vogel bist du.
Eile doch, Wiedehopf!
Eile, der Geliebten
Zu verkünden, daß ich ihr
Ewig angehöre.
Hast du doch auch
Zwischen Salomo
Und Sabas Königin
Ehmals den Kuppler gemacht!"

Mich verwirren will das Irren

Kein Katzenjammer am 29. August. Nur der Beschluß, beim Trinken etwas Diät zu halten. Im Tagebuch lakonisch: Physica, Optica. – Der Geheimrat experimentiert, macht mit Seebeck Versuche zur Doppelbrechung des Lichts. Auch die Denkschrift schreitet voran. Abends Gesang, Unterhaltung. Im ganzen ein ruhiger Tag. Post aus Weimar? Leider nicht. Dann wird er wohl selbst einmal schreiben müssen.

Mittwochs ohne Voranmeldung dieser Backenbart-Mensch. Stadelmann ahnt Verstimmung, als er ihn melden geht. Ein Kümmeltürke, aufdringlich, unerwünscht. Wäre dem Diener unter die Augen gekommen, was Kestner am Abend in sein Diarium schrieb, hätte er einen Eimer Bier zur Beruhigung gebraucht.

Der da auftauchte, ohne geladen zu sein, und zwei Stunden blieb, war ein Voyeur und obendrein ein akribischer Merker. „Von Bruder Theo hörte ich, daß Goethe nicht in Frankfurt, sondern auf der Gerbermühle bei seinem Freund Willemer wohnt. Es blieb nichts übrig, als ihn dort zu besuchen. Bei Christian Schlosser hoffte ich zur Ausführung meines Planes Hilfe zu finden. Um vier Uhr war der Wagen da. Der Bediente empfing uns an der Haustür. Wir baten, dem Herrn Geheimrat aufwarten zu dürfen. Nach einer Weile kam der Bescheid: es wird Ihrer Exzellenz viel Ehre sein!"

Ein Sohn der Wetzlarer Jugendliebe Charlotte Buff. Gesandtschaftssekretär in hannoverschen Diensten, gerade aus Rom zurück. Empfang unumgänglich. Stadelmann zeigt dem Besucher mit einer korrekten Verbeugung den Weg.

„Goethe schien sich im Nebenzimmer angekleidet zu haben. Sein Anstand war würdig mit Absicht, sein Benehmen zuvorkommend, er half selbst die Stühle zusammenholen, indem er uns zum Sitzen nötigte. Gespräche verschiedenen Inhaltes zogen sich hin. Endlich wurden wir in den Garten gebeten. Beim Hinabsteigen konnte man die Ältlichkeit seiner körperlichen Bewegungen sehen. Das schien ihm unangenehm. Er bat uns, die Treppe allein hinabzugehen, er werde folgen. Nachdem wir im Garten einer Gesellschaft von Damen vorgestellt waren, nahm er sich so unserer Unterhaltung an, wie es dem gebührt, der Besuch bekommt. Er ging zwischen uns auf dem von Bäumen umgebenen Platze auf und ab. Blieb er stehen, dann lehnte er sich zuweilen an einen Baum. Die Hände hatte er eingesteckt, meistens in die Tasche seines dunkelblauen Überrocks, der ihm schon eine Zeitlang gedient haben mochte. Seine Gestalt ist eher groß als klein, und soviel der zugeknöpfte Überrock davon sehen ließ, von angenehmen Verhältnissen."

Legationsrat Kestner trug ein Brille. Das hatte Stadelmann von Anfang an mit Besorgnis erfüllt. Goethe empfand die funkelnden Gläser als Waffe, in sein Innerstes einzudringen. Insektenlupen nannte er sie. Ihre Benutzer degradierten jedermann zum Objekt. Leider starrte der Besucher ihn an, als führe er just zu dieser These im Augenblicke den Beweis.

„Seine Stirn ist, wie die Abbildungen lehren, hoch und höchst bedeutend, der Mund geschwungen, wie ich es noch bei allen Künstlern gefunden habe. Voll Seele und Gemüt, aber verfallen durch fehlende Oberzähne. Man würde sage, es läge Stolz darin, wenn nicht ein Druck in seinen inneren Augenhöhlen andeutete, daß eine Last auf seiner Seele zu liegen scheint. Von solchen Lippen quillt das tief Empfundene hervor, solche Lippen schwellen den Lebensgenüssen entgegen. Sein Merkwürdigstes sind aber die großen schwarzen Augen, aus denen gleich die gewaltige Fähigkeit entgegenleuchtet, ohne Anstrengung zu durchschauen, was ein Sterblicher vermag. Vielleicht sind sie jetzt auf dem Erdboden einzig in ihrer Art. Doch fehlt seinem Blick die Heiterkeit eines Menschen, der mit der Welt im klaren ist. Er verweilt auch nicht, wenn ein anderer Blick ihm begegnet. Es mangelt die Unbefangenheit, welche notwendig ist, den Umgang und das Gespräch behaglich zu machen."

Der Besucher gibt noch nicht auf. Erzählt von seinen Geschäften in Rom, ringt der Exzellenz die ein und andere Nachfrage ab. Da fliegt ihm vom Spiel der Willemer-Enkel eine bunte Holzkugel ans Bein. Und als sei dies ein Zeichen zum Angriff, springt von der anderen Seite mit großen Sätzen und lautem Gebell Phils Rottweiler auf den Rasenplatz. Goethe nimmt sich zusammen, er hört eine scharfen Pfiff. Der Hund verharrt und wird vom Kutscher am Halsband gepackt. In die Schreckensstille tönen die Abzählreime der Kinder: „Lirum larum Löffelstiel. Für zwei Kreuzer gibt's nicht viel." Maxe Andreae, welche herbeigeeilt ist, um die verirrte Kugel zu holen, entschuldigt wortreich den Unfall, ihr Jaköbchen sei etwas wild.

Kestner hat das Hecheln des Hundes im Rücken, lächelt mit schmalen Lippen nach vorn, muß sich verabschieden: leider ist es schon spät. Die Exzellenz drückt kein Bedauern aus, läßt aber der lieben Mutter ergebenste Grüße bestellen. Dann rollt der Wagen davon.

Marianne hatte zwischen den Abschlagspielen neugierige Blicke herübergeschickt. Das also war der Sohn der Wetzlarer Jugendliebe. Hat die Begegnung den Freund aus der Fassung gebracht? Offenbar nicht. Goethe schlendert herüber, wirft von unterwegs dem schreienden Völkchen ein paar Bälle zu, nimmt Maxes Jüngsten auf den Arm, wischt ihm mit dem eigenen Taschentuch das Rotznäschen ab und murmelt etwas von unverbildeter Natur. Später, als die babylonische Weide geräumt ist und Marianne allein mit ihm auf das Haus zugeht, stellte sie eine harmlose Frage: waren Lottchens Augen nun eigentlich braun oder blau?

„Ich weiß es nicht mehr."

„Und wie steht es im Buch?"

„Liebste Marianne, nötigen Sie mich nicht, Werthers Briefe noch einmal zur Hand zu nehmen. Ich fürchte die pathologischen Zustände dieses jungen Mannes wie kaum etwas sonst."

„Aber es liegt doch ein Menschenalter zwischen einst und jetzt."

„Was bedeutet das schon? Wir kennen verschiedene Lebensstufen, doch wer sagt, daß wir anders und besser werden?"

„Besser? Ich habe Werther nie schlimm gefunden, ich kann ihn verstehn."

„Das sollten Sie nicht! Haben Sie mir doch neulich bekannt, im Herzen katholisch zu sein. Wissen Sie, was der Bischof von Mailand tat, als der Werther übersetzt in die italienischen Buchhandlungen kam? Er hat sämtliche Exemplare von den Geistlichen seiner Gemeinden aufkaufen lassen. Ich muß ihn dafür loben, daß er ein so wirksames Mittel fand, diesen Brandraketensatz aus der Welt zu schaffen. – Aber nun kommen Sie! In einer halben Stunde wird Doktor Melber hier sein. Der Nachmittag hat mich angestrengt, ein wenig Musik zur Erholung täte mir wohl. Sehen Sie, die Tür steht offen, und Pazzarello läuft schon voraus. Auch ein Notenbüchlein liegt da; die Wunderhorn-Lieder, wie sich das fügt!"

Goethe greift nach dem Band, blättert nicht, schlägt einfach nur auf, steht am Fenster und liest, zuerst leise, dann laut.

Ich weiß mir ein Mädchen hübsch und fein,
Hüt du dich!
Es kann wohl falsch und freundlich sein,
Hüt du dich! Hüt du dich!
Vertrau ihr nicht, sie narret dich.

So geht es weiter. Braune Äuglein, goldenes Haar, dahinter Verrat. Fünfmal derselbe schnöde Refrain. Und wie er das liest! Wen nur stellt er sich vor? Marianne schüttelt den Kopf. Nein, dieses Liedchen wird sie nicht singen, sie kann seine Freude daran nicht verstehn. Goethe sagt, der Text sei so gut, daß ein alter Poet nur platzen könne vor Neid. Verwundert schaut sie ihn an.

Stimmen im Flur. Willemer ist zurück aus der Stadt, er hat Dr. Melber gleich mitgebracht. Die Hausfrau springt auf, rettet sich in Geschäftigkeit, sie wird in der Küche gebraucht. Zum Abendbrot findet man sich auf dem Altan.

Wenn das Gespräch für Augenblicke versiegt, hört man den Fluß, auch hin und wieder ein Rascheln und dann einen dumpfen Laut. Der Nußbaum wirft seine ersten Früchte ins Gras. Eine Grille zirpt und ist wieder still. Goethe fragt nach den Nachtigallen. Melber lächelt. Die sind schon in Afrika. Und in den nächsten Tagen brechen die Schwalben auf. Ob der Gast aber wisse, daß im Mühlengelände ganzjährig ein zölibatärer Steinkauz haust? Dort unten auf dem Koppelzaunpfosten könne man ihn manchmal sitzen und knicksen sehn. Bei den Wissenschaftlern heißt er Athene noctua, doch er jagt auch bei Tag. In Stallnähe gibt es immer Beute, der Tisch ist mit Mäusen reichlich gedeckt. So ein Steinkauz ist ein unterhaltsames Tier, er keckert, er kläfft, er hat ein ganzes Rufarsenal.

Goethe ist kein Ornithologe, aber für Eulenvögel interessiert er sich sehr, schon weil sie so große Augen haben. Auch hat er bei Frau von Heygendorf einen zahmen Waldkauz erlebt. Der Vogel, an Menschen völlig gewöhnt, habe sich bei größeren Gesellschaften gern auf Stuhllehnen niedergelassen, zum Schrecken der sorgfältig frisierten Damen, die sich dann einen anderen Sitzplatz suchen mußten. Frau von Heygendorf habe dieses Spiel die Reise nach Jerusalem genannt.

Man plaudert, man lacht. Die Erinnerung an Caroline Jagemann, diesen kleinen rotschopfigen Puck, vom Herzog geadelt als Nebenfrau, ist jedoch nicht dazu angetan, Goethe, der heute schon Kestner hinter sich hat, noch einmal in Hochform zu bringen. Er ist müde, erschöpft, er kriegt ein Nußknackergesicht und bittet, sich zurückziehen zu dürfen.

Natürlich darf er. Stadelmann richtet noch ein Heublumen-Fußbad, dann wird es nebenan still.

In den nächsten Tagen kutschiert Willemer seinen Gast nach dessen Wünschen von Ort zu Ort. Sie suchen den Freiherrn von Holzhausen auf, den Juristen Grambs, den Stadtgärtner Rinz. Bei namhaften Sammlern schaut man sich Münzen, Medaillen an, beim Bankier Städel wertvolle Kupferstiche. Wie die Schwalben ist Goethe von Unruhe erfaßt, doch die gewohnte Heiterkeit fehlt.

Es stimmt ja auch nicht, wenn er dem Herzog schreibt, daß er hier am stillsten Ort seinen Betrachtungen nachhängen kann. Er bringt weder den Kölner Aufsatz noch die Italienische Reise nach Wunsch voran. Mit den Scharffs, den Andreaes, den Schlossers, mit Ehrmann und Schmidt kommen zu viele Leute ins Haus.

Morgens lassen sie ihm seinen Frieden, dafür sorgt schon Mariannes strenges Regiment. Aber wie kann er arbeiten, wenn sie nebenan wohnt? Er hört ihre Stimme, und sooft er die Augen schließt, sieht er ihr liebes, lockenumrahmtes Gesicht. Dieser wahrhaft bedenkliche Zustand treibt ihn um.

> *Was wird mir jede Stunde so bang? -*
> *Das Leben ist kurz, der Tag ist lang.*
> *Und immer sehnt sich fort das Herz,*
> *Ich weiß nicht recht, ob himmelwärts;*
> *Fort aber will es hin und hin,*
> *Und möchte vor sich selber fliehn.*

Besser befände er sich in der Stadt. Boisserée vermittelt, erklärt. Die Freunde sind verwundert, verstehen es nicht. Stört ihn Christines Geschäker mit Stadelmann? Hat sich Rosette zu ausführlich über den Vater beklagt? Marianne gar überlegt sich, was ihm bei ihren Gesängen mißfiel. Hundert besorgte Fragen bringen es nicht auf den Punkt. Wenn es so aussieht, als ob die Dämonen obsiegten, muß man sich retten durch Flucht. Das war so zwischen Leipzig und Straßburg, zwischen Wetzlar und Frankfurt, zwischen Weimar und Rom. Nur wer sich rechtzeitig aufmacht, kann nicht gepackt und ergriffen werden. Goethe will in die Stadt.

Willemer bietet Räume im Roten Männchen an. Darüber ist er gerührt. Soll man ihm eine Köchin besorgen? Aber nein! Er wird sich im „Schwanen" regalieren. In allem anderen geht ihm sein Diener zur Hand. Wenn er nur in Ruhe arbeiten kann.

Was geplant ist, geschieht. In Frankfurt ist aber Messe. Da dringt der Lärm der Schiffer und Marktleute herauf, sobald die Sonne empor ist. Mit Kränen laden sie ihre Waren aus, vor allem den Wein. Gleichviel, Goethe ist jetzt für sich. Ordnet im Hinterzimmer Papiere. Zur frühen Wiesbadener Hundertschaft sind viele Divan-Strophen hinzugekommen. Stadelmann kann die Entwürfe ins Reine schreiben, das gibt ein Paket. Übermorgen kommen Willemers in die Stadt. Da wird er mit ihnen maulaffend zwischen den Buden spazieren. So ein Messetrubel steckt ja voller Merkwürdigkeiten. Aber zuerst muß gearbeitet sein.

Und die Mühlenbewohner? Sie langweilen sich, kaum geht der Sonntag herum. Christine läuft mit verweinten Augen durchs Haus, Rosette liest, der Vater schläft, und Marianne räumt auf. Nur Pazzarello ist übermütig, er springt in die Luft und fordert seine Herrin in hohen Tönen zum Verlassen des Hauses auf.

Am Abend endlich geht sie mit ihm bis zur Weißdornlaube und sieht nach, ob ihr Märchenname am Zypressenstamm noch zu lesen ist. Später schreibt sie Mieg einen Brief. An ihn hatte sie in den letzten Wochen kaum gedacht, das war nicht recht, deshalb lädt sie ihn ein, zu kommen, sobald er sich freimachen kann. Vielleicht wäre Goethe auch da.

Als sie zuletzt noch einen Blick ins verwaiste Gastzimmer wirft, findet sie, von der Zugluft verweht, ein dicht beschriebenes, aber zerknülltes Blatt. Mit Rosettes Hilfe bringt sie neun Zeilen heraus.

Jene garstige Vettel,
Die buhlerische,
Welt heißt man sie,
Mich hat sie betrogen
Wie die übrigen alle.
Glaube nahm sie mir weg,
Dann die Hoffnung,
Nun wollte sie an die Liebe.

Die beiden Frauen sehen sich an.

„Denkst du, es ist von ihm?"

„Es könnte auch Hafis sein. Aber dann hätte er nicht so viel daran korrigiert."

„Wie kann er sich von der Welt betrogen fühlen? Und ausgerechnet bei uns?"

„Er hat die Mühle verlassen."

„Weil er arbeiten will."

„Ja, so sagt er. Aber vielleicht will er ungestört unglücklich sein."

„Das verstehe ich nicht."

„Ich schon."

Wie besprochen kam die Familie am Montag gegen vier in die Stadt. Während Willemer nachsah, ob es dem Freund an keiner Bequemlichkeit fehle, schlenderten die beiden Frauen zwischen den Buden umher. Es gab wieder böhmische Gläser und schöne Leinwand vom Bodensee. Zwei Schweizer Uhrmacher waren da. Ach und die Hüte, Stoffblumen, Stickereien und Spitzen! Kein Handelsverbot, keine Entbehrungen mehr, Blücher sei Dank.

Das Gedränge war groß. Eine Drehorgel quiekte „Das Lieben bringt groß Freud." Obenauf saß ein spaßiges Äffchen und schlug das Tambourin. Die Frauen sollten für Hanne Safran, Muskat und Ingwer besorgen. Unvermutet sahen sie sich vor der Bude eines Türken und bestaunten seinen glitzernden Tand. Marianne hatte neben Spangen und Schnüren einen seltsamen Orden entdeckt, hielt ihn schon in der Hand. Da hörten sie Goethes und Willemers Stimmen hinter sich. Freude des Wiedersehens, Umarmungen, Küsse, als habe man sich vor vielen Wochen getrennt. Nun erst recht will Marianne den Orden haben. Über dem achteckigen Stern ein Sichelmond, das Ganze aus Pappmaché.

Der Türke schaut und schaut. Man muß ihm sagen, daß dieser Mann ein berühmter Dichter ist. Er kreuzt die Arme und verneigt sich so tief, daß zu befürchten steht, jetzt fällt ihm der Turban vom Kopf.

Der Orden wird überreicht, ein Ehrengeschenk. Niemand darf zahlen, Allah ist groß.

Bis zum Abschied behält Goethe Marianne am Arm. Sie sehen sich in den Buden der Töpfer und Zinngießer um, bleiben beim Kasperltheater inmitten fröhlicher Kinder stehn. Ob er nicht auch etwas kaufen wolle? Wenn einmal weniger Trubel ist. In diesem Gedränge habe er als Beschützer der Damen genug zu tun. Marianne lächelt, schaut nach Rosette. Die probiert gerade Handschuhe an.

Goethe erfüllt seinen Vorsatz am kommenden Tag. Seidene Tücher, bunte Bänder und Knöpfe werden besorgt, getrocknete Früchte in hübsch geflochtenen Schachteln. Einfache Fingerringe aus Silber, ein Kartenspiel. Geschenke für Christiane, für die Weimarer Freunde. Ein paar Reisestiefel passen auf Anhieb und werden gekauft.

Gegen Abend wandert er zum Carlstor, weiß noch nicht, ob er Willemers Empfehlung folgen und in die Komödie gehen soll. Ist ohne Absicht an die Schlimme Mauer geraten. Hier hat man gebaut. Keine Märchenpforten, keine Geheimnisse mehr. Ein alter Mann geht vorüber, er schlurft übers Pflaster und spricht vor sich hin. Goethe wendet sich ab.

In seinem Quartier hat Stadelmann für ein Feuer gesorgt, Bier und Würste und Brot zurechtgestellt, aber sein Herr läßt wieder abräumen, möchte Tinte, Papier. Er muß nun endlich nach Weimar schreiben. Karl ist für den Abend entlassen. Danke, heut keinen Wein!

Wochenlang hat Christiane auf ihres Geheimrats Ankunft gewartet. Im Augenblick vermutet sie ihn beim Herzog in Baden; da muß er nun doch ein wenig Frankfurter Farbe bekennen: Er haust allein in der Stadt. In Willemers Wohnung, deren Aussicht sie kennt. Von morgens bis abends ist Leben unter den Fenstern. Er läuft in den Gassen herum, mittags ißt er manchmal im „Schwanen".

Seidenzeug hat er gekauft, auch manch hübsches Präsent bringt er mit. Sie soll überlegen, wem eine Artigkeit zu erzeigen sei, Riemers, Kräuter vielleicht, und Madame Kirsch.

Mit Seebeck, den sie von Jena kennt, hat er interessante physikalische Gespräche geführt. Die Schlossers sind liebreich und nett. Hier bleibt er noch wenige Tage. In Heidelberg wird er, wie es schicklich und rätlich ist, auf den Großherzog warten, um dann über Würzburg nach Hause zu eilen.

Gar mancherlei hat er vorgearbeitet, welches diesen Winter fertig werden soll. Aber es ist auch auf Unterhaltung zu sinnen, etwas Musik wäre wünschenswert. Sie wollen es sich behaglich machen, nachdem der Sommer sie beide so übel behandelt hat. Ihn auch? Aber ja! „Die angenehmsten Tage, die ich zubrachte, waren immer die, wo alles so schnell zuging, daß ich nicht an mich denken konnte."

Wie anders sollte er schreiben? Christiane ist nicht gesund. „Lebe wohl, meine herzlich Geliebte, bis bald." So endet der Brief vom 12. September, und morgen geht er zur Post. Aber nun steht der Frankfurter Abschied bevor. Schon preßt ihn der Schmerz. Der Mund ist ihm trocken, sogar das Atmen fällt schwer. Da braucht es doch noch einen kräftigen Schluck. Auf den Mainschiffen schenken sie Wein bis nach Mitternacht aus. Nur mag er sich nicht unter Leute mischen, steht mit seinem Becher am Bug, schaut ins laternenspiegelnde Wasser, das, vor einer Stunde vielleicht, an der Mühle vorüberfloß. Die liebe Kleine, ob sie schon schläft?

Er hat den Wein hinuntergeschüttet, doch ist nicht zu löschen, was in ihm brennt. Also wieder hinauf. Im Treppenhaus steht er, in Gedanken versunken, hält die Geliebte wie gestern im Arm, hört Freund Willemer gutmütig spotten: „Gelegenheit macht Diebe, aber es sei Ihnen alles gegönnt."

Suleika, die lange Erharrte, sie liebt ihn, wie prophezeit. Ihre holde Stimme, ihr fröhliches Lachen, ihre Jugend, ihre Anmut, so viel Wonne und Seligkeit. Er muß es ihr sagen, bevor er geht. Im Mondlicht schreibt er es auf.

Nicht Gelegenheit macht Diebe,
Sie ist selbst der größte Dieb;
Denn sie stahl den Rest der Liebe,
Die mir noch im Herzen blieb.

Dir hat sie ihn übergeben,
Meines Lebens Vollgewinn,
Daß ich nun, verarmt, mein Leben
Nur von dir gewärtig bin.

Doch ich fühle schon Erbarmen
Im Karfunkel deines Blicks
Und erfreu' in deinen Armen
Mich erneuerten Geschicks.

Am nächsten Morgen wird Boisserée um sieben geweckt. Der Grund? „Ich mußte Euch aufstören lassen aus Eurem Sündenschlaf. Wir gehen nach Heidelberg."

„Jetzt gleich?"

„Nein, am Montag."

„Aber dann sind ja noch fünf Tage Zeit." Der arme Sulpiz denkt an sein Bett und gähnt hinter vorgehaltener Hand.

Zeit ist schon noch. Aber mit festen Daten gibt man der Absicht ein festes Gerüst. Und das war der Grund.

Zwei, die sich erlesen

„Und du meinst, das Gedicht ist für dich?"

„Gewiß."

„Wie kann er dir so etwas schreiben!"

„Warum sollte er nicht, wenn es die Wahrheit ist?"

Die beiden Frauen richteten sich beinahe gleichzeitig auf und sahen einander an. Rosette hatte den Zettel entdeckt, als Marianne den gemusterten Stoff vor ihr ausbreiten wollte, den Goethe heute morgen bei den Mailänder Kaufleuten für seine Suleika einpacken ließ.

Das Blättchen war zu Boden gefallen. Marianne hatte es aufgehoben, auseinandergefaltet, die Schrift erkannt. Dann hatten sie sich einträchtig darübergebeugt. Zuletzt nahm es Rosette mit spitzen Fingern und hielt es gegen das Licht, als ließe sich noch ein Zeichen entdecken zur Erklärung der Ungültigkeit.

War das Bekenntnis wirklich persönlich gemeint? „Im Karfunkel deines Blicks", das klang nach Hafis, und es entstanden ja täglich neue Divan-Gedichte in persischer Manier.

„Vielleicht ist der Zettel versehentlich in das Paket geraten."

„Das glaube ich nicht. Er hat um Einschlagpapier gebeten und eigenhändig die Schnur verknotet."

Frau Städel war in Verlegenheit. Wenn Goethe liebte, und es sah danach aus, dann schien sie in ein Geheimnis geraten. Er hatte sich das Auspacken des Stoffes anders vorgestellt, ihre mögliche Anwesenheit nicht bedacht. Und jetzt dieses peinliche Mitwissertum!

„Ach Rosette, nimm's nicht so streng! Er hofiert doch auch dich. Nennt dich seine liebe Nichte und spaziert an deinem Arm, sooft es sich einrichten läßt."

„Galanterie als Verwirrspiel. Und dahinter die Wahrheit, daß du seines Lebens Vollgewinn bist. Er hat es geschrieben, es steht so da. Und ich weiß nicht, ob ich es klug finden soll."

„Redet der klug, der aus dem Herzen spricht?"

„Ein solches Geständnis bleibt doch nicht folgenlos."

„Er reist am Montag. Sein Herzog erwartet ihn in Heidelberg."

„Also ein Liebesgedicht als Abschiedsgeschenk."

Sollte Marianne dieser nüchternen Feststellung widersprechen? Sollte sie der Freundin beichten, wie sie heute morgen mit Goethe durch den Messetrubel gebummelt ist, von der Menge geschoben, und beide gingen sie Hand in Hand? Seine große, warme, trockene Hand hatte die ihre unentwegt festgehalten. Und niemals hatte sie ein stärkeres Glück empfunden als in dieser Geborgenheit.

Sie blickte sich um und sah sich allein. Unhörbar hatte Rosette das Zimmer verlassen. Marianne ging mit dem Tuch, das sie als Schal oder Turban tragen konnte, vor den Spiegel und drapierte sich einen antikischen Faltenwurf ums Haupt. Aber dazu hätte es eines dunkleren, zumindest einfarbigen Stoffes bedurft. Nein, sie würde ihre Locken auf orientalische Weise umwinden müssen. Rubinenmund und Karfunkelblick unter weißbunten Ranken auf grünem Grund. Suleika im Garten des Großwesirs. Hatte er das gesagt? Mit dem Großwesir gar ihren Mann gemeint? Und ihr wurde noch immer nicht bang?

Pazzarello, komm her! Du bist, der du bist. Ob ich aber Jussuf oder Hatem oder den Doktor Goethe liebe, weiß ich nicht so genau. Es war ein heiterer Morgen. Meine Seele ging auf Wolken spazieren. Soll ich mich von der strengen Vernunft herabziehen lassen?

Ja, schau mich nur an! Ich hätte dich mitnehmen sollen. Aber es ging alles so schnell. Phil hatte Aufträge in der Stadt. Er schirrte die Pferde an, ich eilte nach oben, holte Hut und Handschuhe, sagte Christine Bescheid, und schon fuhren wir los. Unterwegs fiel mir ein, daß ich notwendig die Frankfurter Küche inspizieren müßte. Es fehlt an irdenen Töpfen, auch an Kupfergeschirr. Das konnte zur Messezeit preiswert erstanden werden.

Stadelmann hatte uns wohl schon bei der Anfahrt erspäht. Auf meinem Gang zur Küche folgten die beiden Männer mir fast auf den

Fuß. Ich wandte mich um und sah in betretene Gesichter. Der Diener trug in beiden Händen die Scherben eines Fayencekrugs. Das fand ich sehr zum Lachen, weil ich doch gerade zur Revision des Geschirrschranks gekommen war.

„Nun, dann sollten wir gehen und bestellen", hat Goethe gesagt. Krüge und Töpfe und Pfannen, alles auf seine Rechnung, für den Gastfreund ein passendes Abschiedsgeschenk.

Pazzarello, das mit dem Abschied hatte ich gar nicht richtig verstanden. Nur deshalb wurde es noch ein heiterer Vormittag. Wir machten uns auf und waren bald von tausend Stimmen umgeben. Der Leierkasten quäkte heute ein anderes Lied. „Tanz rüber, Tanz nüber" kam von der Walze, und das Tambourinäffchen klaubte mit Zwergenfingern zwei Münzen aus meiner hingehaltenen Hand. Im Kasperltheater wurde der Teufel verdroschen, die Zuschauer johlten und schrien.

Goethe zeigte sich vom Augsburger Tafelsilber entzückt. Er pries den strengen, von der französischen Mode wiederbelebten klassischen Stil, kaufte aber nichts, obwohl von Augusts Heiratsplänen die Rede war. Desto großzügiger wurde Küchengeschirr fürs Rote Männchen bestellt. Und zuletzt hielt ich einen türkischen Honigkuchen in der Hand. Er war viel zu süß. Glaub mir's, Pazzarello, er hätte auch dir nicht geschmeckt. Ich stand auf der Brücke und hielt das klebrige Zeug in der Hand, bis es mir, halbwegs gewollt, ins Wasser fiel. Der Freund zog sein Schnupftuch hervor und wischte mir die Finger sauber. Meine Klage um den Verlust des Gebäcks tat er ab. „Einer wird den Kuchen genießen. Die ganze Erde ist Gottes Tisch." War das nicht hübsch gesagt?

Weil ich zuletzt am Schaumainkai sehr müde war, ließen wir uns übersetzen. Und bei den fließenden Wassern des Mains sprach Goethe ausdrücklich vom Abschiednehmen. Der Aufbruch nach Heidelberg sei für den 18. September geplant.

Ach Gott, ich muß es Willemer sagen. Er soll ihn einladen, die letzten Tage auf der Mühle zu verbringen, zusammen mit Boisserée.

Und am Sonntag kommt auch noch Mieg. Pazzarello, es wird allerhand Trubel geben. Hör auf zu schniefen, hinterher sind wir beide allein.

Allein? Was rede ich? – „Jakob, da bist du. Gut, daß du kommst. Hör zu, ..."

Donnerstags wurde im roten Männchen gepackt. Goethes Reisekoffer stand geöffnet im Flur, Stadelmann hatte Übung, er machte das rasch und mit Sachverstand. Den Flauschmantel sollte er obenauf legen, der wird noch gebraucht.

Boisserée, welcher diesmal als Hausgast mit auf die Mühle darf, muß für sich selber sorgen. Aber Goethe läßt ihm zum Ordnen und Einpacken wenig Zeit. Ob er ihn nicht zu Franz Brentano begleiten könne? Er wolle die Birckenstock-Sammlung noch einmal sehen, bevor er Frankfurt verlasse. Auch sollten sie Abschiedsbesuche machen, bei Schlossers, bei Georg Brentano, den Savignys.

Am Freitag morgen wird die Hetze noch größer. Bei Arbauer werden Strümpfe, bei Reinheimer Kupferstiche gekauft. Und in Goldschmidts Antiquariat entdeckt Goethe die „Franckfurther Chronik" des Johann Adolph Stock. Dieses Buch war ihm seit Kindertagen vertraut gewesen, und sein Verkauf durch Frau Aja, als sie das Haus am Hirschgraben räumte, hatte ihn sehr geschmerzt. Nun ist er erfreut, den Verlust ersetzen zu können.

Zuletzt bleibt noch Zeit für Serrand. Was diese Frankfurter Kunsthändler für Schätze haben! Einen Paul Veronese, einen Tintoretto, von Rubens ein Kniestück, junge blühende Frau im schwarzen Seidengewand, eine Rose im Schoß.

Bei allen Gesprächen und Einkäufen hält Goethe ein Ginkgo-Blatt in der Hand, er dreht es wie einen Talisman. Als sie, im Roten Männchen am Fenster stehend, endlich nur noch auf Willemers Wagen warten, zieht er aus seiner Brusttasche einen Zettel hervor, und Boisserée kriegt zu hören, was er der kleinen Frau zusammen mit dem schön geformten exotischen Baumblatt verehren will.

Ist es ein lebendig Wesen,
Das sich in sich selbst getrennt?
Sind es zwei, die sich erlesen,
Daß man sie als eines kennt?

Der Freund ist erstaunt und meldet Bedenken an. Ein Naturphänomen als Symbol, Fragen, die nicht beantwortet werden, ist das für die liebenswürdige Müllerin nicht zu abstrakt? Goethe schüttelt den Kopf. Marianne ist ein Frau, die Symbole deuten und Fragen beantworten kann. Das Blatt und die Verse werden ihr Freude bereiten.

Ob er übrigens den Pestalozzifreund kenne, der zum Sonntag geladen sei, diesen Herrn Hofrat Mieg. Der andere kennt ihn nicht, wundert sich aber über den ablehnenden Unterton. Hat nicht die ganze Familie mit großer Wärme von Bramys Mentor gesprochen?

Gegen vier holt Willemer die Männer am Fahrtor ab und sagt ihnen lauter erfreuliche Nachrichten auf. Zum Montag sei ein gutes Gespann bestellt. Am gewienerten Fahrhäuschen hat Phil noch die Räder geschmiert. Hanne wirtschaftet in der Küche und ist schon ganz echauffiert. Der Elfer steht kalt. Ehrmann kommt morgen, die Familie am Sonntag. Das milde Spätsommerwetter wird sich halten, solange der Freund auf der Mühle weilt.

Dann ist das Gepäck verstaut. Zum letztenmal fährt Goethe über die Brücke, läßt seine Vaterstadt hinter sich, schweigt beharrlich, so daß die andern, seine Beklommenheit spürend, allmählich auch verstummen.

Als der Gast das vertraute Eckzimmer betritt, fällt ihm beim Blick auf den Sekretär sogleich eine grüne Mappe auf. Eigentlich ist es nur ein Umschlag aus festem Papier, an der langen Seite verschlossen, verknotet mit Seidenband. Er legt die Frankfurter Chronik drauf. Ausgepackt wird nur das Nötigste für die nächsten drei Tage. Rosette bringt eine Tasse Tee. Marianne bleibt vorläufig unsichtbar.

Endlich ist er allein, kann die Schleife, den Knoten lösen. Gewinn, Verlust? Das Urteil von ihrer Hand. Zögernd hebt er das Deckblatt an – vor ihm liegt ein Gedicht. Indem er es liest, zum zweitenmal, drittenmal liest, steigen ihm Tränen der Rührung auf, die er sonst nur weint, wenn er von seinen eigenen Versen ergriffen ist.

> *Hochbeglückt in deiner Liebe,*
> *Schelt' ich nicht Gelegenheit;*
> *Ward sie auch an dir zum Diebe,*
> *Wie mich solch ein Raub erfreut!*
>
> *Und wozu denn auch berauben?*
> *Gib dich mir aus freier Wahl;*
> *Gar zu gerne möcht' ich glauben -*
> *Ja, ich bin's, die dich bestahl.*
>
> *Was so willig du gegeben,*
> *Bringt dir herrlichen Gewinn,*
> *Meine Ruh', mein reiches Leben*
> *Geb' ich freudig, nimm es hin!*
>
> *Scherze nicht! Nichts von Verarmen!*
> *Macht uns nicht die Liebe reich?*
> *Halt' ich dich in meinen Armen,*
> *Jedem Glück ist meines gleich.*

Die kleine Frau. Sie hat sein Geständnis fortgedichtet, mit dem Herzensdiebstahl anmutig gespielt, aber dann das Scherzen und Tändeln zurückgewiesen. Mitten im Gedicht der unumkehrbare Ernst eines tiefen Gefühls. Eine Liebe, die sich ausliefern will.

> *Meine Ruh', mein reiches Leben*
> *Geb' ich freudig, nimm es hin!*

Hat er so viel gewollt? Sind sie zwei, die sich erlesen, sind sie ein lebendig Wesen? Ist schon geschehen, was er im Ginkgo-Gleichnis als Frage gedacht? Mein Gott, er hat sich allzuweit vorgewagt. Die Familie. Er ist hier Willemers Gast. Rosettes strenger Blick, als sie den Tee gebracht. In Weimar Christiane. Und hier dieses Kind. Nein, kein Kind, auch kein Kobold wie die verrückte Bettine. Nicht einmal das mit der lieben Kleinen stimmt. Eine Sappho ist sie, fähig zur leidenschaftlichen Liebe und zum großen Gedicht. Er fürchtet sich plötzlich hinüberzugehn.

Da kratzt Pazzarello an der Tür. Man wartet auf ihn, und es wäre unhöflich, die Familie länger warten zu lassen. Er muß hinaus. Willemer auf dem Flur, neben ihm seine Frau. Das ist gut, so kann er jedem von ihnen eine Hand entgegenstrecken. Boisserée und Rosette halten die Portiere zurück, bilden Spalier. Hanne hat schon den Kopf aus der Küchentür gestreckt, in die Hände geklatscht und gerufen: „Es Esse werd kalt!"

Gesegnet seien die Rituale. Marianne weist Plätze an. Goethe präsidiert, hat sie zur Linken, rechts Boisserée. Willemer schneidet den dampfenden Zwiebelkuchen an, Christine stellt einen Krug auf den Tisch. Der erste Federweiße. Ein neuer Jahrgang, angenehm prickelnd, Wein ist es noch nicht. Erwischt man die besten Stunden der Gärung, schmeckt der Saft süß und herb zugleich.

Einziges Thema bei Tisch: der Aufbruch nach Heidelberg. Willemer untröstlich, Boisserée vergnügt, Goethe seine Pflichten beim Herzog betonend. Die Frauen schweigen dazu. Endlich des jungen Mannes Vorschlag, sie könnten doch einen Besuch in Heidelberg machen. Seine Bildersammlung lohne den weitesten Weg, und dieser sei kurz. Zustimmung von Goethes Seite, mit dem besonderen Vermerk, daß die toten Heiligen des Mittelalters in jedem Fall über die lebenden Sünder zu stellen seien. Diesen Scherz kann er wagen, nachdem er Mariannes Augen bei dem Besuchsvorschlag aufleuchten sah. Ja, sie würden nach Heidelberg kommen. Willemer ist von dem Gedanken sofort angetan.

Nach dem Essen machen sie noch einen Gang bis zum Brunnen, dann wird es kühl. Sie kehren zurück in den Saal, Goethe bittet, wie so oft, um ein wenig Musik. Marianne geht mit ernstem Gesicht zum Klavier, begleitet sich selbst. „Rastlose Liebe", das Lied steht in Moll, Zelter hat es vollkommen durchkomponiert.

> *Alle das Neigen*
> *Von Herzen zu Herzen,*
> *Ach wie so eigen*
> *Schaffet es Schmerzen!*

Rosette erschrickt. Goethe muß das für Charlotte von Stein geschrieben haben. Damals war er kaum jünger als Marianne jetzt. Hat seine Leidenschaft wie einen Ball in die Luft geworfen. Und Marianne hebt auf, was die Geliebte von einst längst fallen ließ. Ein anderes Spiel beginnend, wirft sie den Ball zurück. Glück ohne Ruh – was für ein gefährlicher Text. Endlich das Nachspiel, in einer langen Sequenz zur Höhe strebend, dann ruhiger verklingend im gebrochenen Grundakkord.

Alle sind bewegt, niemand klatscht Beifall, aber Willemer steht auf und umarmt seine Mignon. Rosette weiß nicht: Spürt er, was hier durcheinandergeht, oder ist er ahnungslos, blind? Plötzlich versetzt es ihr einen Stich. Vielleicht prunkt der Vater einfach mit dem, was er hat. Würde dem verehrten Weimarer Freund alle Schätze des Hauses schenken, wenn dieser drum bäte. Möglicherweise auch seine Frau. – Sie nimmt sich zusammen: Was für schnöde Gedanken, wie kommt sie dazu? Zögernd hebt sie den Blick. Möge der Himmel allen Beteiligten gnädig sein!

Marianne singt jetzt das Lied „An den Mond". Den Zuhörern scheint Entspannung erlaubt. Sie vernehmen ein sanftes Es-Dur und eine gebundene Begleitung in ruhigen Triolen. Die Stimme ist dem klaren Mondlicht verwandt.

Goethe hält die Augen geschlossen. Charlotte. Sie hat ihm die

Flucht nach Italien und alles, was folgte, niemals verziehen. Sie würde auch jetzt nicht zuhören wollen, sie würde hinausgehen, mit hocherhobenem Haupt. – Zelter hat seine Verse zu harmlos vertont. Der Text ist die zweite Fassung, da war er sehr einsam, die Treue verrauscht, die Geliebte befangen im Zorn. „Lösch das Bild aus meinem Herzen vom geschied'nen Freund" schrieb sie im „Mondlied nach meiner Manier".

Dreißig Jahre ist das jetzt her. Goethe erhebt sich, tritt ans geöffnete Fenster, gerät ins Träumen, vernimmt das Rauschen des Mains. Oder ist es die Ilm? Es verschwimmen ihm Zeit und Raum. Marianne allein kann verstehen, was er sagt, weil sie nah genug ist: „Liebende haben von jeher bei Vollmond einander gedacht."

Willemer schlägt noch „Gott und die Bajadere" vor. Rosette hebt die Brauen, möchte widersprechen, wagt es nicht, muß sogar ans Klavier. Marianne bittet, sie zu begleiten. Es ist ein langes Lied mit simplen Akkorden zu einer einfachen Melodie. Die Sängerin, welche nun stehen und ein wenig agieren kann, stellt die Verzweiflung über den Tod ihres Gastes dar, springt in die Flammen und steigt in den Armen des Gottes geläutert empor.

Boisserée ist beeindruckt und kann es kaum fassen, daß Goethe, ihn auf sein Zimmer begleitend, wenig später erklärt: „Sie sollte die Bajadere nicht singen, es bereitet mir Pein."

„Aber sie trägt das Lied doch wunderbar vor."

„Eben deshalb. Sie weiß, was sie singt."

„Wäre nicht jede Frau bereit, einen Gott zu lieben und mit ihm unsterblich zu werden?"

„Vergessen Sie nicht, lieber Freund, daß die Bajadere eigentlich eine Dirne ist."

„Was hat das mit Frau Willemer zu tun?"

„Ich kenne das Milieu, in welchem sie aufwuchs. Ich kenne es leider nur allzu gut."

„Sie kam als junges Mädchen in dieses Haus. „

„Zu Willemer, ja. – Nun gut. Nennen wir ihre Rettung eine edle Tat."

Boisserée verstummte. Die Erregung des Alten schien ihm absurd. Er zuckte die Achseln und ließ ihn in unhöflicher Eile allein.

Wie hätte er aber auch durchschauen können, was Goethe sich selber nur zögernd eingestand? Daß nämlich seine Gedichte Unheil heraufbeschworen, wenn man sie allzu wörtlich nahm. Er war kein Gott, verlieh nicht Unsterblichkeit. Nur seine Verse hielten, vielleicht, der Vergänglichkeit stand. Aber Mariannes Hingabe meinte nicht nur den Dichter, sie meinte den Freund, der ihr gestanden hatte, daß er sie liebt. Und wollte er es nicht selber so?

Sein Herz war unruhig, er fand keinen Schlaf. Seltsam das Rauschen im Ohr. Kam es vom Main, vom Wind in den Bäumen oder vom eigenen Blut? Dazu dieser Vogel, dessen Ruf ihn verstörte, Melbers Steinkauz, der Zölibatär.

Zwei Tage noch, dann sagt er der Mühle Lebewohl. Die Trennung, die schmerzliche Trennung muß sein.

Gnadenfrist

Bilder, Sätze, Goethes Augen, Goethes Stimme, Goethes Gestalt. Der Abschied rückt näher, erschreckend rasch schmilzt der Vorrat an Zeit. Von der gegebenen Frist ist der erste Tag schon verbraucht. Marianne sitzt allein in der Küche, hat die Füße in lauwarmes Wasser gestellt. Sie ist erschöpft. Manchmal drückt sie ein Blatt an die Lippen – keine Frage, daß es nur eines ist. Sie kann es ja fühlen: ein kleiner Fächer ohne Rippen, auch in der Mitte glatt.

Ehrmanns Prosa ist endlich verstummt. Zur unterhaltsamen Henkersmahlzeit, so nannte er das, lieferte er die verrücktesten Schnurren, erzählte von Stürzen in Gruben und Gräben, bis Goethe ausrief: „Genug, alter Knabe! Das hört sich ja an wie bei den Helden Walhalls. Die werden morgens in Stücke gehauen und sitzen später mit heilen Gliedern wieder zu Tisch. Iß, mein Guter, und bleib mir gesund!"

Hannchen hatte wie immer köstlich gekocht: Hecht à la tartare, Schwarzwurzeln und Rostbraten in saurem Rahm. Zum Nachtisch brachte sie selbst eine Schüssel voll Krapfen herein, mit Zimt und Zucker bestreut. Die wurden von Willemer Nonnenseufzer genannt. Ehrmann setzte noch eins drauf, indem er von Nonneferzjer sprach.

Als sie die geleerten Teller von sich geschoben hatten, ließ Goethe die Köchin rufen. Er habe etwas für sie. Mit roten Backen stand Hanne unter der Tür und wischte sich viele Male die Hände an ihrer Schürze ab. Es sei, erklärte er ihr, eine neue glänzende Kupferpfanne in die Küche gekommen, zum Ausbacken von Nonnenseufzern und anderen metaphysischen Köstlichkeiten. Er aber habe zu dem Topf auch noch ein solides Frankfurter Gedicht gemacht, das er ihr zu verehren gedenke. Und das gehe so:

> *Zum Kessel secht der neue Dippe:*
> *„Was haste für en schwarze Bauch!"*

*E Stichflamm läßt die Deckel hibbe,
Da schebbern alle Töpp im Rauch:*

*„Es Hannche kocht in dir sei Suppe,
Egal, was du degeche sprichst.
Fer unser Herrschaft is es schnuppe,
Wann du en schwarze Hinnern krichst."*

Die Köchin kam näher, nahm den dargereichten Zettel mit einem Knicks in Empfang und sagte gerührt: „Ach, Herr Geheimrat, so scheene Versjer mache in ganz Frankfort aach bloß Sie!" Von Beifall begleitet zog sie ab.

Ihr liebes Gesicht. Und die Freude über Goethes Lob. Leutselig ist er, achtet jeden nach seinem Verdienst. Sie hat es wirklich verdient. Wie sollte man auskommen ohne sie? Sogar dieses Kräuterbad, das den Füßen so wohltut, verdankte man ihr. Salbei, Melisse und Rosmarin. – Wo hat sie den Rosmarin her?

„Ja, Milly, komm!"

Ein Mauzen, ein Sprung, dann kuschelte sich die Katze in ihren Schoß. Die Herrin allein in der Küche, ohne den Hund, der sie sonst so eifersüchtig bewacht. Milly schloß die Augen und fing an zu schnurren. Marianne streichelte sanft ihr getigertes Fell.

Was für ein Tag! Oder besser: was für ein Vormittag! Goethe schien nicht arbeiten zu wollen, war mit ihr zur Laube spaziert. Sie gingen schweigend, nicht ohne Verlegenheit. Konnte man sich für gereimte Bekenntnisse wechselweise bedanken? Erübrigte nicht der poetische Gleichklang der Liebe jedes weitere Wort? Sie fühlten beide dasselbe, aber sie sagten es nicht. Endlich brach Goethe das Schweigen, indem er um eine Abschrift von seinem Zettelchen bat. Das „Gelegenheitsgedicht", so die Bezeichnung, habe er hergegeben, wie es entstanden sei. – Ob es denn auch in den Divan solle? Ja, natürlich, und ihre Antwort dazu, wobei sie ihn zweifach übertroffen habe, in der Schönheit der Verse und in der Großmut ihres Gefühls.

Eine seltsame Traurigkeit stieg in ihr auf. Mit Herzklopfen war sie seiner Bitte um Begleitung gefolgt. Aber dann hielt er die Hände auf dem Rücken verschränkt und machte Konversation. „Ein Austausch gereimter Abschiedsgeschenke", hatte Rosette gesagt. Sollte sie recht behalten? Marianne trieb es die Röte ins Angesicht.

Zu früh. Denn in der Laube, als sie fremden Blicken verborgen waren, hatte der Freund ihren Kopf zwischen seine beiden warmen Hände genommen, sie lange unverwandt angesehen und endlich gesagt: „So jung, so reizend! Und Liebe für mich. Welch unbegreifliches Glück."

Obwohl ihr Herz tausend Antworten gewußt hätte, schwieg sie, weil ihr das Du nicht über die Lippen kam, und ließ nur ihre Tränen sprechen, die küßte er fort. „Wäre ich Allah, könnte ich Wunder tun, würde ich jeden Tropfen in eine Perle verwandeln. Die gefaßte Kette legte ich dir um den Hals."

Auf dem Rückweg, am Main entlang, drängte es sie, dem Freund ihren Traum zu erzählen. In der Morgenfrühe sei sie hinausgerudert und habe seinen Ring ins Wasser geworfen.

Seinen Ring?

Ja, seinen Ring. Er sei aber nicht untergegangen, sondern lange geschwommen, wie neulich der türkische Honigkuchen.

Er habe ihr nie einen Ring geschenkt.

Im Traum aber schon.

Goethe entdeckte neben dem Ehering an ihrer Hand einen kleinen Smaragd. Ob es dieser gewesen sei? Ja, und nun wolle sie ihn wirklich den Fluten opfern. Er müsse ihr aber versprechen, den Traum zu deuten in einem besonders schönen Divan-Gedicht. Sprach's, zog ihn vom Finger, und wenn ihr auch mit dem schmalen Ringlein kein weiter Wurf gelang, so versank es doch gleich in der Flut.

Der Freund schaute betreten, wollte wissen, ob der Smaragd ein Geschenk ihres Mannes gewesen sei. Die Wahrscheinlichkeit, daß ein Fisch ihn verschlucke, der später von Hanne geschlachtet würde, sei nicht sehr groß. Marianne lächelte. Sie habe ihn von der Lautenspielerin im grünen Gewand, welche den Knaben einstmals rührte und neckte. Die sitze noch immer hinter der Schlimmen Mauer und langweile sich.

Übermütige Scherze, doch damit war es ihr ernst: von der Liebe zweier Poeten wollte sie nur die eine für sich behalten, die andere nicht. Clemens Brentano hatte ihr den Smaragd geschenkt und lag ihr noch lange im Sinn. Jetzt aber, da ihr der Erlkönig zugetan war, warf sie den Ring mit leichter Hand in den Fluß.

O je. Kein Zeichen von Tugend, eher von Treulosigkeit. Auf dem Küchenschemel sitzend und sinnend, drückte Marianne die Katze ans Herz.

Am Brunnen war sie noch kühner gewesen, hatte hinter dem niedrigen Sockel gestanden, den Pinienzapfen aus Sandstein umarmt und auf Goethes Frage, wie man sich fürderhin mitteilen könne, eine tolldreiste Geschichte erzählt. Von einer Prinzessin, im Turm gefangen gehalten, vom Zauberer Apo bewacht. Ihr Prinz am andern Ufer des Flusses. Davon habe sie wirklich vor Zeiten gelesen. Beide hätten dasselbe Buch besessen und alle Zeilen mit Zahlen versehen. Jeden Morgen, wenn die Prinzessin aus ihrem Turmfenster sah, entdeckte sie im Sand ein paar Chiffren, las die bezeichneten Stellen und fand darin Trost. Zuletzt gelang auch die Flucht.

Lächelnd hatte ihr Goethe zugehört, die Nachlässigkeit des Schlusses getadelt und überhaupt die literarische Existenz der Geschichte in Frage gestellt. – Er müsse ihr glauben. Sie wisse noch, was auf der letzten Seite stand: eine Verteidigung der sinnreichen Chiffremethode. Das „Großmütterchen" deklamierte mit erhobenem Zeigefinger seinen Märchenbeweis.

Was ich euch offenbaret,
War längst ein frommer Brauch.
Und wenn ihr es gewahret,
So schweigt und nutzt es auch.

Hafis also! Weil kein Tisch da war, schlug sich Goethe mit der Faust in die eigene Hand, tippte ihr auf die Nasenspitze und sagte, sie sei ein Schelm.

Marianne setzte die Katze auf den Boden, trocknete sich die Füße ab, schlüpfte in ihre Pantoffeln, nahm das Ginkgo-Blatt und suchte die Schlafkammer auf. Morgen war Goethes letzter Tag. Es wurden allerhand Gäste erwartet, da durfte die Hausfrau nicht müde sein.

Das Abschiedsessen vom Sonntag zog sich lange hin. Neben Goethe, Riese, Boisserée, Frau Städel, dem Ehepaar Willemer saßen noch die Töchter und Schwiegersöhne zu Tisch. Pazzarello langweilte sich und schickte dem belanglosen Teil der Gäste, als sie endlich das Haus verließen, zufriedene Blicke nach. Dann bezog er vor Goethes Eckzimmer Posten, bewachte die späte Nachmittagsruhe, zwischen den Pfoten ein Schnupftuch, ausnahmsweise kariert.

Mieg kam gegen sechs. Als Marianne den Hufschlag des Pferdes vernahm, eilte sie vors Haus. Kaum hatte der Besucher sein Reittier an Phil übergeben, lief sie ihm die letzten Schritte entgegen, fiel ihm um den Hals und ließ ihn lange nicht los.

So teilt man sein Glück dem besten der Freunde mit, ging es Rosette durch den Kopf. Sie selber blieb an der Schwelle, dort hieß sie Mieg nicht minder freundlich willkommen. Die beiden Frauen hängten sich ein, doch gelang es nicht, ihren Gast in den Saal zu geleiten. Hanne schob sich dazwischen, um den geliebten Herrn Hofrat in die Küche zu dirigieren. „Der Mann is geritte, der muß doch hungrig und durstig sein!" Sie atzte ihn – dies ihr gewichtiges Wort – mit den Resten vom üppigen Mittagsmahl. „Heut ahmd gebbts bloß Häppcher, weil die annern bestimmt kein Hunger mehr hawwe." Lächelnd nahm der Besucher am Küchentisch Platz und aß. Pazzarello war auch zur Stelle und legte dem Besucher, der für seinen Hundeverstand zur Familie gehörte, die Schnauze aufs Knie.

Goethe lauschte der fremden Stimme, kriegte sein Nußknackergesicht. Zu ausgiebig hatte Willemer das Lob des Freundes gesungen. Und jetzt bat ihn niemand hinzu? Der Grund hierfür war aber der:

Rosette, die sich als Vorsteherin des Frauenvereins mit dem Gedanken trug, eine Schule für Mädchen einzurichten, hatte Fragen zur Hausordnung, zu den Kosten, zum gebotenen Unterrichtsstoff. Dreißig bis fünfzig Kinder dürften es sein, und sie sollten auch sonntags kommen, das habe sich andernorts bewährt.

Mieg, der im Auftrag seines Fürsten über eine ähnliche Einrichtung Aufsicht führte, sprach von der Notwendigkeit, die Eltern zu besuchen und ihre Anteilnahme zu wecken. Hernach erzählte er von einzelnen Buben, die der Ysenburger weiter zu fördern gedachte, da ihre Begabung schon nach kurzer Zeit offensichtlich war.

Als sie endlich den Saal aufsuchten, stand Goethe neben Marianne unter der Tür. Mieg absolvierte die Vorstellung ohne Verlegenheit und begrüßte den berühmten Gast, als gehörten sie beide mit gleichen Rechten ins Haus. Da wollte der andere nun auch nicht bei seiner steifen Haltung verharren. Um anzudeuten, daß er einen Teil der Rede vernommen habe, griff er das Thema Schule mit der Bemerkung auf, daß es immer gut sei, etwas zu wissen. „Und wenn unser Landvolk uns nicht nur tüchtige Soldaten, sondern auch gute Handwerker und Dienstleute liefert, so möge es den Deutschen heilsam sein, wenn sich ihre Kraft aus diesem Depot zu erneuern vermag."

Marianne versuchte den Gesprächston noch etwas wärmer zu stimmen: „Denken Sie, Herr Mieg ist vor kurzem in Paris mit Alexander von Humboldt zusammengetroffen. Gewiß ist der Forscher auch Ihnen bekannt." Sie hatte Erfolg. Goethe wurde lebhaft, fragte sogleich nach dem Stand des „Naturgemäldes der Tropen", bedauerte, daß es Berlin nicht gelänge, den großen Gelehrten an seine Universität zu binden, und schloß mit der Feststellung, daß ihm Alexander von Humboldt immer wie ein Brunnen mit vielen Röhren erschienen sei. Man brauche nur ein Gefäß unterzuhalten und werde sogleich mit unerschöpflich strömendem Wasser erquickt.

Mieg nickte zustimmend und erhob sich, um den eintretenden Willemer und an dessen Seite Boisserée zu begrüßen. Bald hatte man die Stühle zur kleinen vertraulichen Runde zusammengerückt, und weil Marianne auch noch die letzten Falten im Gesicht des Geliebten glätten wollte, steuerte sie von der mexikanischen zur italienischen Geographie. Bis Neapel seien sie ja alle gereist, aber nur der Doktor Goethe hätte auch noch den Vesuv bestiegen, und wie er ihn denn nun gefunden habe, den Höllenschlund?

Für jede Sündenstrafe geeignet. Es sei durch die Asche zu stapfen ein saures Geschäft. In Dampf und Rauch falle das Atmen schwer. An einem klaren Tag habe er mit zwei einheimischen Führern den Gang bis zum Kraterrand gewagt, doch man sehe nichts Rechtes, und zwischendurch gebe es Eruptionen, denen auszuweichen geraten sei.

„Erst tönt ein gewaltiger Donner, dann werden Steine zu Tausenden in die Luft geschleudert, die schweren hupfen mit dumpfem Getöse an der Kegelseite hinab, die geringeren klappern hinterdrein, zuletzt folgt der Ascheregen, und wenn man der furchtbaren Entladung auch heil entkommen ist, trägt man doch fingerdick den grauen Staub auf Hut und Schultern davon."

Goethe fügte hinzu, daß sein Freund Tischbein sich den ganzen Tag verdrießlich befunden habe, weil dieses Bergungetüm nicht nur gefährlich, sondern auch noch häßlich sei, was der Maler als doppelte Kränkung empfand. Wie könne man aber angesichts der gewaltigen Kräfte einer entfesselten Natur von schön oder häßlich reden? Da gehe doch das wissenschaftliche Interesse jeder ästhetischen Wertung vor. So habe er bei seiner dritten Vesuvbesteigung beobachten können, wie die ausbrechende Lava sich selbst einen Damm erbaute und obenauf in der Rinne hangabwärts floß.

„Bietet sich dann noch am Abend das Bild eines herrlichen Sonnenuntergangs, ist man beglückt. Dem Schrecklichen folgt das Schöne, und eins hebt das andere auf. Gleich bleibt immer nur dies: die Natur ist das Buch, das auf allen Blättern großen Gehalt und gar nichts Belangloses zeigt."

Niemand hatte mit stärkerer Anteilnahme gelauscht als Elias Mieg. Goethe sprach, dem Jüngeren zugewandt, als halte er Vortrag bei Hof. Doch zuletzt stand er auf, rückte seinen Stuhl zur Seite und rief: „Genug von Italien! Auch hier gibt es Kunst und Natur. Ich muß mir ein wenig Bewegung verschaffen. In einer halben Stunde bin ich zurück und hoffe auf ein musikalisches Abschiedsbouquet."

Rosette ging sich ein wärmendes Umschlagtuch holen, Willemer ließ von dem leichten Johannisberger bringen, Christine stellte Teighörnchen und frische Walnüsse auf den Tisch, und Mieg war bereit, Pazzarello auf seinem Mainuferweg zu begleiten.

Die Zurückkehrenden traten um Nuancen verändert auf. Der Hausherr erschien im Jackett, Rosette hatte die Strenge ihres Gesichtes durch ein kostbares Ohrgehänge gemildert, Boisserée prangte mit einem bunten Halstuch und bot überhaupt den erfreulichen Anblick der Jugend. Mieg war, von bequemeren Schuhen abgesehen, in seinem enganliegenden Reitkleid verblieben.

Zuletzt kam der Orient, Goethe im weißen Prophetenmantel, Marianne im fließenden grünen Gewand, den Lockenkopf mit einem Turban umwunden. Es fiel den anderen schwer, auf ihren Stühlen zu bleiben, doch hörte man verhaltene „Ahs" und „Ohs". Mieg allein hatte Grund, sich zu erheben. Als designierter Begleiter verfügte er sich ans Klavier. Doch bevor er dort seinen Platz einnahm, küßte er der Dame des Hauses die Hand und schenkte ihrem Kostüm einen anerkennenden Blick.

Marianne sang noch einmal vom Schicksal der Bajadere. Niemand hatte Vorbehalte zu äußern gewagt, doch schien der Beifall bescheiden, Elias wunderte sich. Dann hörte er Goethe rufen: „Wie wär's mit Mozart? Ich weiß doch, man schätzt ihn in diesem Haus." Die Sängerin stellte ihrem Begleiter das „Veilchen" aufs Pult. Der sah in die Noten, zögerte, schüttelte endlich den Kopf. „Meine liebe Marianne, zuerst in den Flammen sterben, dann gar zertreten werden – so viel Unglück akkompagniere ich nicht."

Willemer reichte einen anderen Band herüber, und Goethe schlug auf die Sessellehne, als er den Titel sah. Don Juan! Seine Lieblingsoper. Hinter der Anmut die Summe des Lebens, zuletzt ein tödlicher

Ernst. Mieg durfte pausieren, Marianne griff zur Gitarre, Don Giovannis Ständchen begleitete sie selbst. Danach war der Pianist als Orchesterersatz wieder gefragt. Er spielte verhalten, während die Sängerin, ein wenig auf- und abgehend, „Reich mir die Hand, mein Leben" sang.

„Aber sie ist ja ein richtiger Don Juan!" rief der Theaterdirektor Goethe, und darüber mußten nun alle so sehr lachen, daß Marianne sich am liebsten in die Noten verkrochen hätte. Dort stand jedoch Mieg, reichte ihr eine wirkliche Hand und befreite sie aus der Verlegenheit, indem er die Szene durch eine gemeinsame Verbeugung enden ließ.

„Elias, nun müssen Sie unseren Gästen noch etwas von Beethoven spielen!" Rosette hatte den Vorschlag gemacht und damit ihrem Bedürfnis entsprochen, den zurückhaltenden Freund ein klein wenig mehr ins Rampenlicht zu rücken.

Der entschied sich für die Cis-moll-Sonate, der Gräfin Giulietta Guicciardi gewidmet, und hätte sich gewiß mit dem Vortrag des Mondschein-Adagios begnügt. Aber Rosette bestand darauf, daß er auch noch das Allegretto und das Presto zu Gehör bringen müsse. Der gewaltige Schlußsatz kam einem Überfall gleich. Goethe litt, da er nicht ausweichen konnte, und hatte minutenlang den ungebärdigen Komponisten vor Augen, dem er vor drei Jahren in Teplitz begegnet war. Bei aller gegenseitigen Hochachtung – eine Freundschaft hatte sich nicht entwickeln wollen, da war wohl auch Zelter davor.

Nach den Fortissimo-Akkorden der Coda und einer angemessenen Pause bat der Weimarer Gast um die Wiederholung des langsamen Satzes. „Gönnen Sie uns nach dem Blick in den Abgrund der menschlichen Seele zum Ausklang den stilleren, wenn auch unendlich schwermütigen Teil!"

Zuletzt waren alle ein wenig erschöpft und hingen schweigend ihren Gedanken nach. Erst als Pazzarello Marianne in die Arme zu springen versuchte, erwachte mit der Abwehr dieses Ansinnens der kleine Blücher in ihr. Das neue Kommando besagte, daß nun

Doktor Goethe noch etwas vorlesen müsse. Elias Mieg habe ihr seine Gedichte zuerst in die Hand gedrückt. Damals sei sie ein junges, unbedarftes Ding gewesen, doch hätte die Musik dieser Sprache sie augenblicklich betört. Jetzt solle ihr verehrter Lehrer einmal hören, wie der Weimarer Freund, selbst lesend, seiner Poesie Ausdruck verlieh.

Der Dichter zierte sich nicht. Und weil Marianne darum bat, las er statt des Totentanzes, für dessen Vortrag er eine seltsame Neigung hatte, zunächst den Erlkönig vor. Noch einmal sah die Familie den Alten im weißen Prophetenmantel und hörte ihn raunen von bunten Blumen und schönem Spiel. Erlkönig, Don Juan, Mondscheinsonate – mehr als man aussprechen konnte, wurde an diesem Abend gesagt.

Sobald Goethe aus dem Divan zu lesen begann, hatte Mieg den Eindruck, vollends in ein seltsames Kraftfeld geraten zu sein. Der Gast trug noch einmal „Selige Sehnsucht" vor, beschwor den Schmetterlingstaumel ins Licht. Danach hörte man das schöne Lied von der Allerliebsten, die sich in tausend Formen versteckt, um sich nur immer neu dem Liebenden zu offenbaren. Elias sah zu Marianne hinüber und senkte bedenklich den Blick. Wie würde sie aufwachen aus ihrem Traum?

Goethe blätterte in der Mappe, schien bestimmte Verse zu suchen, die Geliebte hielt den Atem an. Käme es jetzt zum Vortrag der beiden „Gelegenheitsgedichte", zur Enthüllung dessen, was ohnehin kaum noch ein Geheimnis war? Nein, der Freund blieb diskret. Suleikas Webstücke würden im persischen Teppich leuchten, aber nicht hier. Statt dessen las er die versprochene Deutung des Traums vom geopferten Ring. Sie konnte keinen Anstoß erregen, denn die fragliche Szene spielte im Orient.

Suleika

Als ich auf dem Euphrat schiffte,
Streifte sich der goldne Ring
Fingerab in Wasserklüfte,
Den ich jüngst von dir empfing.

Also träumt' ich. Morgenröte
Blitz' ins Auge durch den Baum,
Sag', Poete, sag', Prophete!
Was bedeutet dieser Traum?

Hatem

Dies zu deuten, bin erbötig!
Hab ich dir nicht oft erzählt,
Wie der Doge von Venedig
Mit dem Meere sich vermählt?

Mich, der von den Indostanen
Streifte bis Damaskus hin,
Um mit neuen Karawanen
Bis ans Rote Meer zu ziehn,

Mich vermählst du diesem Flusse,
Seinen Ufern, dem Gestein,
Hier soll bis zum letzten Kusse
Dir mein Geist gewidmet sein.

Als Goethe geendet hatte, tönte ein zarter Schnarchlaut in die Stille hinein. Alle lachten, Willemer erwachte und war in peinlicher Verlegenheit. Da stand Marianne auf, legte ihm von hinten die Arme um den Hals und küßte ihn aufs Haar. „Meine Frau ist ein Engel", sagte der Mann. Goethe starrte hinüber. Seine Herzallerliebste, der kleine Don Juan. Plötzlich empfand er den Abschiedsschmerz messerscharf.

Grau und freudlos die Zukunft am Frauenplan. Weimar, die Pflichten bei Hof, Theaterintrigen, die spitzen Reden der Frau von Stein, ein grämlicher Riemer, der unstete Sohn, die kranke Christiane, zu ihrem Zeitvertreib manchmal ein Kartenspiel. Aber die Bürde mußte wieder geschultert werden. Nicht länger stand ihm ein Engel zu.

Für die Gesellschaft das letzte, das Abschiedsgedicht? Doch ja, er wußte eins, das sehr gut paßte und auch den Jungen gefallen würde, es hatte den neuen Ton. Ohne eines Buches zu bedürfen, trug er es vor.

O gib vom weichen Pfühle,
Träumend, ein halb Gehör!
Bei meinem Saitenspiele
Schlafe! was willst du mehr?

Bei meinem Saitenspiele
Segnet der Sterne Heer
Die ewigen Gefühle;
Schlafe! was willst du mehr?

Die ewigen Gefühle
Heben mich, hoch und hehr,
Aus irdischem Gewühle;
Schlafe! was willst du mehr?

Weil sie alle Willemers Müdigkeit noch im Bewußtsein hatten, lächelten sie in der Runde, während die Dichterstimme gefährlich ins Wanken geriet. Marianne glaubte gar, ihr Freund habe Clemens Brentano zitiert. Es waren aber seine eigenen Verse, nur sprach er nicht weiter, weil er die letzten Strophen nicht auswendig wußte. Statt dessen fand er es hilfreich, ins Schnupftuch einen heftigen Schneuzer zu tun.

Mieg erhob sich, um seine Schlafkammer aufzusuchen. Er würde am Morgen früh aufbrechen müssen. Goethe umarmte ihn, sagte bewegt: „Es tut dem Scheidenden wohl, den besten Freund des Hauses zu kennen und vor allem die Frauen seiner liebenden Sorge empfehlen zu dürfen." Elias lächelte, verbeugte sich, blieb aber stumm.

Als man sich trennte, geriet Pazzarello in Not. Er wußte nicht recht, wen er begleiten sollte, Mieg, das Ehepaar Willemer oder Goethe, der Boisserée noch für ein Stündchen in seine Stube bat. Er liebe sie alle, die jetzt auseinanderstrebten. Deshalb blieb er mit der Weisheit des Wächters im Zentrum des Hauses, auf einer Matte im Flur.

Nachtgespräch

„Marianne, du? Was ist los?"

„Hast du schon geschlafen, Rosette?"

„Liebste, es muß längst Mitternacht sein."

„Schon möglich. Ich habe nicht auf die Uhr geschaut."

„Willst du unter die Decke schlupfen? Komm, ich rück schon zur Seite. – Du bist ja ganz kalt. Warst du denn gar nicht im Bett?"

„Ich hab an meinem Pult gesessen und nachgedacht. Dann wollte ich schlafen gehen. Aber Willemer schnarcht so arg."

„Das tut er doch immer."

„Nicht immer so laut. Und es macht mir auch meistens nichts aus. Aber heute bin ich neben ihm immer wacher geworden und hab mich einsam gefühlt. So dunkel von innen. Wie soll ich's beschreiben? Hinter geschlossenen Augen ein schwarzes Gewölk."

„Marianne, die geliebten Gäste sind ja nicht aus der Welt. In wenigen Tagen sehn wir sie wieder. Heidelberg ist versprochen. Das weißt du doch."

„Und dann?"

„Ja dann –"

„Es geht auf den Winter zu."

„Wir haben auch Freunde in Frankfurt, die Verwandten, die Kinder, und manchmal Elias Mieg. Du kannst in die Oper gehn. Und auf Bälle natürlich, du tanzt doch so gern."

„Früher haben meine Füße für mich getanzt. Jetzt tanzen meine Nerven mit mir. Kennst du solche seltsamen Zustände auch?"

„Es war in den letzten Tagen sehr viel Hatz. Am Samstag Ehrmann, am Sonntag die ganze Familie, danach noch Elias. Gestern das Hin und Her, bis die beiden endlich im Wagen saßen. Heute hättest du schlafen können. Statt dessen bist du hinter dem Fenster gestanden."

„Gut, daß wir Phil den Auftrag erteilten. Hannchen bringt ja keine Lüge heraus, ohne rot zu werden. Aber unser Zerberus hat seine Sache gut gemacht, findest du nicht?

Die Herrschaften sind nicht zu Hause. – Der Geheimrat von Goethe? Der ist gestern nachmittag abgereist.

Du hättest die Varnhagen sehen sollen, wie sie herumlief. Am liebsten hätte sie Phil beiseitegeschoben und im ganzen Haus nach Goethe gesucht."

„Wäre er noch dagewesen, er hätte sich in der Remise oder in Stadelmanns Kammer versteckt. Sie hat den pathetischen Ton! – Erinnerst du dich, wie er das sagte? Als ob die Wogen des Ozeans auf ihn zugerollt kämen."

„Aber in Frankfurt hat er sie doch besucht."

„Er hat sie besucht?"

„Ja, morgens um viertel vor zehn. Da kann sie nicht empfangen, hat er gedacht. Aber sie empfing ihn im Negligé und redete ihm die Ohren voll, solange er's aushielt, es war nicht lang. Gestern kam sie ordentlich aufgetakelt, in Weiß und mit lila Hut."

„Nun, das hätten wir überstanden. Gerning war schlimm genug."

„Wieso ist er mit Goethe bekannt?"

„Ich glaube, er verkehrt im Hause der Frau von Stein."

„O je. Da werden sie ihn in absentia ordentlich abkapiteln. Aber ins Gesicht tut er ihm schön. Wie er mit der Eibinger Weihwasserschale protzte! Teuer erworben, aber nicht zu teuer für den Dichter des Faust! Peinlich, die Lobhudelei."

„Und wie geschmacklos, das fromme Behältnis mit Obst zu füllen. Meine besondere Attention, Exzellenz! Der arme Goethe stand und mußte eine Pflaume nehmen. Er kaute und schob sie im Mund hin und her, ich wartete immer nur auf den Kern."

„So viel Wirbel am letzten Morgen, wo er doch nur herumgehen und Abschied nehmen wollte. Vom Main und vom Brunnen, von der Mühle, vom Turm."

„Ja, der Spaziergang zum Türmchen war seine Idee. Und die Sicht recht gut, obwohl es so früh am Morgen war. Wie lange er schaute und schwieg! Wenn ihn etwas besonders ergreift, wird er stumm."

„Seine Liebe zu uns hat auf dem Mühlberg begonnen, damals, in der kalten Oktobernacht, als er den Mantel ausbreiten wollte und Willemer kam."

„Seine Liebe zu uns, Marianne? Du allein hast hier alle Steine im Brett. Ich spiele manchmal die Anstandsdame für euch."

„Du sagst es bitter."

„Ich stelle es fest."

„Und Boisserée? Welche Rolle spielt er? Hat er sich dir erklärt?"

„Nein."

„Es war immer lustig mit ihm, in der engen Kutsche, in der Frühe beim Kaffeetrinken, und wenn er Goethes Balladen durch falsches Zitieren verdarb. Ruhst du in meinen Armen aus? – Mitnichten, das gäbe Geschichten. Du warst oft heiter in seiner Gesellschaft."

„Ich habe ihn gern. Aber du weißt, daß ich vom Leben kein großes Glück mehr erwarte. Und Boisserée, selbst wenn er es ernst meinte, wäre auch keins. Mir ist diese rheinische Fröhlichkeit nicht gemäß. Und in seinem katholischen Wesen bleibt er mir vollends fremd."

„Ach das? Mir geht es umgekehrt. Wenn er von seiner Kindheit erzählt, denk ich, ich bin wieder daheim, in Österreich, in Linz. Das katholische Wesen, wie du es nennst, wärmt unser Herz. Man rechnet so sicher mit Gottes Barmherzigkeit. – Ich möchte gern wieder katholisch sein. Und dich, Rosette, möchte ich glücklich sehn. Sulpiz als Schwager gefiele mir sehr. Aber du mußt es wissen, du hattest ihn öfter für dich allein. – Denkst du, die beiden sind heil nach Darmstadt gekommen?"

„Warum sollten sie nicht? Sie fuhren im Hellen, die Straße ist gut, und von Räubern hat man lang nichts gehört. Das Gespann war in Ordnung, Phil hat es besorgt, mehr kann man nicht tun."

„Willemer hätte ihnen am liebsten unsere eigenen Pferde geliehen, aber hier draußen braucht er sie selbst."

„Ja, der Vater. Für den verehrten Freund gäbe er alles hin, seine geliebten Rappen, sein Geld und sein Gut. Ich glaube, sogar seine Frau."

„Rosette, wie redest du!"

„Schwesterherz, du weißt, daß ich dir gönne, was dich erfreut. Und der Pater familias kann schließlich tun und lassen, was ihm beliebt. Aber sag selbst, hat er dich sonst nicht immer mit seiner Eifersucht geplagt? Dem Clemens hat er das Haus verboten. Elias wurde nach Yverdon geschickt. Selbst die Kratzfüße des guten Ehrmann sieht er nicht gern. Jetzt hätte er Ursache, mißtrauisch zu sein. Was tut er? Er legt dich Goethe ans Herz."

„Und Hatem ist so dankbar, daß täglich ein neues Gedicht entsteht."

„Für das geplante Werk. Vielleicht auch für dich, Marianne, vergib! Doch nicht für des Vater Devotion. Unser Gast übersieht und überhört, was ihm genierlich sein könnte. Aber die Arme breitet er schon aus, wie damals auf dem Turm, nur inzwischen ohne Verlegenheit. – Sag nichts! Du darfst mir nicht böse sein. Ich rede nur so, weil ich Angst um dich habe. Und Mieg ist genauso besorgt. Sein Abschiedswort war nicht leise genug, ich hab es gehört und kann es nur wiederholen: Hüte dein Herz!"

Was gab es zu hüten? Das Herz war verloren, verschenkt. Und Rosette hatte schon recht: ihr Geliebter breitete wirklich die Arme aus. Am Abreisetag, um die Mittagszeit, als alle ihn suchten, hatte sie ihn in seiner Kutsche entdeckt. Er saß ganz still, als müsse er für den Aufbruch Kräfte sammeln. Sie wußte nicht, ob sie ihn stören durfte. Aber da hatte er sie schon gesehen und ihr beide Hände entgegengestreckt. Sie kletterte zu ihm hinauf, wollte sich artig neben ihn setzen, er nahm sie ans Herz. Vom Himmel gefallene Augenblicke, so kam es ihr vor. Inniges Glück, eine kleine Ewigkeit lang.

Aber sie hatte einen Auftrag, deshalb hob sie schließlich den Kopf, bog ihn ein wenig zurück und meldete getreulich: „Hannchen bittet zu Tisch."

„Ich weiß, es gibt heute Hanbuttensuppe und Apfelküchlein, da wollen wir die Köchin nicht warten lassen." Mit den Fingerspitzen strich er ihr über die Brauen und zitierte Hafis, oder Goethe, jedenfalls sagte er's in die Augen hinein.

> *Das Wort ist ein Fächer. Zwischen den Stäben*
> *Sieht meine Schöne hervor.*
> *Die mit den dunklen Wimpern gefällt mir,*
> *Wie mir sonst nichts gefallen mag.*

Marianne senkte den Blick. Aber dann sah sie sich doch noch ein wenig im Fahrhäuschen um. Dank der vorderen Fenster gab es viel Licht. Unter Mond und Sonne mochte es genügen für die erste Notiz. Ein Schreibkalender war aufgeschlagen, ein gespitzter Bleistift hing an der Schnur, alles war wohlbedacht. Nur lag wieder einmal ein Schnupftuch am Boden, und weil Pazzarello fehlte, hob sie es auf. Als Stadelmann mit einigen Gepäckstücken um die Ecke bog, wischte sie mit dem Tüchlein rasch ein Fensterchen blank. Die Scheiben waren aber alle schon sauber gewesen. Der Bediente behielt ein ernstes Gesicht. Man möge zum Essen kommen, sprach er in die offene Tür. Marianne sprang aus der schwankenden Kutsche zu Boden, der Geheimrat kletterte, nicht so behende, über den Klapptritt ins Freie, von Karl ein wenig gestützt.

Neben dem Mühlrad blieb er plötzlich stehen, krauste die Stirn: „Mein Schreibkalender! Liebste Marianne, dürfte ich Sie bitten..." Sie war schon unterwegs. Als sie das schmale, hochformatige Buch in Händen hielt, zögerte sie. Hatte er sie geschickt, um etwas mitzuteilen? Sollte sie blättern und lesen oder doch lieber nicht? Im Gehen schlug sie die letzte beschriebene Seite auf, mußte sie quernehmen, überflog den Text.

> *Verweilst du in der Welt, sie flieht als Traum,*
> *Du reisest, ein Geschick bestimmt den Raum;*
> *Nicht Hitze, Kälte nicht vermagst du fest zu halten,*
> *Und was dir blüht, sogleich wird es veralten.*

Einen Augenblick setzte ihr Herzschlag aus. Schien noch die Sonne, waren die Weiden noch grün? Die Reise ging doch wohl nur nach Darmstadt, nach Heidelberg. Wurde die Mühle jetzt schon zum Traum? Sie eilte hinauf in den Saal, legte den Kalender neben Goethes Gedeck.

Noch über der Hanbuttensuppe schneite Gerning herein. Hätte er ihre Einladung zum Essen angenommen, wäre alles einfach gewesen. Aber er schützte Magenverstimmung vor und verdarb ihnen, radotierend, von der Fensternische aus den Appetit. Gegen zwei hatte ihn Goethe hinauskomplimentiert. Danach bat er, man möge ihn ruhen lassen, zog sich zurück, ein steinerner Gast. Marianne floh in die Laube, Boisserée wollte noch einmal zu Serrand in die Stadt, Willemer ließ anspannen und kutschierte selbst.

„Rosette, glaubst du an Dämonen?"

„Nein. Du etwa?"

„Ich weiß nicht. Wenn Goethe von ihnen redet, kommen sie mir sehr lebendig vor. Und in den letzten Tagen hatte ich manchmal das Gefühl, daß ihm einer im Nacken sitzt."

„Du hast zu viel Bosch oder Breughel gesehen. Unser Freund ist kein heiliger Antonius und die Mühle kein Sündenpfuhl."

„Ich denke ja auch nicht an grüne Gespenster mit Glubschaugen und Schlangen im Haar. Aber daß die Dämonen ihn manchmal würgen, hat er selber gesagt."

„Er ist empfindsam und leicht übel gelaunt. Ich habe das mit Erstaunen bemerkt. Sein hoher Verstand läßt ihn im Stich, wenn die Seele in Wallung gerät. Zuletzt sind die Dämonen an allem schuld, oder auch die Götter, da legt er sich nicht fest. Aber in einem Punkt sagt er immer dasselbe, daß er nämlich unsere menschliche Freiheit für eingeschränkt hält. Erinnerst du dich an seinen Spruch, als Mieg von der Krankheit des Fürsten erzählte? Wie man es wendet und wie man es nimmt, alles geschieht, was die Götter bestimmt. Das ist sein Glaube, und unser Theologe ließ es so stehn."

„Ein Glaube, der ihm Bangigkeit nicht erspart. Hast du sein Gesicht gesehen, beim Abschied, auf der Treppe? Ich hätte ihn gern umarmt, aber ich traute mich nicht, und du hast es auch nicht gewagt. Wie stand er plötzlich so steif. In der Kutsche, was für eine finstere Miene, während Boisserée lustige Grimassen schnitt. Erst als Phil mit der Hausfahne herbeigeeilt kam und Hannchen ein rotes Tischtuch schwenkte, lächelte er und winkte zurück."

„Du darfst nicht vergessen, daß ihm der Herzog bevorsteht."

„Ich denke, Carl August ist Goethes Freund."

„Aber die Jagemann ist seine Freundin nicht, und die ist dabei. Auch bleibt sein Herzog doch immer der Souverän."

„Ja, dann müssen wir desto bälder nach Heidelberg fahren und Hatem beschützen, nicht wahr?"

„Wir fahren, sobald Sulpiz uns Nachricht gibt."

„Ich freue mich schon auf den Gemäldesaal und auf Goethes Erklärungen, Bild für Bild."

„Glaubst du nicht, daß Boisserée für die christlichen Heiligen eher zuständig ist?"

„Mag sein. Ich höre nur Goethe viel lieber zu."

„Die Brüder haben seit Jahren gesammelt, gekauft. Da muß der Besitzer doch sagen dürfen, warum er dieses oder jenes Bild schätzt."

„Freilich wohl! Und mit seinem Wissen kann sich Sulpiz für manche Belehrung revanchieren. Hat ihm doch neulich Goethe mit Hilfe einer Kerze den Mond erklärt."

„Was für ein Unsinn!"

„Ich red keinen Unsinn, ich hab es gesehn. Nach dem langen Abend mit Mieg nahm er Boisserée noch zum Plaudern in seine Kammer mit. Als ich später aus dem Fenster schaute, standen sie drüben im Mondschein auf dem Balkon. Goethe sprach und hielt eine brennende Kerze hoch. Es sah aus, als wolle er den Mond erklären und brauche dazu ein Licht."

„Ach, da haben sie bestimmt mit farbigen Schatten experimentiert. Ich war dabei, als Seebeck die Sache beschrieb. Aber deine Ansicht gefällt mir auch, sie ist wie eine Karikatur."

Rosette sagte nichts mehr. Marianne erhob sich, schlich auf Zehenspitzen zur Tür. Draußen sprang Pazzarello an ihr empor. Er bellte nicht, er winselte nur. Das kluge Tier hatte gelernt, daß zu nachtschlafener Zeit auch die höchste Freude nur in gedämpften Tönen laut werden darf. Als Frau Willemer ihn hochnahm und mit ihm das Eckzimmer betrat, aus dem der Schnupftuchgast seit zwei Tagen verschwunden war, breitete sich in dem kleinen Hundeherz Seligkeit aus. Er sprang ihr vom Arm, und sein Stummelschwänzchen signalisierte Begeisterung. Was für ein Nachtquartier! Man hatte die Laken gewechselt, aber der Teppich bewahrte noch ein Rüchlein vom orientalischen Räucherwerk, bot schnuppernden Nasen Stoff zur Erinnerung an. Während Marianne mit offenen Augen träumte, probierte Pazzarello zu ihren Füßen den Schlaf.

Die Gardinen bauschten sich, die Pappeln rauschten im Wind. Der Mond stand schon tief. Nachtgespenster tanzten schwarz auf der Wand. Erlkönig wendet sich, winkt. War nicht von Küssen die Rede, von Spielen und Küssen und Tod?

Amselrufe, jetzt, in der Nacht! Immer der Steinkauz auf Beuteflug. Hüt du dich! Hüt du dich!

In endlose Wüsten hat ihn die Liebe getrieben. Die dunklen Augen, die dunklen Kamele im weißen Sand. So fern dem Blick, meinem Herzen so nah. Laß mich weinen! Tränen beleben den Staub.

Heidelberg

Alles geben die Götter, die unendlichen, ihren Lieblingen ganz. Alle Freuden, die unendlichen, alle Schmerzen, die unendlichen, ganz. So empfand er es einst, so ist es auch jetzt. – Der Gast im Sickingen-Palais hat sich den schweren Eichentisch vors Fenster rücken lassen und sieht hinaus. Man gönnt ihm Ruhe, er ist allein.

Drüben am Waldhang verfärbt sich das Laub. Die Schloßmauern glühen unterm Licht der sinkenden Sonne wie Karneol. In seiner Erinnerung: Eiben, Kastanien, Winkel des Glücks. Marianne. Ihr Kleid, ihre Lippen, ihr Haar.

Heute in der Frühe sind die Willemers abgereist. Sulpiz ist zum Abschied drüben gewesen, er nicht. Wozu das Stehen und Winken? Es schafft Verlegenheit und verlängert den Schmerz.

Er hatte sich ablenken wollen im Bildersaal. Die bunten Heiligen standen und knieten umher wie gewohnt, aber ihre fromme Gesellschaft war ihm kein Trost. Nur der Christophorus kam seiner Stimmung entgegen. Er hatte das hellere Ufer verlassen, schritt vor dem harten, wellenpeitschenden Wind blicklos auf den Betrachter zu. Auf seiner Schulter das Kind mit Segensgebärde. Zum Glück keine Taube im Bild, kein Herniederfahren des göttlichen Willens, zur heiligen Flamme gekühlt.

Eycks Triptychon. Das Verkündigungszimmer reinlich und nett. Eine hochgewachsene Lilie zum Zeichen der Jungfräulichkeit. Daneben der Stall. Ochs und Esel hinter der Krippe, zur Seite der Greis. Eine Mißheirat, von höchster Instanz gebilligt, damit es dem neugeborenen Gott nicht am irdischen Vater fehle. – Seltsam dies alles! Er würde bei seinem Heidentum bleiben müssen. Marianne hat er es nicht gesagt.

Ihre fromme Freude vor dem Veronika-Bild: „Sie blickt so innig, so ernst." Dabei beherrscht das Schweißtuch, welches die Heilige hochhält, zwei Drittel der Komposition. Er mochte die Mohrenfarbe des byzantinischen Kopfes nicht. Doch die Freundin hatte verstohlen das Kreuz geschlagen. Da behielt er sein Urteil für sich.

Goethe erhob sich, ging vor dem Arbeitstisch auf und ab. War es falsch gewesen, noch einmal in dieses Haus zu kommen? Hätte er es bei der Begeisterung des Vorjahres belassen sollen? Da hatten die frischen Eindrücke über alle Vorbehalte gesiegt. Jetzt meldete sich im Zuge der Gewöhnung schon wieder Kritik. Aber die Sammler erwarteten zu ihren Schätzen ein kräftig preisendes Wort. Der Aufsatz war versprochen und mußte geschrieben werden. Das gebot schon die Höflichkeit. Er hatte hier zweimal bequem gewohnt und vor den alten Bildern manche neue Erkenntnis gewonnen.

Leider schritt die Arbeit nicht recht voran. Das Vagabundieren im Orient lenkte ihn ab. Immer neue Gedichte entstanden, fanden sich leichtfüßig ein an des Lebens scheinbar verödetem Strand. Das alte „Es werde!" – noch fügte es sich.

In Frankfurt rechneten sie damit, daß er abermals auf die Mühle kam. Wollte er das? Von der Schloßterrasse zurück an den Ehrmann-Brunnen, von den Ginkgo-Bäumen zurück zu den Pappeln und Weiden? Nein, er wollte es nicht. Keine Rückkehr in den verfänglichen Kreis!

Marianne hatte die Inschrift gefunden, die er am allerletzten Tag dem Brunnenrand eingeritzt. Als sie ihre Entdeckung und ihre Freude beschrieb, stand sie am rechten Ort. Hinter ihr das grüne Wasserbecken der Schloßterrasse, beherrscht vom hingelagerten Urvater Rhein. Eine unproportionierte Figur, vom grauen Grottengestein wie zusammengestaucht, den rechten Arm sinnlos verkürzt. Sie hatten sich über den mächtigen Flußgott unterm spärlich fließenden Wasser lustig gemacht, zuletzt Rhein und Main, Brunnen, Kanäle, Alleen im „Weißt du noch?" durcheinandergebracht. Auch seine Verse nahmen die Bilder von überall her. Doch ihren Namen hat er zweimal im Mühlengelände verewigt, darauf legte sie Wert.

Suleika

An des lust'gen Brunnens Rand,
Der in Wasserfäden spielt,
Wußt' ich nicht, was fest mich hielt;
Doch da war von deiner Hand
Meine Chiffer leis gezogen,
Nieder blickt' ich, dir gewogen.

Hier, am Ende des Kanals
Der gereihten Hauptallee,
Blick' ich wieder in die Höh',
Und da seh' ich abermals
Meine Lettern fein gezogen:
Bleibe! Bleibe mir gewogen!

Hatem

Möge Wasser, springend, wallend,
Die Zypresse dir gestehn:
Von Suleika zu Suleika
Ist mein Kommen und mein Gehn.

Nun, das war gut geschrieben, schön zu Ende gedacht, würde auch vor Mariannes Urteil bestehen. Nicht immer fand sie seine Verse bewundernswert. Im Ahornwinkel hatte sie zwar ihr Näschen hinter weißen Rüschen verborgen gehalten, aber doch, mit den Fußspitzen wippend, erklärt: das April-Gedicht mit den kunstvollen Ranken, er wisse schon, welches, Willemer liebe es sehr, sie aber nicht. Zu viele goldene Worte auf grünem Papier.

Hörte man da vielleicht das Urteil des hochverehrten Herrn Mieg? Das Geschenkblatt war der Familie zugedacht, nicht nur ihr. Dennoch gab er dem munteren Criticus recht. Die Arabesken hätten dem Wortgeklingel aufhelfen sollen, offenbar taten sie's nicht.

Neben ihr sitzend, hatte er Kreise, Punkte und seltsame Schnörkel in den Sand gezeichnet, mit seinem Spazierstock, von rechts nach links. Was er da schreibe, ob das Arabisch sei? Arabisch. Persisch. Und immer Suleika, was anderes komme ihm nicht in den Sinn.

Die Antwort hatte sie glücklich gemacht. Sie war sogar auf den Gedanken verfallen, ihm fortan Geheimstes in arabischen Lettern mitzuteilen. Er winkte ab. Zu schwierig das ganze, auch gab's ja das sorgsam geplante Chiffrenspiel. Und wenn sie ihm eine besondere Botschaft senden wolle, solle sie singen und Laute spielen. Sobald er das Ohr an die Muschel lege, höre er sie.

Wie doch die Liebe zu albernen Reden verführt! – Der Geheimrat krauste die Stirn. Kam aber nicht los von dem seltsamen Morgenstundenglück dort oben am Hang. Er war an ihrer Seite gewesen und zugleich so fern wie ein Vogel im Himmelsblau. Hatte ihr auf den Rand einer Rechnung etwas diktiert. Wo war der Zettel? Ja, hier.

> *Nicht mehr auf Seidenblatt*
> *Schreib' ich symmetrische Reime;*
> *Nicht mehr fass' ich sie*
> *In goldne Ranken;*
> *Dem Staub, dem beweglichen, eingezeichnet,*
> *Überweht sie der Wind, aber die Kraft besteht.*

Ihre kleine Hand, die er so gerne hielt, hatte es zierlich aufgeschrieben. Sah man genauer hin, war ihre Schrift energisch und klar. Wo hatte sie schreiben gelernt? Bei der tingelnden Mutter doch nicht. Fragen nach den Theaterjahren schloß die Höflichkeit aus. Er hörte auch weg, wenn Willemer seine Ehefrau Mignon nannte, mochte weder das Gönnertum noch die Anbiederung an seinen Roman. Am liebsten hätte er dem Bankier die heikle Gleichung verwiesen, aber wie kam er dazu?

Papiere, Papiere! Was wirft man weg? Sollte er die Zeugen seines kalligraphischen Fleißes mit nach Weimar nehmen? Nun, warum nicht? Was er da bei Freund Paulus an arabischen Punkten und Strichen, Schleifen und Schnörkeln aufs Blatt gebracht hatte, mochte seine Verehrer ergötzen. Man brauchte es nicht einmal lesen zu können. Die Zeichen standen wie mystische Schlinggewächse, mit Sandstaub im feinen Gespinst.

Paulus hatte in der Bibliothek eine Handschrift des Hafez-Diwan entdeckt, über Winter ein klein wenig Persisch gelernt. Mit Hammers Übersetzung daneben fanden sie sich zurecht. Ein paar Lieblingszeilen standen recht artig auf dem Papier, immer gleich siebenmal untereinander, das machte ein schönes Bild.

„Komm und laß uns an dem Wasser nicht mit leeren Händen sitzen!" „Vernimm, daß ohne Liebe die Welt keinen Zauber hat!" „Von deiner Wangen Schönheit borgt sich der Mond sein Licht." „Hudhud will ich nach Saba schicken. Höre des Freudenvogels Flügelschlag!"

Dies hier nur einmal? Ja so! „Leicht ist die Liebe im Anfang, es folgen aber Schwierigkeiten." Ein prosaischer Satz, leider nur allzu wahr, Wiederholung erübrigte sich.

Die arabischen Blätter wurden zur Seite gelegt. Zuoberst das Musterblatt seines Freundes. Der hatte andere Verse gewählt. Ein streitbarer Mann. War schon in Jena trotz großherzoglicher Protektion kaum zu halten gewesen. Zu sehr ging er den Mythen des Alten und Neuen Testamentes mit kritischem Geist auf den Grund. Kein Wunder, daß er vor allem die Priesterschelte des Hafis genoß und mit ihm die ganze Zunft in den Eselsstall wünschte.

„Im Eselsstall haust Muley, der Dieb, welcher trunken die schönsten Lettern schrieb!" Der das sagte, war Paulus' einziger Sohn, ein waches, gescheites Kind. Er hatte dem Jungen oft und zärtlich die Locken gezaust, wünschte ihn jetzt mit seltsamer Sehnsucht herbei.

Alles geben die Götter ihren Lieblingen ganz. Hatten ihm neben dem Bildersaal auch noch die Paulus-Familie zur täglichen Einkehr geschenkt. Gern war er gegen Abend hinüberspaziert, an der lieblichen Kornmarkt-Madonna vorbei. Das Arbeitszimmer ging nach dem Hof, dort lärmten die Sperlinge unablässig im wilden Wein. Der Freund sprach schwäbisch. Wenn man die Augen schloß, kehrte Schiller ins Leben zurück. Und dann dieser kleine lockenköpfige Schenke! Nach dem Wiesbadener Kellner, der sich wie ein Flegel benommen hatte, endlich der rechte Bringer des Weins.

„E Schöpple" solle er holen, hatte die Mutter gesagt, sobald den Alten vom Reden die Köpfe rauchten. Und immer nur zögernd hatte der Junge sich auf den Weg gemacht. Das sei so, erklärte der Vater, weil einmal im Hof die Falltür über ihm zugeschlagen war. Aber man müsse die beiden Flügel ja nur richtig öffnen und nach außen sorgsam niederlegen, dann passiere das nicht. Unbegründete Furcht mache töricht, Wilhelm solle nur gehn.

Eingedenk seiner eigenen Kinderängste wäre er am liebsten mit dem Knaben in den Keller gestiegen, aber natürlich hatte der Vater recht. Wer als aufgeklärter Theologe den Gang des Heilands über die Wellen als spiegelndes Trugbild erklärt, muß für den Sohn auf kühler Vernunft bestehen, selbst wenn unterm Gewölbe die Kerze erlischt.

Der Nachkömmling, der geliebte Sohn mit den Honiglocken, der ihm den Wein so anmutig kredenzte, wollte vom berühmten Herrn Goethe Geschichten hören. Und da der vom Orient weniger wußte als der Hausherr, suchte er sein Heil bei den Sternen, erfand ein Märchen von der vergebens hintereilenden Liebe der Aurora zu Hesperus.

Einmal war der Knabe an seiner Schulter eingeschlafen. Er hatte die Locken fortgeblasen vom Kinn, sich weiter nicht zu rühren gewagt. Das Gedicht, das zu dieser Szene entstanden war, mochte die Schenkenlieder beschließen. Goethe legte das Blatt beiseite, nickte zufrieden. Gut, gut.

Die Frankfurter Freunde waren bei Paulus willkommen gewesen und mehr als das. Wilhelm hatte neben Marianne gesessen, ihrer klangvollen Stimme gelauscht, sie unverwandt angesehen. Endlich flüsterte er dem Vater etwas ins Ohr. Der kündigte einen besonderen Kunstgenuß an. Als der Junge die Mappe geholt und geöffnet hatte, kam die Gesellschaft aus dem Staunen nicht mehr heraus: Pferde, Pferde, Pferde. Von Pisanello bis Salviati und Jacques Callot, von Burgkmair, Heemskerck, Dürer und vielen anderen Meistern. Ridinger, Potter gleich dutzendfach.

Lavierte Federzeichnungen, Holzschnitte, Kupferstiche. Steigende Hengste, geharnischte Reiter, Zaumzeugdetails. Augen und Nüstern, langmähnige Hälse, Hinterhandstudien, alles war da.

Woher die Blätter, woher die Liebe zu diesem Sujet? „Das Pferd ist doch Gottes allerschönstes Geschöpf!" Marianne, voll Rührung, küßte den Knaben, Willemer stimmte dem kindlichen Urteil zu. Der Vater aber berichtete, daß ein verstorbener Vetter gesammelt hätte. Und Wilhelm, nur Wilhelm, war zum Erben der Schätze bestimmt.

Der Junge hatte die Mappe verschlossen, zwei kleine Blätter draußen behalten, schenkte, ohne die Eltern zu fragen, seinem Freund Goethe eine persische Miniatur galoppierender Polospieler und Frau Willemer eine Goltzius-Skizze, die Vorstudie zum großen kalabrischen Hengst. Man zögerte, die kostbaren Gaben anzunehmen, Wilhelm bestand darauf. So blieb ihnen vorläufig nur der Dank. Der Bankier versprach, sich angemessen zu revanchieren. Er selber würde den Divan senden, sobald er erschienen war.

Wo sie in Frankfurt den kleinen Kalabrer wohl aufhängen werden? Von Bildern verstand Rosette am meisten, aber Willemer war der Pferdenarr. So wie gestern hatte er den Mann noch vor keinem Kunstwerk begeistert gesehen. Ja, Pferde hielten ihn mehr als Gedichte wach. Aber er sollte dem Guten nicht Unrecht tun! Wie rührend dieser Einladungsbrief vom 9. August: „Kommen Sie, teuerster Freund, wir erwarten Sie bald. Sie sehen bei mir nur, wen Sie wünschen, und leben in allem nach Ihrem Geschmack. Sooft Sie in die Stadt verlangen, bringt meine Kalesche Sie dahin und zurück. Gefällt es Ihnen nach einigen Tagen besser dort, so wählen Sie in meinem Haus ein Zimmer für sich und Ihren Carl."

Gedankenverloren starrte er auf die seltsam schwankende Schrift. All dies und mehr noch war ihm geboten worden. Er hatte genommen, vielleicht zu viel und ohne rechte Liebe für den, der so großherzig gab.

Als Willemer vor drei Tagen überraschend an der Mittagstafel erschien, war Unbehagen das erste Gefühl. Die Familie seit einer halben Stunde in Heidelberg, abgestiegen im „Goldenen Hecht". Er hatte sie noch nicht erwartet. Eigentlich, wenn man es recht betrachtet, mit der Sorge um die Folgen überhaupt nicht mehr.

Aber nun waren sie da. Er unterbrach seine Mahlzeit, ließ die Damen herüberbitten, stand am Fenster und sah aufs Pflaster hinab, lauschte dem Pochen in seiner Brust, später den Stimmen im Treppenhaus. Mariannes Lachen klang heller denn je.

> *Ist es möglich! Stern der Sterne,*
> *Drück' ich wieder dich ans Herz!*
> *Ach, was ist die Nacht der Ferne*
> *Für ein Abgrund, für ein Schmerz!*
> *Ja, du bist es! Meiner Freuden*
> *Süßer, lieber Widerpart;*
> *Eingedenk vergangner Leiden,*
> *Schaudr' ich vor der Gegenwart.*

Was für ein ängstlicher Schluß! Ein Liebender, der überm Wiedersehen erschrickt, weil er schon um den Abschied weiß. Er würde die Strophe noch fortdichten müssen, vielleicht fiel ihm in Weimar ein glückliches Ende ein.

Marianne – ihr schauderte nicht. Sie hatte sich auf ihn zugeschrieben während der Fahrt, hatte Herzenskunde ersehnt und ihr Glück offenbart. Gestern, bevor sie zu Reitzensteins gingen, schob sie ihm das Gedicht in die Hand. Es redet vom Ostwind, welcher die Reben küßt. Dann gibt die Geliebte sich selber mit heißen Wangen der sanften Berührung hin. Leidenschaftlicher kann man nicht fühlen. Besser hat auch er in der rollenden Kutsche die Zeit der Erwartung niemals genutzt.

Was am Tisch der Boisserées vom Mittagsmahl übrig war, aßen die hungrigen Gäste auf. Hernach schlug Rosette einen Spaziergang vor. Willemer erklärte, lieber ruhen zu wollen, er kehrte in den Gasthof zurück. Die Damen ließen sich neckaraufwärts geleiten.

Auf der breiten Promenade war wenig Verkehr. Schattenspendende Baumreihen und Hanggärten sorgen für Kühle, der Fluß gab sich mit Niedrigwasser, Granitbänken und grünen Inseln abwechselnd lieblich, dann wieder wild. Die flachen, segelbestückten Lastkähne wetteiferten an Schnelligkeit mit den ziehenden Sommerwolken, die Luft war trocken und klar.

Der Rückweg durchs mächtige Karlstor ließ sich mit passenden Kommentaren zum Triumphzug erhöhen. Zwar fehlten die Böllerschüsse aus den schlanken Kanonenrohren, dafür hielten die rechts und links über den Säulen gelagerten Löwen Kreuze in ihren frommen Pfoten, und der dritte, nemäische, hing besiegt in der Mitte, als Heraklesfell zum Vorhang drapiert. Rosette skizzierte das Tor und die aufsteigende Felswand daneben, die Blicke gingen zum Schloß.

Wann er für gewöhnlich die Terrasse aufsuche, wurde gefragt. Morgens um neun. Da sei es noch angenehm kühl. Von Begleitung war nicht die Rede gewesen, er wartete aber, während Karl das Frühstück servierte, auf den Glockenzug, behielt auch die Tür im Blick, gab eine Viertelstunde zu, griff endlich enttäuscht nach dem Stock.

Und dann sah er sie unten: Marianne allein! Im feierlich strengen Treppenhaus stand sie gegen den Pfosten gelehnt, lächelte zu ihm empor. Seine Knie hatten ein wenig nachgegeben, er mußte sich auf das breite Geländer stützen, stieg nur langsam die Stufen hinab.

Ihre schelmischen Augen, das braune Gelock. Da fiel sie ihm schon um den Hals.

Lieb' um Liebe, Stund' um Stunde,
Wort um Wort und Blick um Blick;
Kuß um Kuß, vom treusten Munde,
Hauch um Hauch und Glück um Glück.
So am Abend, so am Morgen!
Doch du fühlst an meinen Liedern
Immer noch geheime Sorgen;
Jussuphs Reize möcht' ich borgen,
Deine Schönheit zu erwidern.

Jussuphs Reize? Mach dich nicht zum Gespött! Schönheit und Jugend sind vergängliche Güter. Der Geist ist noch frisch. Und wieso hat das Papier einen Flecken bekommen? Streuen wir ein klein wenig Sand darauf. – Die behaupteten Küsse waren zu zählen gewesen. Im Hausflur hatte er, überrascht und verlegen, den Augenblick gar nicht genutzt.

Sie stiegen durchs Friesental auf, immer die hochgewölbten steinernen Bögen im Blick. Neben ihm, plaudernd, die charmante Person. Er sprach nicht, versuchte nur Schritt zu halten. Wenn er ihr etwas erklären wollte, blieben sie stehn. Oberforstrat Gatterer, der jetzt für die Anlagen zuständig war, hatte die Jahrhundertwildnis durch kräftige Einschläge auslichten lassen, der Pfad gab manche erhabenen Blicke frei. Die Eiben mochten vom alten Hortus Palatinus geblieben sein. Ihre roten Früchte glänzten wie Juwelen im Morgenlicht.

Unter einem Kastanienbaum, kurz vor der letzten Höhe, hatten sie Rast gemacht, lange Zeit schweigend gesessen und dem leisen Fall der Früchte gelauscht, zugesehen, wie beim Aufprall fast immer die stachlige Schale sprang. Spielzeug für die Frankfurter Kinder! Marianne sammelte ein Dutzend der braunen Kugeln, zeigte und beschrieb, wie sie mit Stöckchen und Kieseln eine Armee von Kobolden herstellen würde.

Kinderszenen. – Vergessen, erinnert, emporgetaucht. Auch Christiane hatte für August solche Fabelwesen gefertigt. Und er hatte, damals wie jetzt, sein Taschenmesser geliehen. Marianne könnte längst Mutter sein. Warum war sie es nicht?

Ein frischer Morgen, sie fror im weißen Sommergewand, hauchte in ihre kalten Hände, das übernahm er für sie. Geküßt, anders als sonst geküßt, hat er seine Suleika erst später im Ahornwinkel, auf der Kastanienbank nicht. Da war er zu sehr ergriffen gewesen von ihrer Anmut und von dem aufsteigenden Gefühl, daß die Leidenschaft sein Herz zu sprengen drohte wie eine schwellende Frucht.

An vollen Büschelzweigen,
Geliebte, sieh nur hin!
Laß dir die Früchte zeigen,
Umschalet stachlig grün.

Sie hängen längst geballet,
Still, unbekannt mit sich,
Ein Ast, der schaukelnd wallet,
Wiegt sie geduldiglich.

Doch immer reift von innen
Und schwillt der braune Kern,
Er möchte Luft gewinnen
Und säh' die Sonne gern.

Die Schale platzt, und nieder
Macht er sich freudig los;
So fallen meine Lieder
Gehäuft in deinen Schoß.

War dies nicht sein schönstes Divan-Gedicht? Nah bei der Wirklichkeit, nah bei Mariannes Natur. Und sie allein hat's geweckt. Ihre Liebe lebendig in seinem Wort.

Wie sehr war das Empfinden seiner Freundin von Güte bestimmt. Selbst der geborstene Pulverturm tat ihr leid. Ein Koloß mit aufgerissener Seite. Der Arme, so schamlos entblößt! Die Mauern im Innern enthalten bloß Schutt.

Er hatte sie darüber aufgeklärt, daß die Heidelberger den Vorrat an hinabgesprengten Steinen zu brauchen wußten. Auch das Sickingen-Palais hatte nach dem Franzosensturm davon profitiert. Das schien ihr vernünftig und der wachsende Efeu ein Trost. In der Tat, er war schon dabei, die Wunden zu decken. Was man der Natur überließ, holte sie heim.

Marianne an seine Seite geschmiegt. Für die Dauer eines unendlich scheinenden Kusses gab es nichts auf der Welt als ihr Glück.

Wiederholungen fanden nicht statt. Am Montag pilgerte die ganze Familie zum Schloß. Zwar gelang es, mit der Liebsten ein wenig zurückzubleiben, aber im Stückgarten stürmte eine Horde lärmender Studenten an ihrer Sitzbank vorüber, russische Soldaten machten das Elisabethentor zum Schauplatz einer gespielten Parade, zuletzt löste sich ein Offizier aus der Gruppe, kam auf sie zu.

Wahrhaftig, man kennt sich! Er stellte den Maler Gerhardt von Reutern vor. Eigentlich Litauer, wenn auch im Russenkostüm. Dieser Mann, von der unerwarteten Begegnung entzückt, verwickelte ihn in ein lebhaftes Künstlergespräch, ließ die Frau Rätin in Weimar grüßen und ging nur zögernd davon.

Ein wenig entfernt sammelte Marianne Ginkgo-Blätter vom Rasen auf. Später gestand sie, daß sie das eine Frankfurter Blatt so lange gedreht und gewendet hatte, bis es ihr unter den Händen zerfiel. Während er noch einen Vorrat von den tieferen Zweigen pflückte, kehrten die anderen wieder. Rosette bestätigte lachend die mißglückte Gestalt von Urvater Rhein, sie brachte sogar eine Skizze mit.

Den Rückweg nahm man durch den verwucherten Garten Thibauts. Viele Stufen führten an Mehlbeeren, Mispeln und Scheinzypressen vorbei. Der Professor entdeckte die herabsteigende Gesellschaft von weitem. Eilte ihnen entgegen und lud sie in seine Klause zu einem Glas Champagner ein.

Marianne wurde dem berühmten Juristen als Sängerin vorgestellt. Sie interessierte sich auch sogleich für die Singakademie. Der Gelehrte pries den italienischen A-cappella-Gesang als die reinste Musik; im Genie Palestrinas verehre er Gott. Die Gäste bedauerten, zur gewohnten Chorstunde nicht mehr am Ort zu sein. Thibaut versprach Goethe, Noten nach Weimar zu schicken. Vielleicht fände sich zum winterlichen Hauskonzert ein gutes Sextett.

Melismen, Fugen, Akkorde. Ja, Palestrina war ein Genie. In der Sixtina hatte er das „Tu es Petrus" gehört. Heftig erwachte in ihm die Sehnsucht nach der Ewigen Stadt. Mit Suleika allein in Rom! – Statt dessen die Gewißheit, daß ihre Kutsche die Sonne im Rücken hatte. Jetzt fuhren sie wohl schon auf Oberrad zu, die Räder mahlend im Sand.

Laß die Mühle, mein Alter! Du mußt einen Brief an die Heygendorf schreiben, fang endlich an!

„Unseren teuren Fürsten erwarte stündlich, es ist mir wünschenswertester Befehl, den Verehrten nach Mannheim und zu Ihnen zu begleiten." Die Maitresse seines Herzogs würde solch ehrerbietige Floskeln zur Kenntnis nehmen, dem alten Mincio kein Wort davon glauben, aber der höfischen Pflicht war Genüge getan.

Jetzt ein paar Zeilen nach Weimar, wo es der Hausfrau hoffentlich besser ginge. Wovon schreiben? Am besten vom Schloß, vom Durchzug der Russen, von der Begegnung mit Reutern. Christiane hatte den Maler gemocht. An August die Nachricht, daß Gerning die begehrte Eibinger Schale herausgerückt habe. Er hat sie sogar spendiert. Getrocknetes Obst wird Frau Schlosser nach Weimar schicken.

Von den Damen Willemer soll er schönstens grüßen. Sie blieben bis den 26. früh und sahen sich alles an. So wie auf der Gerbermühle, so auch zu den köstlichen Bildern der Boisserées wurde Christiane im Nachtrag herbeigewünscht.

Nach Frankfurt will er nicht wieder, weil es ihm schwerfällt, sich von so vielen Verwandten, Bekannten und Freunden loszumachen.

Verlangend sie alle wiederzusehen, mit den besten Wünschen und so fortan.

Die Reiseroute ist endgültig nach Süden verlegt. Das Alter braucht Schonung, schon dieser Rosenduft beschwert ihm das Herz. Zwar sind die Blätter angenehm kühl, wenn man sie an die Wangen bringt, aber er trägt den welkenden Strauß dann doch vor die Tür. Thibaut um Vergebung, der hatte die Rosen den beiden Damen verehrt.

Karl fragt nach Wünschen, er dankt. Keine Mahlzeit, kein Bad, auch keine Tagesabrechnung, heut war ja nichts los. Ein Krug frisches Wasser vom Brunnen täte ihm wohl. Wein lieber nicht. Er würde den Nebel im Kopf noch verdichten, es geht ihm nicht gut.

Sulpiz, der sich den Tag über taktvoll zurückgehalten hat, übermittelt Willemers Abschiedsgrüße und von Rosette ein kleines Geschenk. Schon wieder Blüten! Aber getrocknet, gepreßt, im seidenen Beutel verschlossen, ein strenger Lavendelduft. Wie er zu der Geberin paßte! Gestickt hat sie auch, ein rankenumschlungenes G.

Frau Städels kühle Vernunft ist ihm plötzlich ein Trost. Er spitzt noch einmal die Feder, um einen dritten Brief zu verfassen, an die Willemertochter, welche eingeweiht ist, „in der Hoffnung, daß Sie den teuren Freunden alles getreulich ausrichten werden, wovon ich nicht den tausendsten Teil auszusprechen im Stande bin".

Alles, ja alles, aber was denn genau? Seinem Tagebuch hatte er anvertraut, wie sehr er Marianne liebt. Vorsorglich in arabischer Schrift. Gern brächte er jetzt lauter unverständliche Zeichen aufs Papier, damit die Freundin völlige Freiheit hätte, sich auszudenken, was er wohl meint. Doch das ziemt sich nicht. Der Brief an Rosette muß vorzeigbar sein. Also von Liebe und Leidenschaft nichts. Bescheidene Klage scheint ihm erlaubt.

„Nachdem uns denn die Freunde verlassen hatten, fingen die bisher nur drohenden Übel an, förmlich auszubrechen, es entstand ein Brustweh, das sich fast in Herzweh verwandelt hätte, natürliche Folge der Heidelberger Zugluft und veränderlichen Schloßtemperatur, worüber mir unberufen und ungefragt Herr Dr. Nägeli die genaueste Auskunft gab."

Den angehängten Medizinertrost würde man hoffentlich als Retusche verstehn. Die letzte Fassung des Ginkgo-Gedichtes wäre zudem ein hübsches Geschenk. Aber Marianne muß etwas Eigenes haben. „Suleika" arabisch, dazu ein paar Zahlen auf seiner Goldrand-Visitenkarte, das mochte gehn.

„Was nützet die Enthaltsamkeit dem, der dein Auge sah?" – Solche und andere Trostworte für die Erfinderin des Chiffrespiels. Darüber fielen die eigenen Augen zu. Er war todmüde, er mußte zu Bett.

Am Morgen des 27. Septembers siegelte der Geheimrat von Goethe die Briefe nach Mannheim, nach Weimar, nach Oberrad. Das neue Petschaft hatte ihm der Minister von Reitzenstein verehrt.

Rosette, welche den gewichtigen Brief lange nicht zu öffnen wagte, sah auf dem roten Lack einen Januskopf. Mit einem Hämmerchen schlug sie das Siegel zu Bruch, bevor sie die Freundin rief.

Gelegenheit zum Weinen

Am Morgen des 9. Oktober schrieb Marianne nach Heidelberg an Sulpiz Boisserée: „Das Wetter ist so schön, der Himmel so klar – gewesen, daß wir trotz der Kälte in den Morgen- und Abendstunden erst seit gestern in der Stadt wohnen, worüber wir aber zufrieden sind, denn der Westwind hat sein Amt angetreten und Regen gebracht.

Einer Mannheimer Nachricht zufolge dürfte Ihr Gast wohl schon abgereist sein, und mit ihm verschwindet auch unsere Hoffnung, den 18. Oktober in seiner Gesellschaft zu erneuen. Der Turm auf dem Mühlberg wird sich gewaltig wundern. Mag er! Solange man sich wundert, betrübt man sich nicht, und so hat er das bessere Teil erwählt."

Das schlimmere Teil kam der Briefschreiberin zu: Enttäuschung und Schmerz. Noch konnte alles Gerede sein. Bethmanns Babette hatte Hannchen beim Fischkauf von Goethes Aufbruch erzählt. Aber irgend jemand war wohl mit Informationen von Mannheim gekommen. Und Christine, der Nachrichtenquelle vertrauend, brach am Küchentisch in Tränen aus.

Ob die Heidelberger Freunde das Gerücht noch dementieren konnten? Goethe sollte doch den Herzog nach Frankfurt begleiten. Und ihr hatte er versprochen: Bis bald! Nun rollte seine Kutsche womöglich schon auf Weimar zu. Am Frankfurter Fahrtor verstummte das freudige Echo auf die Verheißung „Bis bald!" Statt dessen Dienstbotengejammer um Stadelmann. Und Hannchens herzlose Frage: „Heilste weeche dem Stenz?"

Marianne ließ ihre Feder trocknen und starrte zum Fenster hinaus. Der Regen rann in Schlieren die Scheiben herab. Sogar das Kalenderblatt war feucht und wölbte sich an der Wand.

Plötzlich gab es Bewegung im Haus. Der Rottweiler bellte, die Eingangstür schrammte über die Sandsteinplatten, fiel zu, wurde wieder geöffnet und schließlich am eisernen Haken festgestellt. Marianne spähte übers Treppengeländer. Zwei Männer schleppten das Hammerklavier, Phil gab die Richtung an. Möbeltransport von der Gerbermühle, das Instrument zum Glück gut verhüllt. Dennoch ein unbekömmlicher Akt. Sie würde Redington herbitten müssen. Verstimmte Klaviere waren ihr ein Greuel.

Und hier oben stand der Wäscheschrank offen; Tischdecken, Laken, Kissenbezüge unter- und übereinander. Christine im Unglück, o je! Stillschweigend machte sich die Hausfrau daran, die Unordnung zu beseitigen, setzte die Stücke auf, wie sie zusammengehörten, Stapel für Stapel bekam seinen Platz. Dann war da Willemers Stimme unten am Tor. Als er sie sah, kam er heraufgeeilt, ein Briefblatt schwenkend: endlich klärende Nachricht aus Heidelberg.

„Im Atemholen sind zweierlei Gnaden", hatte Goethe gesagt. Herzklopfen macht, daß der Atem stockt. Marianne mußte sich setzen, sah zu Jakob empor. Der stand jetzt und las, entzifferte mühsam, hielt die Nasenspitze dicht überm Blatt. Warum nur gab er es nicht heraus? Es war dunkel im Flur, sie hatte die besseren Augen, also was stand in dem Brief?

Willemer ließ ihn zu Boden fallen, stieß mit der Fußspitze dran. „Hudhud hat sich davongemacht." Erschrocken starrte sie ihrem Mann ins Gesicht. Auch wenn die Dienstbotenfama sich zu bestätigen schien, so redete man doch nicht! Sprach nicht Wörter wie „Lug und Trug", mit einer Stimme, die dem Knarren der Dielen glich.

Der Goethe-Verehrer um alle Fasson gebracht? Ja so, er hatte für den 18. Oktober viel vorgehabt, wollte einen regierenden Herzog auf den Mühlbergturm geleiten, sah ihm zur Seite den Freiherrn vom Stein, seine Damen wieder in altdeutscher Tracht, rings auf den Bergen patriotische Feuer, alles dem Dichter zu Ehren, wenn man nur Willemers flammende Liebe recht verstand. Nun kaute er an seiner verletzten Eitelkeit.

Marianne rührte sich nicht. Leistete aber Widerstand in Gedanken. Niemals versagte Hudhud den Dienst! „16, 1-4" hatte der Freund vor zwei Wochen auf Bütten notiert. Die Auflösung war ihr zu Herzen gegangen.

Sage, Morgenwind, mit Schmeicheln
Jener lieblichen Gazelle,
Auf die Berge, in die Wüsten
Hat die Liebe mich getrieben.

Mag sein, daß Hatem vor den Schwierigkeiten der Liebe geflohen war, wenn sie's auch nicht verstand. Doch Hudhud senkte höchstens den Schopf, er flog nicht davon.

„Da ist ein Zettel für dich." Sie streckte die Hand aus, war aber nicht gemeint. Rosette, neben ihr stehend, nahm das ihr zugedachte Papier in Empfang. Jetzt sah sich Marianne denn doch um die Fassung gebracht. Briefe zur Rechten, zur Linken, für sie ein Stapel Wäsche im Schoß. Ihre Augen füllten sich mit Tränen, da nahm ihr Rosette die Leintücher ab und setzte sie zurück in den Schrank, zog die Freundin aus dem toten Winkel heraus und schob sie, am Vater vorbei, ins Damenzimmer hinein, wo die beiden Frauen, zwischen Stickrahmen und Spieltisch aufs Kanapee sinkend, die Köpfe zusammensteckten über dem Extrablatt.

„Denken Sie, liebste Rosette, daß, bis gestern, ich hoffen konnte, Sie jeden Tag zu sehen, und nun nimmt michs beim Schopf und führt mich, über Würzburg, nach Hause. Lassen Sie mich erst unterwegs sein und das als eine unausweichliche Notwendigkeit begreifen: so hören Sie mehr von mir und, wills Gott, was Ordentliches."

„Es nimmt ihn beim Schopf und führt ihn davon. Siehst du, ich hatte doch recht. Er glaubt an Dämonen und gibt ihnen nach."

„Vielleicht braucht er ein Bild, um wirkliche Gründe nicht nennen zu müssen."

„Und deshalb schreibt er an dich?"

„Es ist ihm nicht gut gegangen. Tintenkleckse, und am Ende die Schrift ganz zitterig."

„Adieu den Beiden! Mögen sie vereint bleiben! Und mir!" – Marianne las das wieder und wieder. Meinte er Jakob und sie? Er muß es nicht betonen, daß sie Willemer angehört.

„Rosette, hilf mir verstehn! Eine Notwendigkeit, die er selbst erst begreifen muß. Hoffentlich ist sie plausibel. Sonst hätte er ja in Heidelberg ein falsches Versprechen gegeben." – Wie dieses Mißtrauen schmerzt.

„Bei den Reitzensteins ist er schweigsam gewesen. Er trank ziemlich viel und starrte immer ins Licht."

„Es ergreift ihn, wenn sich die Kerze im Leuchten verzehrt."

„Na, das ist doch der alltäglichste Vorgang, welcher sich denken läßt."

Jetzt polterte es an die Tür. Phil wollte wissen, ob die Möbel aus dem Oberrader Gastzimmer wieder in Bramys Stube sollten. Der Herr habe gemeint, vielleicht wolle Frau Geheimrätin die Schreibtische tauschen. Aber nein, keineswegs! Bramy könnte überraschend zum Christfest kommen. Da möchte es ihn kränken, fände er sein Zimmer ausgeräumt.

Christine rückte mit zwei großen Körben an. Allerlei Kram von der Mühle, wohin damit? Ihre Augen waren noch immer gerötet. Ach Mädchen, dein Stadelmann folgte wenigstens klaren Befehlen, während sein Herr... Dieses Bild! Seine Exzellenz, der Geheimrat von Goethe, beim Schopf gepackt. Es mißfiel Marianne je länger je mehr. Sie verräumte Kissen und Kerzen und Lichtputzscheren, dann ging sie zurück in ihr Zimmer für ein Postskriptum an Boisserée. „Soeben erhielten wir Goethes Brief und erfahren mit Bedauern, daß er über Würzburg nach Weimar reist." Ein verhaltener Schluß!

Das Blatt ist gefaltet, was nun? Liebe gibt der Liebe Kraft. Sie hat ihn ja nicht für immer verloren, nur heute war es ein Schock. In Heidelberg hatte sie, auf ihn wartend, die Räder seiner Kutsche berührt. „Ihr bringt ihn wieder nach Frankfurt zurück!" Ein kindlicher Wunsch. Doch gehen nicht alle Geschichten so gut wie im Märchen aus. Da war sie am Ziehbrunnen des Sickinger Hofes dem wirklichen

Leben schon näher gewesen. Gretchen, Lieschen, Bärbelchen hatten sich der Erinnerung aufgedrängt.

Seltsam, wie ihr diese und jene Figur auf den Fersen blieb. Doch ein Wunder auch wieder nicht. Die Gestalten waren ja nicht erfunden, sie hatten gelebt. Friederike, Charlotte, die Frankfurter Kindsmörderin – ist sie nun ihrer aller Schwester im Leid? Halt ein, Marianne, was soll das mit Gretchen, du bist keine vierzehn, und Faust hat dich niemals verführt.

Willemer brachte das Rollenspiel auf. Aber sie wollte Marianne, nicht Mignon sein. Nicht einmal immer Suleika im Hafiskostüm. Deshalb schickte sie auch keine Locke als Talisman, obgleich der Freund darum bat. Statt dessen ein Streifchen Spitze und ein goldgelbes Ahornblatt. Ob er erriet, daß sie ihn an den glücklichsten Augenblick ihres Lebens erinnern wollte?

Beim Plündern der Halskrause war sie übrigens gar zu sorglos verfahren. Sie mußte den Kragen ausbessern lassen, er hatte ein Loch.

Goethe war zu ihrer Abreise nicht herübergekommen. Sie hatte gewartet, in der Hand einen Brief, einen schön geschriebenen Abschiedsgruß. Boisserée, der Getreue, las in ihren Augen Enttäuschung, steckte den Umschlag in seine Westentasche und versprach, den Hudhud zu spielen – ach Sulpiz!

> *Eh' es Allah nicht gefällt,*
> *Uns aufs neue zu vereinen,*
> *Gibt mir Sonne, Mond und Welt*
> *Nur Gelegenheit zum Weinen.*

Ihre innigste Hoffnung ins Leere gestürzt. Sollte er's wissen, er hat ihr den Stoß versetzt! Nun muß er ein böses Gewissen haben, deshalb kriegt Rosette diesen kuriosen Brief.

Mariannes Blick fiel auf die silberne Reiseuhr. Da stak sie in ihrem Ledergehäuse und schwieg. Hundertmal hatte sie sich die Überraschung des Freundes ausgemalt, wenn er die Hülle entfernte und schließlich entdeckte, was eingraviert auf der Rückseite stand. „Von Suleika zu Suleika ist mein Kommen und mein Gehn." Die Frankfurter Garteninschriften, dazu sein Gedicht. Ihre liebende Mahnung – vertan. Doch mögen andere Jahre kommen, ein aufbewahrtes Reisegeschenk frißt kein Brot.

Und das Westwind-Gedicht? Sollte sie's wegschließen, im untersten Fach, wie die Uhr? Es war auf der Heimfahrt nach Frankfurt entstanden. Willemer hatte draußen gesessen und die Zügel geführt. Rosette hielt die Augen geschlossen, sie selber träumte, wieder einmal, dem Wind hinterher. Endlich nahm sie ihr Schreibzeug zur Hand, schrieb auf, was sie fühlte und dachte. Die Verse entstanden von selbst.

Ach, um deine feuchten Schwingen,
West, wie sehr ich dich beneide:
Denn du kannst ihm Kunde bringen,
Was ich durch die Trennung leide.

Die Bewegung deiner Flügel
Weckt im Busen stilles Sehnen;
Blumen, Augen, Wald und Hügel
Stehn bei deinem Hauch in Tränen.

Doch dein mildes sanftes Wehen
Kühlt die wunden Augenlider;
Ach, für Leid müßt' ich vergehen,
Hofft' ich nicht: wir sehn uns wieder.

Geh denn hin zu meinem Lieben,
Spreche sanft zu seinem Herzen;
Doch vermeid' ihn zu betrüben
Und verschweig ihm meine Schmerzen.

Sag' ihm nur, doch sag's bescheiden:
Seine Liebe sei mein Leben,
Freudiges Gefühl von beiden
Wird mir seine Nähe geben.

Hat sie es wirklich erst vor zwei Wochen geschrieben, das Lied? Sie las es sich vor und hörte der eigenen Stimme verwundert zu. Wie leicht es sich dichtet, wenn Liebe die Feder führt. Marianne seufzte. Sollte sie ihm ihre Verse schicken? Oder mußte ihm ein langes Schweigen sagen, wie sehr seine Freundin litt?

Hätte Sulpiz ihr erzählen können, wie es noch zuging in Heidelberg, Mitleid hätte ihr Herz erfüllt. Der arme Goethe, tagelang mit dem Herzog unterwegs, hinauf zum Schloß, hinüber nach Mannheim, wo die Jagemann Hof hielt und ständig auf Abwechslung sann. Lebende Bilder wollte sie stellen und ihren Inhalt erraten lassen. Der Theatermann sollte zu Diensten sein, mit Sujets, Requisiten, Kostümen und Dekoration. Von diesem Ansinnen hat Goethe mit bebender Stimme erzählt. Die Maitresse hätte ihm auf die Schulter geklopft, auf die linke, die ihn ohnehin schmerzt, mit dem geschlossenen Fächer, nicht mit der Hand. Auch habe ihn ihr Liebling, dieser unsägliche Mopshund, vom Sofa aus angeknurrt.

Kaum den Mannheimer Nöten entronnen, hat Goethe im Auftrag Carl Augusts abermals ausrücken müssen, nach Karlsruhe diesmal, Fossilien anschauen. Man plante deren Erwerb. Das hätte noch angehen mögen. Hofrat Gmelin war ein kundiger Mann, der sie nicht nur bei den Mineralien, sondern auch im Botanischen Garten gut unterhielt. Aber zweimal die Fahrt in des Herzogs schlecht gefedertem Wagen, das war nun doch eine Zumutung für den alten Herrn.

Die Karlsruher Weinbrenner-Bauten hätten den Italienfreund schon affiziert. Aber man muß sich vorstellen: neben dem Architekten stets noch ein Schweif von Verehrern, aus jedem Winkel gelehrtes Geschwätz. Der Alte hat sich wacker gehalten, am späten Abend sogar noch ein Ständchen goutiert. Doch es gibt so viel törichte Menschen. Und Käuze dazu. Am ärgsten war er von Jung-Stilling, dem Straßburger Studienfreund, enttäuscht.

In Heidelberg hätten neue Briefe aus Mannheim gelegen. Nach vielem Umherlaufen und Brummen habe der Empfänger erklärt, er wolle und könne nicht länger das Faktotum Carl Augusts und seiner Maitresse sein. Die Verpflichtung, den Herzog nach Frankfurt zu begleiten, lasse sich durch eine Liste sämtlicher Kunstmerkwürdigkeiten der Stadt umgehen. Dazu schreibe er einen diplomatisch verfaßten Brief.

So viel zu den Dienstgeschäften und ihrer Verweigerung. Es sei aber der Geheimrat auch nicht bei bester Gesundheit gewesen. Die Regenfront habe ihn vollends niedergeschlagen. Von Schwindelgefühlen und heftigem Brustschmerz geplagt, sei ihm aller Lebensmut abhanden gekommen, er sprach vom baldigen Tod.

Kein Luftgeist raunte das alles gnädig nach Frankfurt hinüber. Marianne konnte noch nicht einmal wissen, daß Sulpiz mit dem Alten bis Würzburg reiste aus Sorge um dessen Wohl.

Übrigens hat sich Goethe erholt, sobald die Kutsche am Rollen war. Er redete viel, erzählte von Minchen Herzlieb in Jena, von der Frankfurter Lili, die er noch immer im Herzen trägt. Der Weg zu ihr habe ihn stets an der Gerbermühle vorbeigeführt. Boisserée muß sich wundern. So viele Freundinnen. Er kommt kaum mit einer zurecht.

Aber wieso? Die Frauen sind silberne Schalen, der Dichter legt goldene Äpfel hinein. Ihre Schönheit beflügelt den Geist. Wenn ihm was Gutes gelingen soll, braucht er herznahe Wirklichkeit. Von Versen, bloß aus der Luft gegriffen, hält er nicht viel. Marianne, der kleinen liebenswürdigen Frau, dankt er die schönsten Divan-Gedichte. Und nun ist's genug. Verhältnisse mit Frauen füllen das Leben nicht aus. Er tut sich schwer, diesem rheinischen Sommer den Rücken zu kehren. Doch bewahrt ihn emsige Tätigkeit vor dem Nebel der Depression. Also, wie man sich's vorgesetzt, muß der Altertumsaufsatz angepackt werden. Und so manches größere Werk ist zu vollenden, das schreibt sich nicht unterwegs.

Dieses Reisegespräch hätte Sulpiz nicht nach Frankfurt vermittelt. Keine Botschaft für Hudhud, so kam es ihm vor. Es fand aber nach den Gegebenheiten weder Sagbares noch Unsagbares einen Weg durch die Luft, und so blieb der 9. Oktober am Fahrtor ein Tag voller Rätsel und Traurigkeit.

Rosette legte sich mit Migräne zu Bett. Willemer fuhr noch einmal zur Mühle, um nachzusehen, ob alles winterfest sei. Pazzarello hatte nicht mitkommen wollen, er schlief. Selbst der Distelfink tat nichts gegen die Stille, war in der Mauser und schwieg.

Gegen Abend hörte man Türen gehen. Von der Küche zog ein würziger Zimtwaffelduft durchs Haus. Hanne hatte ihr Herz sprechen lassen. Gegen Tränen und Regenfluten setzte sie ihre Kochkunst ein. Nachdem es ihr gelungen war, das Ehepaar Willemer im kleinen Salon an den Tisch zu bringen, gab es auch in der Küche für alle Trauernden nahrhaften Trost.

Der Hausherr, als Rosette nicht kam, sah Marianne fragend an. „Ihr seid heute morgen so rasch verschwunden. Willst du nicht wissen, was unser Freund geschrieben hat?" Sie nickte, er zog das Blatt aus der Tasche und strich es sorgfältig glatt. Hatte auch den Text inzwischen so gründlich studiert, daß er ihn vorlesen konnte, ohne zu stocken. Marianne hörte mit klopfendem Herzen zu.

„Daß ich, teurer, verehrter Freund, immer um Sie beschäftigt bin, Ihre selbstgepflanzten Haine lebhafter als in der Gegenwart sehe und mir alles Gute, Liebe wiederholt wiederhole, werden Sie an sich fühlen, da ich gewiß aus jenen Schatten nicht zu vertreiben bin und Ihnen oft begegne. Hundert Einbildungen hab ich gehabt: wann? wie? und wo? ich Sie zum erstenmal wiedersehn würde; da ich noch bis gestern Beruf hatte, mit meinem Fürsten am Rhein und Main schöne Tage zu verleben, ja vielleicht jene glänzende Jahresfeier auf dem Mühlberg zu begehen. Nun kommts aber! Und ich eile über Würzburg nach Hause, ganz allein dadurch beruhigt, daß ich, ohne Willkür und Widerstreben, den vorgezeichneten Weg wandle und desto reiner meine Sehnsucht nach denen richten kann, die ich verlasse.

Mein Dank für alles Gute und Liebe wäre nicht der rechte, wenn er nicht eine Schmerzensform annähme. Das werden Sie, Herzenskündiger, zu vermitteln wissen. Wie denn billig diese Worte an die Zwei gerichtet sind, die man beneidenswert glücklich verbunden sieht."

„Damit meint er Rosette und dich."

Seine Zuhörerin rang sich ein Lächeln ab. Gern folgte sie Willemers Ansicht, daß Goethe mit seinem sibyllinischen Schluß ihre Frauenfreundschaft beschwor. Nachdem sie aber beharrlich schwieg, fragte ihr Mann, den Blick auf das eng beschriebene Blatt geheftet:

„Verstehst du, was er da sagt?"

„Nun, lieber Jakob, er kommt nicht mehr."

„Ja, ja. Er reist über Würzburg. Aber warum? Hatte er nicht versprochen, wiederzukehren? Den 18. Oktober vorsorglich ins Auge gefaßt? Stein und die Schlossers sind bereits eingeladen. Wie stehe ich da? Unser Freund wandelt auf vorgezeichneten Wegen, um desto reiner seine Sehnsucht nach denen richten zu können, die er verlassen hat. Das scheint mir eine höchst komplizierte Philosophie."

„Rosette hat er geschrieben, es packt ihn beim Schopf. Vielleicht kannst du diese unphilosophische Erklärung verwenden, wenn du unser patriotisches Fest annullierst."

Damit stand Marianne auf, ließ den verdutzten Hausherrn allein, sah nach Rosette, fand sie wach und besser, verließ die Freundin mit einem Geschenk. Es war die Skizze vom komischen Vater Rhein auf der Schloßterrasse zu Heidelberg, und darunter stand: „Was groß erscheint, ist nicht immer und überall groß."

Warten

„Bitte um Nachricht, ob Marianne wieder singt!" – Aufs dringlichste wurde die Frage schriftlich zweimal gestellt. Die Freundin nicht am Klavier? Vielleicht gar in Trauer und Sehnsucht verstummt? Solche Vorstellungen bereiteten Goethe Pein. Wo doch die Winterabende auch in Frankfurt von langer Weile bedroht sein mochten.

Es war so. Willemer schrieb an seinen Traktaten, und Marianne las im Faust, ging Szene für Szene der Frage nach, ob man das widersprüchliche Wesen des Helden so spannungsreich anlegen könne, ohne selbst Faust und womöglich Mephisto zu sein. Über diesen Gedanken blieb das Hammerklavier im ungeheizten Musikzimmer stumm.

Wozu auch und für wen hätte die liebe Kleine singen sollen? Rosette war mit Christines Schwester Sophie in die Sandgasse gezogen, und der Bankier hatte sich in den Streit um die neue Frankfurter Verfassung gestürzt. Da ging es um Pressefreiheit und die bedrohten Rechte der Juden; Erlkönig war nicht gefragt. Manchmal griff Marianne zur Laute. Leise Töne fielen vereinzelt wie Tropfen, sie sann ihnen nach.

Als Willemer sie doch einmal zum Singen ermuntern wollte, schützte sie Heiserkeit vor. In Wahrheit war die Stimme durch den Genuß von allzu viel Süßigkeiten belegt. Hannchen hatte ein Wiener Rezeptbuch besorgt und versuchte ihre Herrin mit Kaiserschmarrn und Linzertorte über den Winter zu trösten. Marianne ließ sich verführen. Als das Seelenpolster auch äußerlich sichtbar wurde, besah sie stirnrunzelnd ihr Spiegelbild. Durfte man sich, bei rechtem Gebrauch der Vernunft, derart gehen lassen? Eigentlich nicht. Also Schluß mit der Völlerei! Irgendwann würde das Frühjahr kommen, dann rollte die Weimarer Kutsche wieder heran.

Von Treulosigkeit konnte die Rede nicht sein. Noch in Meiningen hatte der Freund mit klammen Fingern geschrieben und viel erzählt.

Von Boisserée, dem getreuen Begleiter, der ihn in Würzburg nach einem Abschied voll Rührung verließ. Von unerwarteten Hindernissen kurz vor dem Ziel: Kosaken auf Hasenjagd, meilenlange Kolonnen des russischen Trains. Zuletzt gar hatte der Wagen sich umgelegt, so daß der Reisende im Mondenschein auf seinen zwei Füßen marschieren mußte, was er ganz munter tat.

Am Ende des Briefes zum wiederholten Male der Wunsch, zwei Wesen unzertrennlich zu wissen, die man nur herzlich vereint sich denken kann. Schon wieder der Mittler! Wenn man nur wüßte, wie er es meint. Im Text ein verstecktes Bekenntnis, erst allmählich als solches durchschaut. „Überlassend, sich, in feinen Gemütern, nach Analogie eigner Gefühle, die inneren Zustände auszubilden." Willemer hatte den Satz überlesen, für Marianne hieß er: Mein Leid ist dem Deinen gleich.

Auf Vorrat hätte man sich trösten können mit diesem liebenswürdigen Heimreisebrief. In Würzburg war Goethe noch einmal am Ufer des Mains gestanden und hatte die zierlichsten Kuchen hineingeworfen, behauptete er. Eine Hafis-Erinnerung mit kleinen Sprüngen im Spiegelglas. Zwar konnte das Wasser die Frankfurter Ufer gar nicht verfehlen, aber „zunächst der bekannten lieben Terrasse" saß man nicht mehr. Wer am Fahrtor aus einem der vorderen Fenster sah, hatte ein geschäftiges Treiben im Blick. Für die neue Traubenernte wurden die Keller geleert. Das machte den Fluß eine Zeitlang zur Schiffslände für den älteren Vorrat an Wein. Die Kran-Knechte traten ins Rad. Unaufhörlich schwenkte das Hebewerk zwischen Schelchen und Karren den Arm. Mit dumpfem Gepolter wurden Fässer gestapelt. Hunde kläfften, Fuhrleute fluchten, das Pflaster gab Funken unter den sich stemmenden Pferdehufen. In diesem Getriebe kamen die Würzburger Kuchen schwerlich an Land. Mit Schilfrohrrauschen und Abendwindhauch war es fürs erste vorbei.

Nüchterne Prosa bestimmte auch im Roten Männchen den Tag, und am prosaischsten fand Marianne den Doktor Ehrmann, der immer zu lange blieb. Goethes Wohlwollen für den „verrückten

Hofrat" hatte dessen Eigensinn arg ins Kraut schießen lassen. Rosette entzog sich seiner beängstigenden Verehrung, indem sie zu Hause in der Sandgasse blieb. Mit ihrer Anfälligkeit für Migräne hielt sie weder dem Tabaksrauch noch den albernen Sprüchen stand.

Ja, leider, da Goethe weit weg war, qualmte das Pfeifchen, und manchmal, nach genossenem Mittagstisch, hörte man nicht nur Stühlerücken, sondern auch noch den Satz: „Enne denne dorz, de Ehrmann läßt en Forz." Das war zwar die Abwandlung eines beliebten Frankfurter Abzählreims, und ein dankbarer Gast konnte sich zur Not auf Luther berufen. Dennoch: Marianne seufzte und litt.

Zum Glück sparte Ehrmanns Grobianismus die „herzgebobbelte Mimiane" aus. Aber er verging sich an vielen Bekannten in deren Abwesenheit, nannte den ungeliebten Gerning „e Bambelschnut" und erläuterte eine vielberedete Rödelheimer Ehe mit der Bemerkung, daß die ältesten Knacker mit Vorliebe frische Nüsse knackten.

Als Pazzarello mit einer schlimmen Bißwunde apathisch im Körbchen lag und Ehrmann vorschlug, eine läufige Hündin herbeizuschaffen, das brächte den Pinscher sofort wieder hoch, verließ Marianne hinter Hannchen den Raum. Und diese, dem Doktor ohnehin gram, weil er ein Schürzenbändel-Aufzieher war, knurrte: „Dem Hoschbes mißt mer eins aufs Dubbee gewwe."

Nun, das ließ sich nicht machen. Die losen Sprüche wurden verziehen. Auch bestaunte Marianne gebührend alle Objekte, die er Goethe zukommen ließ: römische Scherben aus Mainz, Ölschieferplatten mit Pflanzenspuren, präparierte Käfer und Schmetterlinge, Witzblätter, Karikaturen – ein wahrhaftes Quodlibet.

Warten auf den Weimarer Gast. Und bis er käme, von ihm und über ihn reden. So mußte der Winter vergehn. Ehrmann war allenfalls brauchbar, besser sprach es sich mit dem Freiherrn vom Stein. Der schaute manchmal vorbei und erging sich bei einem Glas Rheinwein in Plänen, den verlorenen Sohn in die freie Vaterstadt heimzuholen, wo er dem Theater, den Bibliotheken und sämtlichen Kunstsammlungen vorstehen müßte.

Marianne hörte verwundert zu. Wie konnte man glauben, der Freund lasse Weimar im Stich? Stein war ein kluger Mann, doch mit allzu kühnen Ideen. Und ohne den rechten Kampfplatz für sein politisches Temperament. Ein Streit mit den Nassauer Herzögen zog sich hin. Die Eröffnung des Frankfurter Bundestags auch. Aber dort wollte Stein ohnehin nicht Gesandter werden, weder für Preußen noch Österreich. Einem gesamtdeutschen Vaterland hätte er dienen mögen, diesem Klüngel kleiner Despoten nicht.

Der berühmte Napoleonfeind. Trotz aller Verehrung hatte Marianne Herzklopfen, wenn er im Vorzimmer stand. Obwohl er zu ihr mit gedämpfter Stimme sprach, fühlte sie sich unsicher vor seinem strengen Blick unter der mächtigen Stirn. Erst recht, nachdem der städtische Rat wieder einmal vergebens den Beweis ihrer Herkunft angemahnt hatte. Ohne Papiere kein Bürgerrecht. Die Ungewißheit setzte ihr zu. Sie war nichts, sie galt nichts, sie leistete nichts. Hieß nur Suleika und Mignon, für Willemers Enkel auch noch „Großmütterchen". Ihr Mann trug sich mit dem Gedanken, das Bankhaus aufzulösen, verfaßte polemische Schriften und versank nach den Mahlzeiten oft in Melancholie. Das Leben am Fahrtor ein Flechtwerk in Grau.

Da war es schon jede Aufregung wert, als am Nachmittag des 12. November ein Freund der Familie gemeldet wurde. Christine wollte oder sollte den Namen nicht nennen, aber sie lächelte und legte ihrer Herrin, die sich beeilte, aus den Pantoffeln zu kommen, noch rasch einen Kragen um. Und dann stand auch schon Elias Mieg auf der Schwelle. In ihrer Herzensfreude fiel sie ihm, wie zuletzt auf der Gerbermühle, ohne weiteres um den Hals.

Der unerwartete Besuch war rasch erklärt. Fürstin Charlotte hatte für die Reise von Birstein nach Frankfurt seine Begleitung erbeten und weilte zur Stunde beim Freiherrn vom Stein. Die drohende Mediatisierung Ysenburgs hatte sie veranlaßt, den Vorsitzenden des Zentraldepartements um eine Privataudienz zu bitten. Vielleicht würde er sich bewegen lassen, im Streit mit Hessen-Darmstadt und

Hessen-Kassel zugunsten des Erbprinzen ein Machtwort zu sprechen. Viel Hoffnung gab es allerdings nicht, denn der Fürst hatte sich der Sünde des aktiven Napoleondienstes schuldig gemacht.

Mieg wollte sich nicht involvieren lassen, mußte aber damit rechnen, daß von der Zukunft des Hauses Ysenburg auch seine Stellung als Hauslehrer der Prinzen abhängig war.

Und Marianne, wie ging es ihr? Er sah die Schatten unter den Augen. Erkundigte sich nach dem Hausherrn, nach sämtlichen Kindern und Enkeln, wollte vor allem von Bramy hören, nahm die kleinen und größeren Sorgen liebevoll ernst. Endlich, als das Gespräch ein wenig ins Stocken geriet, stellte er auch die ersehnte Frage nach dem Befinden des Weimarer Freundes.

Ja, da war so manches geschrieben worden. Vor allem der unbegreifliche Satz: Es packt ihn beim Schopf.

Er schwieg eine Weile, sah vor sich hin. Der Hölderlinfreund hatte erlebt, wie dunkle Kräfte eines Menschen Seele zerstören können. Aber Goethe war stark. Er würde den Dämonen keine Macht über sich einräumen. Daß er von Heidelberg ohne erneuten Abschied nach Hause geeilt war, schien nur klug. Wahrscheinlich hatte sein Pflichtgefühl den Dichter beim Schopf gepackt. Aber konnte man das so unverblümt sagen, in Mariannes traurige Augen hinein?

Mieg versuchte ein Lächeln, nahm ihre Hand und empfahl fürs kommende Jahr einen Ausflug nach Worms. Dort könne sie im altehrwürdigen Dom an einem Steinbild studieren, wie man von Gottes Engel beim Schopf gepackt wird. Den Propheten Daniel kenne sie doch. Der sitzt dort in der Löwengrube, wird nicht gefressen, leidet aber Hunger und Durst. Deshalb schwebt von oben mit Brotsack und Hirsebreitöpfchen Habakuk ein. Eigentlich sollten die Speisen zum Mittag aufs Feld. Aber nun vollstreckt der Mann, vom Engel an den Haaren herbeigezerrt, ein Gottesgebot.

„Ich weiß nicht, ob Goethe die Wormser Szene kennt. Aber vielleicht hat er in Rom die Holztür von Santa Sabina gesehen. Dort ist das Geschehen noch viel dramatischer dargestellt."

Als Mieg sich schon längst verabschiedet hatte, klang seine Stimme noch in ihr nach. Er ahnte gewiß, wie es um sie stand. Helfen konnte er nicht. Aber er empfahl ihr, noch einmal die Wahlverwandtschaften zu lesen. Sie wußte, warum, und schob die Lektüre hinaus. Mußte sich freilich gestehen: vor seinem geraden Wesen geriet die Weimarer Liebe in ein anderes Licht.

Solange Hatem sie angeschaut hatte, war alles gut und wahrhaftig erschienen. Die Sätze, mit denen sie jetzt balancieren mußte, wärmten sie nicht. Wenn, zum Beispiel, der Ehemann Goethe dem Ehepaar Willemer schrieb, konnte niemals gesagt werden: Marianne, ich hab dich lieb. Statt dessen beschwor er den Vollmond herauf, „vor dessen Angesicht Liebende sich jedesmal in unverbrüchlicher Neigung gestärkt fühlen sollen". Mit der Erinnerung löste er ein Versprechen ein, aber es klang so spröde wie Glas. – Ach, daß die Menschen sich nicht, wenn sie wollten, auf eine Stunde zusammenwünschen konnten! Es hätte für die übrige Zeit das Getrenntsein erträglich gemacht.

Und die Chiffren, Marianne, das Spiel, das du selber dir ausgedacht hast? Willemer reicht dir die Zettel mit den seltsamen Zahlen wortlos herüber, du findest zwei Dutzend Verse über den Trennungsschmerz und wirst zur Geduld ermahnt, weil doch zuletzt nach dem Abend ein Morgen kommt. Ist das kein Trost? Überdies hat dir der Freund ein Gedicht aufgeschrieben, ein Spiegelgedicht. Schlägt er den Divan auf, schaut dort das Liebchen heraus, und neue Lieder entstehn.

Die schreib ich immer schöner
Und mehr nach meinem Sinn,
Trutz Krittler und Verhöhner,
Zu täglichem Gewinn.

Die Strophe gefällt dir nicht? Nun ja, in Heidelberg hat er anders gedichtet, da habt ihr euch unverstellt angesehen, und er schrieb euer Glück in den Sand. Dies hier ist Liebe auf dem Papier, eilig entworfen, gefaltet, verschickt. Hatem ist fern, sein Spiegelgedicht ist ein Halbhundert Meilen gereist. Auch solltest du gerechterweise bedenken, was dem Herrn Goethe in Weimar den Kopf beschwert: Theateraufsicht, Neubau des Schlosses, Ordnen der Jenaer Bibliothek. Vorbereitung der Italienischen Reise zum Druck und der euch allen versprochene Aufsatz über die rheinische Kunst. – „Geduld ist die erste Tugend liebender Herzen", das hat er dir auch chiffriert.

Vergebliches Reden, Frau Willemer möchte ungestört traurig sein. Es ist zu verstehen. Im letzten Winter hat sie noch nicht gewußt, welch großes Glück man gewinnen und also verlieren kann. Inzwischen schwebt sie zwischen Hoffnung und Kleinmut, sobald sie ein Bild von der Zukunft entwirft.

> *All mein Leben ist nur seiner Liebe geweiht.*
> *Immer gedenke ich sein, und immer blutet das Herz.*
> *Was aber wird aus mir, wenn er mich nicht mehr umarmt?*
> *Meine Kraft geht dahin.*
> *So zugetan ist dem Geliebten mein Herz,*
> *Daß ich die andern nicht hören mag.*
> *Alles, was in mir zu Hause war, geht hinaus.*
> *Nur Liebe und Leid um dich wollen nicht gehn.*
> *Die Kerze verzehrt sich.*
> *Immer immer nach deinen Lippen sehnt sie die Brust.*

Rosette atmet erleichtert auf, als Marianne ihr sagt, sie habe das alles bei Hafis gefunden, es sei nicht von ihr. „Willst du, daß ich's nach Weimar schicke, zusammen mit deinem Westwind-Gedicht? Es wäre ein Weihnachtsgeschenk." Ja, das solle sie tun. Willemers Brief ergänzt sie dann nur noch um einen einzigen Satz: „Empfehlen Sie mich Ihrer Frau und grüßen Sie August von mir."

Goethes Dank kam verspätet. Er sei, so teilte er mit, unglaublich gedrängt. Aber seine Sendung war auch zum Neuen Jahr ein willkommener Gruß. Er hatte Rosettes hübsche Frankfurter Ansicht mehrfach kopieren und kolorieren lassen. Zur beliebigen Verwendung waren die Blätter durch eigenhändige Verse ergänzt. Marianne erhielt vom Heidelberger Stückgarten ein Aquarell, dazu ein melancholisches Mitternachtsgedicht. Auch wurde um Nachricht gebeten, ob sie jetzt wieder singt.

Nein, sie sang nicht, und die Wochen vergingen ereignislos, bis Frau Städel am 28. Februar das „Morgenblatt für gebildete Stände" herüberbrachte. Es war erst vier Tage alt, und Goethe kündigte auf der vierzehnten Seite den West-östlichen Divan an.

„Rosette, lies vor, was dir wichtig erscheint!"

„Sagen wir besser, was dich betrifft. Also, hör zu! Das Buch Suleika, leidenschaftliche Gedichte enthaltend, unterscheidet sich vom Buch der Liebe dadurch, daß die Geliebte genannt ist, daß sie mit einem entschiedenen Charakter erscheint, ja persönlich als Dichterin auftritt und in froher Jugend mit dem Dichter, der sein Alter nicht verleugnet, an glühender Leidenschaft zu wetteifern scheint. Die Gegend, worin dieses Duodrama spielt, ist ganz persisch."

Marianne faßte sich an den Hals, räusperte sich, blieb aber stumm. Nach langem Schweigen ging sie, um ein Fenster zu öffnen, ließ die feuchte Nachtluft herein, sagte endlich mit abgewandtem Gesicht: „Ich kann kaum beschreiben, wie mir zumute ist. Erinnerst du dich an das Gemälde von Füssli, es hing bei Serrand. Eine weißgewandete Frau liegt, mehr tot als lebendig, quer überm Bett. Auf ihrer Brust kauert ein Dämon, ein Dschinn. So ungefähr komme ich mir vor. Und durch die Vorhänge drängt sich mit aufgerissenen Augen das Frankfurter Publikum."

„Die Gegend ist persisch, der Dichter bewegt sich im Orient."

„Ja ja, und spricht von glühender Leidenschaft. Aber warum hat er sein Alter betont? Damit verrät er sich doch."

„Ich denke, daß es ihm wichtig ist, von der Jugend geliebt zu sein."

„Erst sich im Geheimnis wiegen, dann alles verplaudern. Findest du's recht?"

„Du hast gewußt, daß der Divan gedruckt wird. Viele Gedichte hat er uns vorgelesen, er gab sie schon preis."

„Unter Freunden hat es mich nicht gestört. Da waren es Geschenke für mich. Jetzt kommen sie auf den Markt. Und die Bethmanns, Brentanos, Varnhagens schreien uns aus."

„Es war nichts, es ist nichts, es gibt kein Gerücht. Der Name der Dichterin wird nicht genannt."

„Ja, das ist gut. – Nimm nur das Blatt wieder mit! Willemer muß es nicht lesen, sein Tageslauf ist schon holprig genug."

Frühlingsbeginn. Jakobs Geburtstag, Ausfahrt zum Forsthaus, die Rappen voll Übermut. Rosettes Sophie hat den Fuß gebrochen, in Sachsenhausen wütet die Grippe, der Frauenverein richtet für die ärgste Not ein Versorgungshaus ein.

Bei Goethe gehen die Tage, er weiß nicht wohin. „Wenn nur der Sommerwind günstig die Segel bläst!" Weil er im Mai noch nicht aufbrechen kann, schickt er Ringe, fünf an der Zahl. Für Rosette, Marianne, Maxe, Meline; einen sogar für Friedrich Scharff. Talismane bringen Glück, besonders den Frauen. Sie müssen nur erst die Steine benennen, die in die Goldringe eingepaßt sind. Ein schwieriges Rätselspiel hat sich der Geber da ausgedacht. Für Marianne bleibt die seltsame Folge: Smaragd, Ultramarin, Lapislazuli, Jade, Chrysopras, Amethyst. Das kann nur Suleika bedeuten. Sie sollte sich freuen, doch der Jubel der anderen macht sie stumm. Im Päckchen kramend findet sie zwischen Seidenpapier einen Zettel, welcher die Wirkung der Edelsteine erklärt.

Smaragde helfen bei Magendruck, Kopfschmerzen, Gicht, und entfalten unterm Vollmond die stärkste Kraft. Lapislazuli löst Stauungen in der Kehle, reinigt den Körper und beruhigt den Geist. Der Amethyst wirkt gegen Ängste, Schlaflosigkeit, fördert die Demut, die Menschenliebe und bringt in die verdunkelte Seele Licht. – Weiß er so viel von ihr?

„Alle Frauenzimmer", schrieb Ehrmann nach Weimar, „waren entzückt. Die Ringe wurden von den schönen Empfängerinnen im

Triumph an die Finger gesteckt. Und wir freuen uns sämtlich, Sie bald zu umarmen."

Vorerst umarmte der Tod. Am 6. Juni starb Christiane von Goethe, vier Tage später brachte der Sohn die vom Vater entworfene Nachricht auf den Weg. „Wenn ich Ihnen, verehrte Freunde, das Absterben meiner lieben Mutter vermelde, so ist es schon hinreichend, Ihnen den Zustand zu vergegenwärtigen, in welchem wir uns befinden. Mein Vater sucht durch fortgesetzte Tätigkeit sich aufrecht zu erhalten, und mich belebt der Gedanke, in häuslichen und geselligen Verhältnissen ihm nützlich und angenehm zu sein. Schenken Sie uns Ihre Teilnahme, welche wohltätiger sein wird als je."

Marianne las und schwieg. Die andern beklagten das Los des Witwers, sie dachte nur eins: er ist frei. In diesem Punkt mochte sie allerdings irren. Mit starken Wurzeln saß er im Weimarer Boden fest. Über den Tod seiner Frau vergoß der Geheimrat viele Tränen, erschrak vor der Leere und Totenstille im Haus, kam aber nur zögernd unter dem schützenden Dach hervor.

Johanna Schopenhauer hatte die Welt ohne Zartgefühl mit Details versorgt. In Krämpfen habe Christiane getobt, vor ihren Schreien seien die Pflegerinnen geflohen. Niemand hätte der Toten die Augen zugedrückt. Goethe sei krank im anderen Flügel des Hauses gelegen. Begraben habe man sie des Morgens um vier.

Willemer schrieb an den Sohn, er möge den Vater bereden, sich bald zu zerstreuen und in den Armen liebender Freunde auszuruhn. Auf die bewährte Gastgeberrolle war man seit Wochen eingerichtet. Allmählich wurde jedoch das Warten zur Qual. Anhaltender Regen verwandelte das Mühlengelände in einen Sumpf. Und Mariannes Nerven waren durch wechselnde Nachrichten aufs äußerste angespannt. Zelter als Vorhut schon in der Nähe. Wiesbaden dann doch nicht, Baden vielleicht. In Heidelberg mache er mit Meyer gewiß Station. Für die Brentanos in Winkel sei ein Besuch in Aussicht gestellt. Nach Frankfurt komme er nicht.

Fritz Schlosser, der dieses letzte Diktum bekanntgab, verschwieg, daß sein politischer Streit mit Guaita die Ursache war. Wo der Besucher gern friedlich eingekehrt wäre, wollte er nicht auf Zersplitterung treffen und zur Parteinahme gezwungen sein.

Als Marianne das Warten nicht mehr ertrug, überredete sie Willemer, mit ihr nach Bad Soden zu gehen. Dort traf sie die Extrapost.

„Am 20. Juli früh sieben Uhr fuhr ich mit Hofrat Meyer von Weimar ab, um neun Uhr warf der Fuhrknecht höchst ungeschickt den Wagen um, die Achse brach, mein Begleiter wurde an der Stirn verletzt, ich blieb unversehrt.

Hierbei blieb nichts übrig, als nach Weimar zurückzukehren, wo wir denn auch gegen ein Uhr wieder anlangten. Die Störung des Vorhabens und die Verwundung des Freundes machen es ungewiß, ja unwahrscheinlich, daß ich die Reise von neuem antreten werde.

Nur soviel hab ich Ihnen eiligst melden wollen. Wie höchst verdrießlich mir dieser Vorfall sei, bedarf keiner Beteuerung.

Das Beste wünschend
Weimar, den 23. Juli 1816   G"

Marianne geht nicht zu Tisch, läuft im strömenden Regen allein durch den Park. Willemer stellt sich den Unfall vor: Auf der ersten Höhe fallen die Pferde in Trab. Der lässige Fuhrknecht schaut nicht genau auf den Weg. Plötzlich der Stoß, ein Steinschlag von unten, die Kutsche neigt sich, kippt um. Es folgt dieses Schleifen und Knirschen, bis endlich die Pferde stehn. Über Tritte und Speichen klettert man mühsam heraus. Die Knochen schmerzen, der Schrecken wirkt nach, da ist es mit der Reiselust vorläufig aus.

Wie recht er hatte, der selbst so gern fuhr. Der Weimarer Kutscher wurde gescholten und ritt um Succurs. Aber als Meyer versorgt und verbunden war, baute Karl aus Polstern bequeme Sitze am Ackerrain und packte zur Nervenberuhigung einen Proviantkorb aus.

„Frisch den holpernden Stock Wurzeln Steine den Trott!" Der Hofrat zitiert, er lächelt schon wieder, Goethe bleibt ernst. Ach, dieses wilde Gedicht! In der Postchaise hat er es niedergeschrieben, jung und voll Übermut. Rasch gingen die Pferde, greifbar schien der Erfolg. Aber jetzt war die Achse gebrochen, der Freund verletzt.

„Weit hoch herrlich der Blick." – Damals wollte er mit dem Gestirn in den Orkus hinab. Heute spürt er die Wärme der steigenden Sonne dankbar im Rücken. Sie tut den durchgerüttelten Gliedern wohl. Ihrem Lauf nach dem Westen muß er nicht folgen, muß sich nicht blenden lassen vom letzten Strahl.

Christiane ist tot, der Sommer schon weit, die Lerchen steigen nicht mehr. Aber in den Wiesen dort unten stehen noch Störche, Habt Dank, ihr Geister, wir bleiben im Land. Da gibt es in Tennstedt ein heilsames Schwefelbad, es sollte genügen, wenn einer müde und traurig ist.

Am Abend des 20. Juli notiert der Heimkehrer in seinem Tagebuch: „Fleißig im Garten, sehr schöner Tag." Die Reisepässe werden beiseitegelegt. Zelter darf raten, ob die obern oder untern Dämonen den Unfall zustandebrachten. Das Leben jedenfalls krallt sich gleich wieder an: Eger-Wasser, Briefe von Humboldt und Schadow, Spaziergang mit Frau von Stein.

Auf der Mühle übt man sich in Geduld. Marianne schreibt einen freundlichen Brief. Schmerzlich ist ihr bewußt, daß die teuersten Freunde jederzeit einen Unfall erleiden können, und man selber ist ahnungslos. Wenn er sich ausgeruht hat, wird er doch hoffentlich kommen, Zerstreuung suchen, im Bad und vielleicht auch am Main.

Einladungen und Ausflüchte

Willemer 1816, Anfang August:

Kommen Sie noch nach Baden, so wünsche ich, daß das schöne milde Wasser Ihnen besser bekomme wie uns hier das rauhe, vor allen Dingen aber, daß der Rückweg an der Gerbermühle vorbei führe; doch kein Wort mehr von solchen Wünschen – es tut zu weh, wann sie unerfüllt bleiben. Glauben Sie, teurer Freund, wir lieben Sie alle hier unaussprechlich, darum Ihr Wille geschehe und nicht der unsere.

Willemer am 20. August:

Seit drei Monaten zog jeder Tag mit einer schönen Hoffnung an uns vorüber, aber der Tag verging und der Freund blieb aus. Ich habe darum zu hoffen, aber nicht zu lieben aufgehört. Das kleine Haus am Main (das der Freund voriges Jahr nicht verschmähte für uns in ein großes umzuschaffen) steht einsam, den ganzen Sommer der Kälte wegen noch von keinem Fuß betreten, doch soll es nur bis zum 28. August verlassen stehn – dann aber viel für uns herauskommen. Es soll der Vergangenheit gedacht, für des Freundes Wohl und Erhaltung gebetet, und mit einer Schale blinkenden Weins den Göttern ein Opfer gebracht werden, auf daß sie uns erhören und ihrem Liebling einen Freudenkranz flechten.

Marianne auf eigenem Blatt:

Mit unsern Wünschen und Entbehrungen gibt Willemer zugleich seine Resignation zu erkennen, und so sehr ich mit der Auslegung unserer Empfindung im Ganzen zufrieden bin, so weiche ich doch in Einem Stücke von seiner Ansicht ab, indem ich weder zu lieben noch zu hoffen je aufhören werde.

Goethe am 6. Oktober:

Entbehrung ist ein leidiges Wesen, an sich selbst nichts und das Wenige aufzehrend, was der Tag noch allenfalls enthalten könnte. So verlebe ich nun schon bald ein Vierteljahr, ohne mir fremd und ohne mir selbst zu sein. Wenn ich also auf der Mühle nicht erscheine und weder den Mühlherrn noch die Müllerin noch Knappen und Sippschaft begrüße, so deutet das auf nichts weiter, als daß ich immer da bin und aus der Ferne die traurige Entbehrung nicht auch noch mit Worten besiegeln mag. – Möge ein schöner Sonnenuntergang die Stunde der Ankunft dieses Schreibens bezeichnen.

Marianne am 12. Oktober:

Haben Sie vielen Dank, daß Sie unsrer gedacht und mit einem freundlichen Worte unsre Herzen erfrischten, die schon seit einiger Zeit in jeder Art von Entbehrung geübt sind; am schwersten war es wohl, sich an ihre Folgen zu gewöhnen, insofern sie nach Ihrer eigenen Bemerkung das Wort in die Ferne kürzt.

Bis jetzt gedenken wir Ihrer noch immer auf der Mühle, und die schön gefärbten Bäume, der bunte Blätterteppich, der alles verhüllende Nebel selbst, sind mir wiederkehrende Freunde, die mir von dem einzigen, der nicht wiederkam, viel Wunderbares und Trostreiches erzählen; ja ich möchte fast sagen, daß jene liebevolle Prophezeiung, als würden Sie uns oft unter dem Baumschatten begegnen, jetzt erst recht in Erfüllung geht.

Willemer auf eigenem Blatt:

Noch steht das zu Ihrem Empfang eingerichtete Häuschen geschmückt, aber die Kränze sind ein Bild unserer Hoffnung geworden, sie welken, und der Freund hat keine Vorstellung von der Sehnsucht, womit wir seiner harrten. Doch das ist nun vorbei, und Ihr Brief vom 6. benimmt uns auch die spätern Zeiten anvertrauten Hoffnungen.

Warum wollen Sie nicht in Freundesarmen sich ausruhen, es würde Ihrem Herzen wohltun, zu sehen, wie meine Frau und Tochter Sie lieben, und wie Mariane alles aufbieten würde, Ihnen das Leben bequem und angenehm zu machen.

Morgen, da es nun entschieden ist, daß Sie die Mühle nicht besuchen, ziehen wir in die Stadt.

Goethe am 8. November:

Dieser Winter liegt leider sehr klanglos um mich her, daher mir sehr oft der Eintritt in das Rote Männchen als höchst wünschenswert, wo nicht gar als notwendig erscheint. Denn ob gleich ein jeder gar wohl tut, an dem Orte, wo er sich befindet, festzuhalten und nach Möglichkeit zu wirken: so ist die Versuchung doch gar zu groß, offne Freundesarme und -tore in der Ferne mit der zutraulichsten Gewißheit vor sich zu sehen. Möge es Ihnen allen wohlergehen, wie ich denn hoffe, daß Sie nicht erschrecken sollen, wenn es in tiefer Nachtzeit am ernsthaften Tore zuweilen poltert und klingelt. Möchte das Gespensterwesen doch einmal in Wirklichkeit ausarten.

Marianne im November:

Es ist Winter, und auf dem Wasser schwimmen schon ansehnliche Eiskuchen. Dies erscheint mir um so wunderbarer, als ich – lesend – jetzt eben in Italien bin, und alle Herrlichkeit des südlichen Himmels mir erneut vor die Seele tritt; ich habe noch nie so lebhaft gefühlt, welchen Genuß die Erinnerung an dies Paradies der Welt gewährt, als nun es mir vergönnt ist, es in Ihrer Gesellschaft zum zweiten Male zu sehen, und so verdank ich Ihnen abermals manche glückliche Stunde.

Möge sich doch einmal die freundliche Dichtung vom ernsthaften Tore und dem nächtlichen Klingeln und Poltern in klare lichte Wahrheit verwandeln.

Willemer 1817, am 29. März:

Gleich den übrigen Pflanzen, die der Frühling neu belebt, so daß sie sich entfalten, fängt auch die Hoffnung an, frische Knospen zu treiben; ihre Blüten wären für uns das Wiedersehen. Lassen Sie diese Blüten nicht dahinwelken und kehren einmal wieder in die Arme der Ihrigen zurück; ich wie Mariane bedürfen der so lang entbehrten Sonne, und es harret des willkommenen Gastes ein freundlich Obdach, in der Stadt oder auf dem Land, so daß er die Wahl hat, sich die Gabe mit oder ohne Geber willkomm sein zu lassen, ein einsames Zimmer in der Stadt allein zu bewohnen oder den bekannten Kreis der Seinen auf dem Land wieder um sich versammelt zu sehen, die alten Freunde wieder um sich zu haben, die alten Töne wieder zu vernehmen: er wolle nur und gebiete –

Willemer am 2. Juni:

Was Sie, teurer Freund, in der Farbenlehre als Denker und gründlicher Naturforscher geleistet und nach langem Forschen der Welt nachgewiesen, das geht der Tonlehre noch ab, und die Musik steht verwaist und wird allein ihrem Äußern nach erkannt und verkannt. Ein denkender Kopf und gründlicher Musiker ist endlich in unser Netz geraten: Johann Nepomuk Schelble unterrichtet Marianen, ist schon im Museum angestellt, Direktor der musikalischen Akademie geworden und hat eine Singschule gegründet. – Kommen Sie zu uns und hören ihm zu; was das Wort ausgesprochen, weist er auf dem Klavier nach und bestätigt dessen Wahrheit durch seinen Gesang.

Sie beide zusammen, mit Marianen im Einklang, könnten über Musik Treffliches und noch nie Gesagtes zu Tag fördern. Geben Sie der Welt eine Tonlehre, wie Sie eine Farbenlehre gaben. Wohnen Sie bald bei uns, dann findet sich alles übrige von selbst. Haben Sie keine Angst vor Behelligung, vor Belästigung, ich trage für meinen Gast die ihm bekannte Sorge, kommen Sie nur.

Die arme M.. hat 5 Wochen zu Bett gelegen, an einem Geschwür zunächst der Brust. Wir sind dadurch spät auf die Mühle gekommen, wo unser erster Gedanke an Sie war, und der zweite der Wunsch, daß das Denken bald in Schauen sich verwandeln möge.

Leben Sie wohl, Teurer, ewig Höchstverehrter.

Goethe am 11. Juli:

Meine Sehnsucht nach den lieben Freunden wird einmal über das andere aufgeregt. Nun kommen süße Einladungen, Nachrichten von körperlichen Übeln, bei denen man wo nicht als heilender Arzt, doch als teilnehmender Freund zu wirken wünschte. Dann hören wir von der Gegenwart vorzüglicher Tonkünstler und von so manchem andern, was zu Trost und Freude des Lebens gereichte. Das alles gibt beunruhigende Gefühle, die man allenfalls beschwichtigt, solange man sich an einem festen Aufenthalt durch Geschäfte gebunden sieht; lösen sich aber diese Bande, wird verlangt, ja gefordert, daß man sich vom Platze bewegt, möchte man denn freilich den Weg dahin richten, wo Freundschaft und Neigung den reinsten Empfang versprechen. Nun singen aber die sämtlichen unbarmherzigen Ärzte ihr entscheidendes Prophetenlied: daß in den böhmischen Gebirgen für diesmal allein Heil zu finden sei! Noch immer wehr ich mich, fürchte aber jedoch, daß ich unterliegen werde, zumal da auch mein Sohn auf der Seite derer steht, die mich nach Osten wollen. Viel Zeit ist nicht mehr übrig, und man bereitet mir zu Anfang August wider meinen Willen eine verdrießliche Badefahrt. Dagegen ist mein Vertrauen auf Main, Rhein und Neckar so groß, daß ich dort ohne heißes oder sonst geistreiches Wasser vollkommen zu genesen hoffte.

Dieser fortdauernde Zwiespalt zwischen meinen Wünschen und den ärztlichen Geboten wird geschärft durch die Einladungen unserer gnädigsten Herrschaften, die sich gegenwärtig alle südlich befinden. Ich werde dadurch vom Schreiben abgehalten, würde es jetzt noch verzögern, wäre es verantwortlich, Ort und Stelle zu verlassen, ohne den Freunden wenn auch ein unerfreuliches Wort zu senden.

Willemer am 23. Juli:

Ein Brief von Goethe – ein Brief von Goethe! ruft Mariane, auf der untersten Stufe, und damit die Treppe hinauf. Welche Freude, daß einmal wieder der Freund unserer gedenkt, und sich nach den Seinen, die so innig ihm anhängen, lieben und ehren, zurücksehnt. Auch nach vollzogner Kur zu Karlsbad grünen noch die Bäume am Main und Rhein und strecken sich die Arme dem so lang vermißten Freund entgegen. – Wahrlich, Herr, unter Menschen, die Sie mehr als wir lieben, leben Sie nirgends. Auf der Mühle sind 2 neue Öfen gesetzt und, damit von Süden die Sonne eindringen könne, 150 Bäume abgehauen; wenn Goethe kommt – In der Stadt hat Madam die vordern Zimmer verlassen, und eine schöne Wohnung ist nicht vermietet worden – wenn Goethe kommt! damit die ewigen Gefühle nicht zu verstummen brauchen, und die Liebe alles zu geben habe, was sie vermag.

Kommt, Freund, und gönnt dem Vaterland die Ehre, die es so lang vermißt, damit es stolz das Haupt erhebe und sage: er gehört uns wieder.

Marianne auf eigenem Blatt:

Wenn auch schon unsre letzte Hoffnung nun zerstört ist, Sie diesmal bei uns zu sehen, so hat doch Ihr Brief den Glauben gestärkt und die Liebe ermutigt, denn wir wußten es auf keine wohltuende Weise zu deuten, daß der verehrte Freund so lange stumm für uns blieb, und da man nur gar zu gerne glaubt, was man wünscht, so suchte sich das bedrängte Gefühl den Ausweg, daß ein baldiges Kommen die schöne Ursache dieses langen Schweigens sein könnte, in welcher frohen Meinung uns Sulpiz bestärkte, dessen abermaliges Erscheinen auf der Mühle für die beste Vorbedeutung gehalten wurde, ja er selbst bestätigte durch sein Hoffnung die unsere, und wir lebten in den wenigen Stunden, die er bei uns war, jene schönen Tage durch, die wie helle Punkte in meinem Leben stehen und nie verlöschen werden; auch das Privatisieren trat wieder in seine alten Rechte, um so mehr, als Sulpiz durch ein paar allerliebste Zeichnungen, die er in unsre Stammbücher stiftete, und die voller Privatissima sind, der Vergangenheit Tür und Tor öffnete, und sie mit allen Freuden und Leiden einzog, die Gegenwart zu verschönern.

Die Mühle ist freundlicher, ja man könnte sagen schöner geworden. Die Surrogatpalmen haben dieses Jahr eine unglaubliche Höhe und reifen dem August entgegen, leider bleiben sie auch diesmal ungeschnitten. Möge auf Ihrer Reise ein neuer Zuwachs an Gesundheit Sie recht froh und heiter machen, und zuweilen ein Zeichen Ihres Andenkens auch auf uns freudig wirken.

Goethe am 4. September – an Rosine Städel
Auf das freundliche Schreiben meiner lieben Nichte vermelde sogleich, was sie wahrscheinlich in Verwunderung setzen wird, daß ich nämlich den ganzen Sommer zwischen Jena und Weimar zugebracht habe, ohne mich zu dem mir so eifrig angeratenen Karlsbad entschließen zu können. Ich müßte sehr irren, oder mich hat ein Zug nach Süd-Westen von der Reise nach Osten abgehalten, und nun macht mich das schöne Septemberwetter ganz unruhig, so daß mich nur sehr bedeutende Hindernisse von einem Besuch auf der Mühle und in der Sandgasse abhalten können.

Willemer am 2. Oktober:
Wenn bei Gott alle Dinge möglich sind, wie die heiligen Schriften lehren, warum sollten sie es nicht auch bei den Göttersöhnen sein. Darum ist der Fall denkbar, daß noch einst das Heimweh nach der Heimat Sie befiel', teurer Freund, und Sie der Erde, die Sie geboren, den Ruhm vergönnten, daß die letzte Flammenglut an der Stätte auflodderte, wo zuerst der Geist zum Fleisch sich gesellte und den ewig Unvergeßlichen erzeugte. Ich halte dies für so möglich, daß schon 6 Monate die Zimmer in der Stadt, die Sie kennen, nicht vermietet worden sind, damit Sie als Gast dort absteigen mögen oder als Glied der Familie sie zu Ihrem Eigentum erkiesen. Meine gute Frau stünd Ihnen zur Seite und besorgte das Ökonomische – die Nichte sähe nach, ob auch genug gesorgt wird, und ich! Ich ließ' Euch gewähren.

Eine Antwort ist dieser Brief wert, das fühlt mein Herz – Ist persönliche Beratung gut und nötig, so lassen Sie uns in Gotha oder Eisenach zusammenkommen.

Marianne am Ende des Briefes:

Willemers Hoffnungen und Wünsche sind auch die meinigen, nur mit dem Unterschiede, daß ich letztere unter die frommen zähle; deren ich so viele habe, daß ich selbst frömmer dadurch werde.

Einige Zeilen von Ihrer Hand werden sehr erquicklich sein, auch wenn sie die Luftschlösser zerstören, die Willemer baut und ich möbliere.

Goethe am 17. Oktober:

Die liebe nach Eisenach ziehende Jugend macht unsere Umgebung lebhaft und erregt besonders alle Frauenköpfe. Es ist keine, die sich nicht hinsehnte, und ich kanns ihnen nicht übelnehmen, denn es mögen hübsche Kerlchens dort zusammenkommen. Wir andern müssen ruhig bleiben und den Ausgang des Abenteuers abwarten.

Was soll ich nun aber zu der freundlichsten Einladung sagen, die mir weit lockender ist als alle diese Feste! und doch erinnert sie mich gerade an dasselbige Fest, welches ich zum erstenmal in der glücklichsten Umgebung feierte. Was seit jener Epoche vorgegangen, darf ich mir kaum zurückrufen und meinen gegenwärtigen Zustand nicht mit manchen schönen Tagen und Stunden zusammenhalten. Denn ich bin in die irdischen unerfreulichen Zufälligkeiten verwickelt mehr als jemals.

Sie denken also leicht, wie mir zu Mute sei, wenn ich mich einen Augenblick an den heitern Fluß unter seine Anwohner versetze, im stillsten Gartenstübchen der lebhaftesten Ufer gedenke. Nicht ohne sehnsüchtige Gefühle scheide ich von diesem Blatt, das, je länger ich dabei verweile, mich immer täuschender dahin versetzt, wohin ich nicht gelangen kann. Und in dem einzigen Sinne beneid ich diejenigen, die nach Eisenach ziehen, nicht weil ich die dortigen Feier und Feuer zu schauen wünschte, sondern weil mir angelegen wäre, dieses Fest auf der herrlichen Zinne wieder zu begehen und die Flämmchen und Flammen des allgemeinen und besondern Wohlwollens am Horizont und in der Nähe auflodern zu sehen.

Marianne 1818, am 20. Februar:
    Lange hat mir der Freund schon keine Botschaft gesendet,
    Lange hat er mir Brief, Worte und Gruß nicht gesandt.

    Beglückt der Kranke, welcher stets
    Von seinem Freunde Kunde hat.

    Warum nur sendet der Reiterhauptmann nicht seine Boten?
    Hat er doch Pferde, versteht die Schrift.

Willemer auf eigenem Blatt:
    Ihrem Scharfblick, teurer Freund, wird es nicht entgehen, daß unsere gute Mariane kränkelt, daß sie leidet, und es nicht mehr ist wie es war! Die frischen Blüten unbefangener Jugend sind entflohen und haben ein verwundetes Herz zurückgelassen! Das alles kann sich wieder geben, und wird sich geben (dann ich besitze Mignons volles Vertrauen), wenn nur fortgehendes Wechseln, zwischen Freud und Leid, die Reizbarkeit der Nerven nicht auf einen Grad gesteigert hätten, der furchtbar ist. – Warum mußten wir so lang getrennt sein, es wär außerdem so weit nicht gekommen. Doch ich weiß nicht, ob den Meister das alles noch interessiert. Die Götter in ihrem Grimm werden am End der Sterblichen, mit ihrem Leid und ihrer Freud, überdrüssig. Zwischen uns soll es verhoffentlich nicht dahin kommen – und so send ich Ihnen Mar. Brief wie er ist. Gott befohlen, ich ehre Sie, lieben Sie mich.

Doktor Passavant

Im Frühsommer des Jahres 1818 weilte Marianne zusammen mit Rosette in Baden zur Kur. Die Damen wohnten in der Großherzoglichen Amtskellerei beim Domänenverwalter Hugenest.

Für gewöhnlich nahmen die der Gesundheit verpflichteten Tage einen strengen Verlauf: Um sechs Uhr aufstehen. Frühstück, zwei Tassen Ziegenmilch, später ein Trunk vom Badener Wasser. Spazierengehn. Danach zur Entspannung: Briefe, Bücher, die Gitarre, Gesang. Eine halbe Stunde im Bad, anschließend Ruhe. Reichliches Mittagessen. Bei großer Hitze ein Schläfchen. Zweiter Spaziergang. Ein kleiner Imbiß zur Nacht.

„Dann", berichtet Marianne in der dritten Juniwoche ihrem Frankfurter Arzt, „dann kömmt Mondschein, und das ist die eigentlich kranke Zeit. Es stellen sich allerlei Symptome ein: bebende Hände, Herzklopfen, Mangel an Luft, seltsame Zustände von Reizbarkeit. Zum Beispiel gingen wir in der letzten wunderschönen Mondnacht mit unsrer Hausfrau nach der Promenade und setzten uns hoch auf den Hügel vor ein Hüttchen, wobei man die herrlichste Aussicht hat. Die Fensterladen waren angelehnt, und wir saßen davor. Das Zauberlicht lockte mir die Stimme aus der Brust, und ich sang nach andern Liedern den Fischer. Bei den Worten ‚hinauf in Todesglut' öffnete sich leise der Fensterladen hinter mir, und ich erschrak so sehr, daß ich in Tränen ausbrach und mich lange nicht fassen konnte, obschon ich mich selbst überzeugte, daß es der Abendwind getan.

So viel ist gewiß, an einer Sucht scheine ich durchaus zu leiden. Freilich weder an Schwind- noch an Wassersucht, wohl aber an Sehnsucht, und ich weiß nicht, ob es nicht die schlimmste von allen Süchten ist. Wie ich darüber herrschen soll, weiß ich noch nicht.

Den Tintenklecks haben Sie Rosetten zu verdanken, die schließt immer alles Papier ein und geht dann ihren Privatgängen schon in aller Frühe nach. So mußt ich dies verschimpfierte Blättchen nehmen, um nur die Beichte gehörig zu Ende zu bringen.

A propos! Ich bin sehr neugierig, wie Sie mich finden, wenn Sie mich wiedersehn, denn aus vier Spiegeln, die wir Gott sei Dank in unsern Zimmern haben, kommen einem vier verschiedene Gestalten entgegen, in dem einen ist man sehr schlank, in dem andern sehr dick, in dem dritten sehr blaß, und in dem vierten etwas schief, so daß ich eigentlich gar nicht mehr weiß, wie ich aussehe, aber von Herzen wünsche, es möge passabel sein.

Nun muß ich schließen, sonst mache ich Sie noch zum Patienten oder wohl gar zum Impatienten. Alle meine Freunde grüßend, unverändert die Ihrige   Marianne W."

Der Empfänger des Briefes würde vielleicht nicht zufrieden sein mit dem Erfolg ihrer Kur. Aber sie hatte ihm eine genaue Zustandsbeschreibung versprechen müssen; leider gehörte dazu das Geständnis, noch immer dem Wildwuchs ihrer Wünsche ausgeliefert zu sein. Von Tag zu Tag hoffte sie auf das Erscheinen des Einen, dessen Gegenwart alle krankhaften Zustände vertreiben könnte. Er wäre in Cottas „Badischem Hof" willkommen gewesen. Selbst ohne Anmeldung hätten sich Zimmer für ihn gefunden. Doch er kam auch in diesem Jahr nicht.

Geduldig hatte ihr Dr. Passavant auseinandergesetzt: über andere könne man nicht verfügen, wohl aber über sich selbst. Wer so dringend wie sie das Ferne begehre, müsse sich fragen, wo die Mängel im Nahen lägen und was er am Ende für sich erstrebe. Habe sie darüber Klarheit gewonnen, fände sie Ruhe und vielleicht auch die Kraft, in zuversichtlicher Demut ein Leben zu führen, das Gott und den Menschen dient.

Der Arzt war jung, jünger als sie, aber welterfahren, klug und von liebenswürdigster Art. Seine Vorfahren stammten aus Frankreich, das bezeugten die dunklen Locken, der dunkle Teint. Die Augen freilich schimmerten grün. Oder blau.

Marianne hatte ihn schon nach der ersten Begegnung ins Herz geschlossen. Zusammen mit dem Frankfurter Senator Thomas lud man ihn häufiger ein. Auf die Mühle kam er besonders gern. Mit der Patientin sprach er jedoch in der Stadt. Gelegentlich nahm er den Ton ihrer Heimat an, er hatte in Wien famuliert. Dann nannte er sie scherzhaft das musikalische Nanderl vom Main. In den Augen der Willemers zeichnete ihn noch eine familiäre Besonderheit aus. Er war der Neffe des Predigers Passavant, welcher mit Lavater und Goethe vor vielen Jahren durch die Schweiz gereist war.

Sophie Schlosser kannte ihn von der Zeit des Wiener Kongresses und hatte Marianne zu ihm ans Friedberger Tor geschickt. Ehrmann mochte gut sein für Durchfall und Fieber, für Knochenbrüche und eiternde Wunden, nicht für die ängstlichen Zustände einer schlaflosen Nacht.

Und nun war sie also seinem ärztlichen Ratschlag gefolgt. „Das Badener Wasser wird Sie ermüden, dann kommt auch der Schlaf. Zur Stärkung gehen Sie viel spazieren, bei jedem Wetter und nicht zu kurz. Frische Luft macht frische Gedanken, das tut Ihnen not."

Marianne erfüllte gehorsam das Tagesprogramm. Aber es gelang ihr nicht, ihre Seele ins Lot zu bringen. An manchen Tagen stolperte sie nur mühsam voran, und die Welt schien ihr grau, weil Enttäuschung die anderen Farben nicht sieht. Das hübsche Diarium, das ihr der Doktor beim letzten Gespräch in die Hand gedrückt hatte, blieb leer. Plaudern war leicht, in Rosettes Gegenwart stand das Mühlrad nicht still. Aber diese weißen Seiten verlangten, so kam es ihr vor, einen festeren Ton, einen Text, den man Elias Mieg hätte vorlegen können. Den brachte sie nicht aufs Papier.

Wie sehr aber war ihr Seelenwächter im Recht, wenn er sie warnte, sich gehenzulassen. Wunschbilder brütete sie aus, träumte sich in halbwachen Zuständen an die Seite des Geliebten, der küßte sie auf Augen und Mund. Leidvolle Beschämung, wenn sie sich mit klopfendem Herzen aus diesen Phantasmagorien befreite, sobald die Badefrau in ihren Holzpantinen gepoltert kam.

Um sich wachend mit dem zu trösten, was nicht geträumt, was Wirklichkeit war, las sie immer wieder in Goethes Briefen. Sie hatte sie alle dabei. Alle, ja alle, aber der letzte war acht Monate alt. Ihre schüchterne Hafis-Klage, Willemers gröberer Hinweis auf das vom Schweigen gekränkte Herz hatten keine Antwort zuwegegebracht, der Geliebte blieb stumm.

„Von der Gnade der andern lebt sich's mehr schlecht als recht." – Ein Passavant-Satz, den sie einleuchtend fand. Was also, laß doch sehen, war in den Jahren der Trennung zur Sprache gekommen? Was hatte sie aus Weimar gehört? Genau besehen nicht viel. Daß die gestickten Pantoffeln paßten, daß der Freund immer fleißig gearbeitet hatte und daß die vielbesprochene Reise nach Karlsbad im letzten Sommer dann doch unterblieb. Dieses Geständnis war an Rosette gegangen und wie alle anderen Briefe diktiert.

Vielleicht schob ja Willemer als Adressat jedem wärmeren Wort einen Riegel vor, aber er war es, der Goethe einladen konnte, nicht sie. Und die Absagen kränkten nicht nur die ganze Familie, sie bereiteten dem Hausherrn Kummer, weil er sah, wie sie litt.

Er hatte vom Elfer, obwohl der Vorrat zu Ende ging, noch einmal ein Dutzend Flaschen geopfert, die „zwölf Apostel" nach Weimar geschickt. Rosette hatte ein Kistchen Artischocken sorgsam verpackt, und natürlich wurde auch die Bitte um Mostsenf erfüllt. Aber nun sollte man aufhören und nicht bis zur Peinlichkeit um Wohlwollen buhlen! Marianne legte die Briefe beiseite und schloß das Schubfach mit einem energischen Ruck. Ihr Doktor bestand auf Distanz.

Die Sterne, die begehrt man nicht,
Man freut sich ihrer Pracht,
Und mit Entzücken blickt man auf
In jeder heitern Nacht.

Das hatte er ihr ins Stammbuch geschrieben, und manchmal sagte sie's her. Die Verse klangen nach Goethe, doch konnten sie auch von

Passavant sein. Sie würde ihn fragen müssen. Sein Wunsch, sie aufzurichten, ging ihr wie Balsam ins Herz. Ein wenig hatte er sie von der Angst vor der Zukunft befreit.

Ihren Mann hielten viele für konfus und verschroben, und eigentlich war es auch so. Da schrieb er Pamphlete und zog gegen Reichtum und Wucher zu Feld. Da spielte er mit dem Gedanken, das Frankfurter Bürgerrecht niederzulegen, und beantragte, um weiter unangefochten wohnen zu können, in Berlin das Prädikat eines preußischen Generalkonsuls. Aber all diese Tollheiten betrafen nicht sie. Oder höchstens insofern, als er mit ihrer Einbürgerung gescheitert war und jetzt den Ratsherren grollte. „Wenn du für Frankfurt nicht gut genug bist, hängen wir die Stadt an die Wand." Dieser seltsame Kommentar begleitete ein überaus kostbares Weihnachtsgeschenk, ein Bild des berühmten Malers Marrel, gleichsam die Apotheose der Stadt am Main. Unterm perlmuttfarbenen Wolkenhimmel der Fluß mit Brücke und Kähnen, zur Linken der Dom, alles nur ausschnittweise, die elegante graue Kartusche über und über mit Blumen geschmückt. Sie meinte, den Duft der Rosen zu riechen, und fand sich häufig vor diesem Bild. Wahrhaftig, Willemer hatte ihr ein gemaltes Bouquet aus Merlins Zaubergarten geschenkt.

Und dann gab es noch Passavants Garten in Wirklichkeit. Vor Jahresfrist hatte sie dort Einlaß gefunden. Es war der erste Besuch bei dem neuen Arzt, seltsam genug ließ er sich an. Der Doktor sei noch beschäftigt, sagte die Magd. Ob sie sich draußen ein wenig gedulden wolle, zum Rosenhag gehe es da hinaus. Verwundert war Marianne den Flur entlang und über den Hof gegangen. Seitlich stand ein rostiges Gittertor offen, sie schlüpfte hindurch und blickte sich um. Kieswege und am Ende die Laube, aber erst noch zur Rechten das „Blumengemach". Zwischen Eberraute, Lavendel und Buchs die üppigsten Damaszenerrosen, inmitten ein steinerner Tisch. Der sechseckige Fuß trug die Platte wie ein edel geformter Kelch. Gepflasterte Weglein liefen auf sechs steinerne Sitze zu. Aber die standen für eine gesellige Runde viel zu weit weg. Mariannes Phantasie besetzte die Steine mit Mönchen und dachte sich einen frommen Gesang.

Was für ein Garten, üppig und alt! Die rückseitige Mauer vom aufbrandenden Wuchs der Weinrose völlig verdeckt. Zwischen den goldgelben Staubgefäßen unzählige Hummeln und Bienen zu Tisch. Ihr Summen ein Orgelpunkt. Und dieser betäubende Duft! Neben ihr hatte sich ein Rotkehlchen niedergelassen und sah sie unverwandt an. Es kam ihr so vor, als würde etwas von ihr erwartet. Zur Seite stand ein Weidenkorb, Schere und Handschuhe drin. Sollte sie die Rosensträucher von welken Blüten und Mumien befreien? Sie zögerte; das Sonnenlicht setzte ihr zu.

In diesem Augenblick hörte sie Schritte und wurde aus ihrer Verwirrung befreit. Passavant küßte die Hand und entschuldigte sich für die Verspätung. Sie sah ihn neugierig an. Ein schöner Mann! Und so jung. – Er schob sie an Glockenblumen und Phlox vorbei zu der kleinen Holzgitterlaube. Dort nahmen sie Platz.

Sie habe doch nichts gegen ein Gartengespräch? Und falls sie eine harmonische Einstimmung brauche... Der Doktor schlug mit dem Knöchel drei aufgehängte Metallplatten an. Ein Asienreisender habe ihm von fernöstlichen Klanggärten erzählt. Das sei ihm nicht aus dem Kopf gegangen. Meister Balthus habe die Platten gegossen, und nun sei dieser Dreiklang herausgekommen, er liebe ihn sehr.

Die Magd brachte zwei Gläser auf einem schmalen Tablett. „Trinken Sie, das tut gut! Unsere Else kocht einen Sirup aus Holunderblüten und Honig; für die Limonade braucht man freilich noch frischen Zitronensaft."

Sie saßen einander schräg gegenüber, der Arzt hatte sich vorgebeugt, ihre Rechte gefaßt und sie zwischen beiden Händen behalten. Anfangs war ihr das seltsam erschienen, später hatte sie nicht mehr daran gedacht. Erst als Ehrmann irgendwann seinen jungen Kollegen einen magnetischen Gamaliel nannte, fiel ihr das mit den Händen wieder ein. Sie sagte aber nichts, weil der Spott, es war zu erkennen, aus der Eifersucht kam.

Man geht nicht zum Arzt, weil man traurig ist. Mariannes Zustandsbeschreibung – „Reden Sie, gnädige Frau!" – galt ihrer Schlaflosigkeit, den Atembeschwerden, dem Druck auf der Brust, als habe sich da ein Nachtmahr festgesetzt.

„Sie wissen, was Ihre Seele bedrängt?"

Natürlich wußte sie's, aber fällt man gleich mit der Tür ins Haus?

„Ihr Gatte ist nicht mehr jung, man sagt ihm ein hypochondrisches Wesen nach. Haben Sie's schwer neben ihm?"

Nein, o nein. Sie verdankt ihm ja alles. Er ist ihr Beschützer, ihr Halt.

„Sie entbehren der Kinder. Ist das ein Kummer, fehlt Ihnen Wärme und Zärtlichkeit?"

Ihre Stieftochter Maxe ist zum fünftenmal schwanger. Man leidet nicht Mangel, wenn man vielfach geliebte Großmutter ist.

„Diese Rolle fiel Ihnen zu. Sie sind aber jung genug, selbst noch Kinder zu haben. Darf ich Sie fragen, als Arzt, ob alles in Ordnung ist?"

Wie er das meint?

„Sie haben gewiß schon sehr früh eine strenge gymnastische Schule durchlaufen. Erlauben Sie, daß ich mich in diesem Punkt auf eine Andeutung der verehrten Frau Schlosser beziehe. Meine Frage dazu: hat es Stürze gegeben?"

Böse Stürze eigentlich nicht. Nur Erkältungen Jahr für Jahr. Unterleibsschmerzen auch. Manchmal sorgte die Mutter dafür, daß ein paar Auftritte ausgesetzt wurden, daß sie im Bett bleiben und Tee trinken durfte, aus Birkenblättern und Schachtelhalm, ungemein bitter, erinnert sie sich. Irgendwann ließen die Schmerzen nach. Aber sie müsse sich heute noch vor kalten Füßen und Knien hüten.

„Auch das bescheidenste System richtet man am besten nach den Bedingungen aus. – Ich werde Sie noch genau untersuchen, es hat aber Zeit. Frau Schlosser ist um Ihr verändertes Wesen besorgt. Sie erzählte von der einst so fröhlichen Marianne, die es jetzt nicht mehr gibt. Ihre Augen bestätigen diesen Befund."

„Die Verstimmungen übermannen mich oft mit solcher Gewalt, daß ich nicht mehr weiß, aus welcher Tonart ich gehe."

Passavant nickte. „Sie sollten einen Klanggarten haben. Aber was rede ich. Sie musizieren, Sie singen. Ich habe Ihre schöne Stimme rühmen gehört."

„Wenn ich geweint habe, klingt sie nicht mehr. Und das Nervengeflatter bringt jedes vernünftige Atmen zur Strecke. Manchmal begreife ich mich selber nicht. Man hat mich dazu überreden müssen, einen Arzt aufzusuchen. Ich denke, Traurigsein ist keine Krankheit, nicht wahr?"

„Das kommt darauf an. Die Melancholie hält unseren Lebensmut ganz unten am Boden, da gehört er nicht hin. Wir sollten herausfinden, ob Sie nicht Ballast abwerfen können. Ich höre Ihnen zu, aber unverstellt reden müssen Sie."

Marianne wollte sich Mühe geben. „Es ist nicht das Leben an Willemers Seite, das mich beschwert. Damit komme ich leidlich zurecht. Als ich ein junges Ding war, schenkte ich Clemens Brentano mein Herz, das ist längst vorbei. Elias Mieg, meinen Lehrer, liebe und verehre ich bis zum heutigen Tag. Jakob war ich zu Dank verpflichtet, dieses Gefühl wurde niemals mißbraucht. Wir haben als Eheleute gut miteinander gelebt. Aber dann ist Goethe gekommen – es war eine andere Welt. Ich habe mich so reich und stolz und glücklich gefühlt. Jetzt bin ich arm. Das ist eigentlich schon alles, nur daß ich mich mit dieser Armut nicht abfinden kann."

„Und was sagt Herr von Goethe dazu?"

„Er schweigt."

„Haben Sie sich gewünscht, Ihren Mann zu verlassen, vielleicht gar nach Weimar zu gehn?"

„Nein, das wäre zu kühn. Aber ich dachte, unser Sommerglück ließe sich wiederholen. Und Willemer dachte es auch. Er lädt ihn ein, wir hoffen und warten, aber Goethe hat keine Zeit."

Passavants Kutscher erschien am Gartentor und warf eine Handvoll Körner ins Gras. Im Nu flogen einige Tauben herbei. Es waren

Ringeltauben, mit schönen weißen Streifen an Flügel und Hals. Sie machten kleine Schritte, pickten und schluckten, manchmal flatterte ein Tier in Balzstimmung auf, kehrte aber rasch auf den Boden zurück. Dann pickten sie wieder alle, beinahe im gleichen Takt.

Sie sahen eine Zeitlang schweigend den Tauben zu, dann stand Doktor Passavant auf. „Das Besondere wird uns nur selten geschenkt, und festhalten läßt es sich nicht. Niemand verdammt Sie dazu, Körner zu picken. Aber in der Höhe ist die Luft ziemlich dünn, da braucht es ein starkes Herz. Pflegen Sie Ihre Erinnerungen und ebensosehr Ihre eigenen Gaben. Damit meine ich nicht das Luftschlösser-Bauen. Herr Schelble plant in Frankfurt den Aufbau einer Singakademie und hält Ausschau nach Freunden und Förderern des Gesangs. Dort wären Sie sicher am rechten Ort. – Und nun hat Sie ein Glückskäfer für eine Rose gehalten und sich auf Ihrer Wange niedergelassen. Wir wollen das als ein freundliches Zeichen nehmen."

Marianne griff nach dem Tierchen und setzte es zurück in seine grüne Welt. In der folgenden Nacht schlief sie besser als sonst, und sie freute sich auf den nächsten Besuch. Das Plaudern im Garten behielten sie bis in den Herbst hinein bei. Einmal brachte sie Pazzarello mit. Der sah, artig sitzend, den Doktor unverwandt an, dann stellte er sich plötzlich wie ein Clown auf den Kopf.

„Macht er das öfter?"

„Nein, nie."

Passavant lachte. „So ist durch mein starkes Erinnern ein Spielgefährte der Kindheit zurückgekehrt. Er war ebenso klug wie dieser und hatte dasselbe tiefschwarze Pudelfell, nur hieß er nicht Pazzarello, sondern Bijoux. Jeden Morgen wurde ich von ihm mit einem Kopfstand begrüßt."

„Ich glaube, wir sitzen in Merlins Zaubergarten."

„Oh, Merlin doch nicht! Der war zwar bei König Artus ein mächtiger Mann. Aber die Dichter behaupten, es hätte da eine Verbindung zwischen Jungfrau und Teufel gegeben."

„Gott behüte! Ich nehme den Zaubergarten zurück. Aber Pazzarello haben Sie hypnotisiert. Und Merlin ist doch ein schöner Name, finden Sie nicht?"

„Ariel, Erlkönig, Merlin, Mephisto. – Verehrteste, Sie sollten sich hüten. Sie haben Bernstein im Haar, das zieht solche Geister an."

Marianne blickte verwundert. Wann hatte er bemerkt, daß ihre Haare bei trockenem Wetter Funken sprühten? Woher wußte er, daß Goethe sich manchmal auch Merlin nannte? Was hatte es auf sich mit dem Verdacht der Hellseherei? Waren seine Augen nun blau oder grün?

„Es gibt einen kleinen Falken, der Merlin heißt. Ich werde ihn einladen, hier Mäuse zu fangen. Der Garten behält den Namen, und unsere Katze hat nicht so viel zu tun."

Ach, ihr Seelendoktor, wie Ehrmann ihn spöttisch nannte, hatte sie vor dem Ertrinken im Kummer bewahrt. Und nun saß sie in Baden, und sein Tagebuchauftrag war nicht erfüllt. Mariannes Blick ging durchs Fenster auf ein schindelgedecktes Taubenhaus. Es war nicht bewohnt. Aber es erinnerte sie an die Ringeltauben in Passavants Garten. Und sie fühlte sich von einem starken Heimweh erfaßt, nach Frankfurt, nach der Mühle und nach den Menschen dort.

Gegen Abend schritt sie durch die Wiesen zum Waldrand hinauf und bewegte manchmal die Lippen, während sie ging.

„Ich rede mit Ihnen, mein Freund. Sie sind weit weg. Ob Sie mich freilich hören könnten, wenn Sie neben mir gingen, steht noch dahin. Die Grillen geigen fortissimo, und hundert Mauersegler fegen über den Himmel mit schrillem Geschrei.

Was ich im Brief zu erzählen vergaß: Wir haben in Heidelberg Professor Thibaut besucht und durften zu seiner berühmten Donnerstagsrunde erscheinen. Es war ergreifend und komisch zugleich. Der Maestro mit seinem langen Silberhaar und einem Käppchen drauf am Klavier. Die Sänger mit flackernden Kerzen vor ihrem Notenpult. Ihre Schatten führten an der Rückwand des Saales mit langen Nasen ein Eigenleben. Aber das sahen nur wir. Man sang Palestrina. Tu es

Petrus, Sie kennen den Text. Die Intonation war absolut rein, doch die Akustik so stumpf, daß ich mir sehnlichst den Frankfurter Dom herbeigewünscht habe.

Die Heidelberger treten nur selten öffentlich auf. Ihr Chorführer mißachtet das Publikum. Das muß man ihm eigentlich übelnehmen, denn die Musik ist doch nicht für sich selber da.

Ich hörte zu, ohne ergriffen zu sein. Statt dessen geriet ich ins Nachdenken über den Text. Petrus war ein schwankender Fels. Er hat seinen Herrn in der Nacht der Gefangennahme dreimal verleugnet. Und war doch vorher gewarnt. Daß er Angst hatte, kann ich verstehen, aber Vertrauen schenken mag ich ihm nicht, trotz seines Märtyrertods. Ob wirklich nur er einen Schlüssel fürs Himmelreich hat?

Sie sehen, lieber Doktor, es ist die alte Leier mit mir. Enttäuschtes Vertrauen, dann kommen die Zweifel, und neuerdings plagt mich auch noch kindische Eifersucht. Was haben die Scharffs nicht alles von Weimar erzählt! Ich hätte nicht so neugierig fragen sollen. Nun stelle ich mir für die Mußestunden des Freundes ein anmutig zwitscherndes Damengefolge vor. Das Schwiegertöchterchen geistreich und munter, Adele gescheit, und besonders reizvoll die Gräfinnen Egloffstein.

Er braucht nicht nach Frankfurt zu kommen, er hat die Jugend im eigenen Haus. – So herzlos hat es Meline zusammengefaßt, und mir sitzt es noch immer im Hals. Ich werd's aber schlucken und ihm sein neues Hauswesen gönnen, auch wenn das Entbehrlich-Sein schmerzt.

> *Niemand erfährt das Geheimnis des Herzens,*
> *und so ist es besser,*
> *denn die neidische Welt*
> *greift es von ungefähr auf.*

Das ist von Hafis, und ich hab's komponiert, für Goethe, für mich und für Sie. Wenn ich nur wüßte: Sind Ihre Augen grün oder blau? Auch die Wälder dort drüben entscheiden sich nicht. Jetzt aber, nachdem die Sonne hinunter ist, sind sie einfach nur schwarz.

Rosette und Thomas kommen herauf, sie holen mich von meinem Aussichtspunkt bei den Felsen und Fingerhüten ab. Wie bringe ich noch rasch meine Grüße auf den Weg? Hudhud ist für immer als Bote nach Weimar verpflichtet. Aber Merlin könnte sie auf die Flügel nehmen. Er weiß den Garten und fliegt wie ein Pfeil.

Auf die Mühle freue ich mich. Zwar wird sich das Rad auch ohne mich drehen, aber um Ihnen meine Lieder zur Gitarre zu singen, muß ich doch anwesend sein."

Freundschaft

Das also war der Badische Hof. – Elias Mieg kletterte aus der bequemen Droschke, welche ihm Willemer nach Straßburg geschickt hatte, und sah an der eleganten Fassade empor. Eigentümer des Hauses war nicht irgendwer, sondern der Stuttgarter Verleger Friedrich Cotta, welcher den Aufstieg des Badeortes zu fördern gedachte. Schon traf sich hier die vornehme west-östliche Welt, man kam aus Paris und aus Petersburg. Auch Dichter und Musiker stellten sich ein.

Cottas Hotel lag etwas abseits, südlich der Oos. Das alte Kloster präsentierte sich nach der Straße hin stattlich – Weinbrenner hatte es umgebaut. Für Mieg war Quartier bestellt.

Sein Kommen hatte sich einrichten lassen: die Ysenburger Prinzen weilten bei Verwandten im Elsaß und konnten ihn drei Tage entbehren. Hier aber, in Baden, brauchte man ihn. Denn der Vater hatte sich von Frankfurt aus aufgemacht, um den beiden Frauen die allertraurigste Nachricht zu bringen: Bramy war tot.

Der Gast schickte sich an, seinem Gepäck zu folgen, einer Reisetasche von geringem Gewicht. Der Junge, welcher sie trug, war schmächtig und kaum älter als vierzehn Jahre. Ephraim hieß er und eilte in seinem grünen Westchen munter voran. Sie hätten Saison, erklärte er Mieg, und für die Tagesgäste nur noch im hinteren Trakt ein paar Zimmer frei. Man ging einen schmalen Flur entlang, das Haus war angenehm kühl. Endlich stieß der kleine Träger eine Kammertür auf und setzte die Tasche ab. Das weißgetünchte Gemach verleugnete die Mönchszelle nicht. Außer Waschkommode, Tisch, Stuhl und Bett gab es nur noch zwei Leuchten und einen Stich vom Gernsbacher Tor. Aber zum offenen Fenster strömte Heuwiesenduft herein, Obstbäume standen verstreut, dahinter kam schon der Wald.

Ephraim fragte, ob der Herr noch ein Bad nehmen wolle, sie hätten die heiße Quelle beim Haus. Er könne sie ihm mit Bachwasser mischen, dann greife sie weniger an. Mieg folgte dem Jungen ins Souterrain, ließ sich Seife und Handtuch reichen und genoß die komfortable Befreiung vom Reisestaub. Ephraim bürstete inzwischen seine Kleider aus und fragte nach weiteren Wünschen, er sei zur Bedienung des Herrn kommandiert.

Mieg lächelte und bat um einen Krug Buttermilch. Ephraim brachte das kühle Getränk in einem dickwandigen Steinguttopf, der Trinkbecher hatte dasselbe blaue Sternblumendekor, und ein Stück Weißbrot lag für den möglichen Hunger auch noch auf dem Tablett. Es war wohl mit besonderer Empfehlung Quartier gemacht worden.

Ephraim, der rasch bemerkt hatte, daß dieser Herr zu den leutseligen Gästen gehörte, gab auf Anfrage bereitwillig Auskunft über sich selbst. Der Vater sei Blechnermeister und habe in der Stefanienstraße auf der billigen Seite ein Häuschen gekauft. Seine beiden jüngsten Brüder müßten aber noch immer in Schubladen schlafen, für neun Geschwister reiche der Platz nicht aus.

Dies hier sei eine sehr gute Stelle, es gebe Kleidung und reichlich zu essen. Prügel setze es kaum. Früher habe er an den Seilerbahnen das Rad treiben müssen, da wollte der Tag kein Ende nehmen. Von der Morgenfrühe bis in den Abend immer das Rad. So lang, lieber Herr, oh so lang!

„Dann kamen die Buben dort draußen wohl von der Seilerbahn?"

„O ja. Und sind zur Nachtschul gegangen. Da war ich auch. Eine Stunde dauert der Unterricht, länger dürfen die Kerzen nicht brennen. Aber ich habe doch lesen und schreiben gelernt. Wer eine gute Hand hat, bekommt sogar Tinte und etwas Papier."

Plötzlich horchten sie beide auf. Zu dem Schnaufen und Brummen der in Hausnähe weidenden Kühe tönte jetzt plötzlich von irgendwoher Gesang, tief und voll Schwermut, in einer Sprache, die Mieg nicht verstand. Aber die Stimme erschien ihm wie Samt und Brokat.

Das sei Gusev, erklärte Ephraim. Er diene dem Grafen Rostoptschin, welcher Moskau in Brand gesteckt hätte, als Napoleon kam.

Sein Herr sei beim Zaren in Ungnade gefallen und könne nicht mehr zurück. Gusev habe schreckliches Heimweh. Rodina, matuschka, oioioi! Er singe jeden Abend, und oftmals kämen die Fuhrleute vor die große Remise und hörten zu. Einmal habe er an den Saiten der Balaleika zupfen wollen, aber Gusev gebe das Instrument nicht her.

Mieg drückte seinem lockigen Ganymed drei Kreuzer in die Hand und schickte den Buben hinaus. Hernach rückte er den einzigen Stuhl ans offene Fenster und sah zu den Sternen empor. Der Gesang des Russen tönte noch immer fort, Miegs Gedanken machten sich auf die Reise und verhielten im märkischen Sand. Dort sah er Bramy verbluten, seinen Duellgegner fliehn. – Was für ein sinnloser Tod! Vierzehn Jahre hatte er sich um die Erziehung und Bildung des Jungen bemüht. Ein Pistolenschuß löschte das alles aus. Es sei um die Ehre gegangen, hatte der Vater nach Straßburg geschrieben. Ach ja. Nun war die Ehre gerettet, das Leben vertan.

Nein, diese Flucht in preußische Dienste hatte kein Glück gebracht. Nach seiner Rückkehr aus Frankreich hätte Bramy studieren können, Jurisprudenz oder Kameralwissenschaft. Doch des Vaters Ehrgeiz trieb ihn voran, ohne ihn lenken zu können; er wollte nicht länger abhängig sein. Dabei verdankte er sein preußisches Offizierspatent doch nur der Verbindlichkeit, die Friedrich Wilhelm III. dem Frankfurter Bankier aus früheren Zeiten schuldig war.

Sie hatten ihn in der Kriegsschule beim Zweiten Westpreußischen Infanterie-Regiment eingesetzt, da mochte er unter Landsleuten sein. Aber die Treskows, Quitzows und Itzenplitze kreuzten ja doch seinen Weg und nahmen den Hereingeschneiten vermutlich nicht ernst.

Seit zwei Jahren verfügte der Vater über ein Wiener Adelsdiplom. Er hatte mehrfach darum nachsuchen müssen und mehr als 600 Gulden Taxe bezahlt. Nun trug er im Wappen ein segelndes Schiff. Ob das den preußischen Junkern Eindruck machte? Die prachtvolle Fuchsstute, Willemers Renommiergeschenk, würde in Potsdam ein Pferd unter anderen sein.

Schließlich diese Verlobung, mit der sich die Familie nicht abfinden wollte. In Frankfurt hätte es bei den Gontards, Cullmans, Brentanos hübsche und reiche Töchter gegeben. Statt dessen verlobte sich Bramy mit der Witwe eines kauzigen Sonderlings. Das Gutshaus Groß-Beeren zweimal schon abgebrannt. Die Liegenschaften durch Hypotheken belastet. Kein Wunder, daß man die Brauen hob. Auch er hatte seinen Schützling nicht verteidigen können. Bramy verstand nichts von Landwirtschaft, nicht einmal viel von der Jagd. Was sollte er da in Sumpf und Sand? Man wußte durch Bettines Frankfurter Verwandtschaft, wie schwer sich Achim von Arnim tat.

Willemers Töchter und Schwiegersöhne hatten mit dem Vater zusammen Front gemacht. Nur Marianne wagte den Widerspruch. Vielleicht habe ja Bramy stets eine Mutter vermißt. Darauf waren alle verstummt. Elias erinnerte sich an Willemers Eifersucht, wenn Bramy seine junge Stiefmutter umhalste und sagte: „Du bist so gut." Gegen die häuslichen Spannungen hatte der Junge in Preußen ein Leben mit neuen Schwierigkeiten eingetauscht. Und der Vater zahlte nun für einen Sack voll Illusionen mit bitterem Leid.

Ach, die Familie! – Heute waren sie rücksichtsvoll. Er hatte gefürchtet, sie noch an diesem Abend besuchen zu müssen, aber sie gönnten ihm offensichtlich den Schlaf. Freilich würde der kommende Morgen noch schlimm genug. Was sollte man dem verzweifelten Vater sagen? Mochte das Mitleid aufrichtig sein, trösten konnte es nicht.

Mieg hatte die Augen geschlossen, Gusevs traurige Lieder deckten ihn wie ein Bahrtuch zu. Mit Kopfschmerzen schlief er ein.

Am nächsten Morgen stieg er gegen zehn die Stufen zum neuen Schloß und zur Domänenverwaltung empor. Der Marktplatz lag im blendenden Sonnenlicht. An den Treppenabsätzen blühte in Kübeln der Oleander rosa und weiß. Aus der ungerührten Schönheit der Welt trat Mieg in den verdunkelten Salon, und augenblicklich warf sich Willemer ihm an die Brust. „Mein Sohn, mein trefflicher Sohn! Wie soll ich den Schmerz ertragen? Gewiß überlebe ich's nicht." Mieg ließ ihn sich ausweinen und sah über die

Schulter des Mannes in die blassen, tränenlosen Gesichter der Frauen. Sie mußten am Ende ihrer Kräfte sein, aber sie standen aufrecht und warteten still, bis der Freund auch ihnen die Hand reichen konnte.

Später saßen sie alle um den niedrigen Tisch, und man zeigte ihm Bramys Abschiedsbrief. Der war mit seiner Todgewißheit freilich erschütternd genug. Wie konnte der Schreiber über den Ausgang des Duells am Vorabend schon so sicher sein? Willemer erzählte, was Guaita von Savigny erfahren hatte. Der Sohn, welcher dem Gegner den ersten Schuß überließ, hielt das Bild seiner Braut mit der Linken vor die Brust. Es erwies sich nicht als rettender Talisman.

Aber warum dieser Edelmut? War es nicht üblich, auf Kommando gleichzeitig abzudrücken? Rosette zitierte, was Mieg bereits mit Erstaunen gelesen hatte: „Ich verlasse eine Welt, in der mein Sehnen nicht mehr zu Hause ist." Äußert sich so ein junger Mann, der kurz vor der Hochzeit steht? Reute ihn die Verbindung schon jetzt? Dem widersprach freilich die mehrfach geäußerte Sorge um seine Braut. Frau von Geist-Beeren wurde dem Vater mit dringlichen Worten als Tochter ans Herz gelegt.

Was wußte man über den Grund des Duells? Der Gegner war bei den Garde-Ulanen: Matthias Damian von Bockum-Dolfs. Wenig begütert, der Vater 1813 gegen Oudinot gefallen. Da waren die Hessen noch treue Rheinbundvasallen. Über die freiwilligen Nachzügler und ihren französischen Etappensieg hatte der andere wohl seinen Spott ausgegossen, man müsse Thilau genauer befragen, der war Sekundant.

„Bramy hätte das Treffen verweigern sollen." Darauf beharrte Marianne und wurde von Willemer belehrt, daß sie die Frage der Ehre nicht richtig einschätzen konnte.

„Was in Wulkow geschah, scheint mir ein Unglück für beide. Dolfs ist geflohen, und wenn man ihn findet, wird er bestraft. Was macht das alles für einen Sinn?"

Nun mußte auch Mieg konstatieren, daß ein öffentlich beleidigter Offizier sich ohne Satisfaktion in der Armee nicht halten konnte. Wer das Duell vermied, demonstrierte Feigheit statt soldatischer Opfergesinnung. In der Offizierskaste war das ein Sakrileg.

„Wäre er doch einfach nach Frankfurt zurückgekehrt!"

Ja, dann lebte er noch, und was Marianne äußerte, entsprach dem gesunden Menschenverstand. Aber Bramy hatte den Kodex schon assimiliert. „Meine Ehre erfordert es, mich mit einem jungen Offizier zu schießen. Ich bin, solange ich konnte, dem Duell ausgewichen, indessen es ging nicht. Einem preußischen Offizier darf die Wahl zwischen Tod oder Schande nicht schwer werden. Freilich würde ich lieber im Dienst meines geliebten Königs gefallen sein." Willemer las die Stelle zu Mariannes Belehrung, und dann noch für alle den Schluß, welcher die Treue des Sohnes bezeugte: „Falle ich, dann sehe ich meine Mutter und werde ihr sagen, wie du mich geliebt und für mich gesorgt hast. Mein Segen, mein Dank, bester Vater, ist das einzige, was ich dir lassen kann."

Die Stimme schwankte, aufs neue flossen die Tränen. Endlich räusperte sich Rosette und legte ihm ihre Hand auf den Arm: „Lieber Vater, du hast Marianne, du hast Kinder und Enkel, du bist nicht allein. Wir alle wollen dir, so gut wir's vermögen, zur Seite stehn. Aber du mußt uns auch lassen. Verliere dich nicht in deinen Schmerz! Ich beweine meinen Bruder wie du deinen Sohn. Doch wer weiß, vielleicht blieb ihm ein leidvolles Leben erspart. Nehmen wir Gottes Ratschluß in Demut hin!"

Mieg nickte Rosette zu, wollte nun auch etwas sagen, aber Willemer stand so heftig auf, daß der Stuhl hinter ihm umfiel. Ohne ein Wort der Erklärung lief er hinaus. Marianne zögerte zwei Sekunden, dann ging sie ihm nach.

Frau Städel zerknüllte ihr Taschentuch. „Er denkt nur an sich und verbraucht die Kräfte derer, die um ihn sind. Bramy war sein Stolz, so wie meine verstorbene Schwester Kätte sein Liebling war. Die anderen zählen nicht. Dabei hatte sich mein Bruder längst von uns allen entfernt. – Elias, Sie kannten sein weiches Herz. Denken

Sie nicht auch, daß er den Gegner um keinen Preis töten wollte? Hätte er's getan, wäre er sein Lebtag nicht mehr froh geworden."

„Darüber sage ich Amen, aber für den Vater ist das kein Trost. – Gehen Sie nicht zu hart mit ihm ins Gericht! Ich fürchte, meine Anwesenheit vertieft seinen Schmerz. Hat er doch Bramy und mich in guten Tagen fast immer Seite an Seite gesehn. Seine Einladung war dringend, ablehnen konnte und wollte ich nicht. Doch jetzt tut es mir weh, mit leeren Händen zu stehn."

„Sie haben uns zugehört. Das ist in unserer Familie schon viel. Sprechen Sie noch mit Marianne! Sie braucht ein gutes Wort, wie die Pflanze den Regen braucht. Es steht ihr ein schlimmer Winter bevor. Der Vater ändert sich nicht mehr, seine Seele ist krank. Ich werde zu Hause endgültig ausziehen, die Verbindung mit Thomas rechtfertigt diesen Schritt. Willemer redet und lamentiert, während seine Mignon neuerdings schweigt. Das ist nicht gut. Sie hatte sich hier erholt und ein wenig von ihrer Verkrampfung befreit. Aber nun ist alle Heiterkeit wieder dahin. – Wir sind schon eine trübe Familie, Elias, Sie sehen es ja."

„Doch nicht immer, Rosette! Wie geht es im Frauenverein?"

Dankbar sah ihn Frau Städel an und erzählte von der Schule, welcher sie vorstand. Das neue Gebäude war endlich bezogen, und zur Einweihung hatte es Reisbrei und Kuchen gegeben. 34 Mädchen lernten Lesen, Schreiben und Rechnen. Dazu Spinnen, Stricken, Nähen, Stopfen und andere Hausarbeit. Es werde gesungen und sonntags gespielt. Fast alle kämen sauber gewaschen. Von den älteren habe man schon einige als Dienstboten in gute Häuser vermittelt. Der Einfluß der Eltern könne freilich so leicht nicht ausgeräumt werden. In schwierigen Fällen gehe sie hin. Thomas begleite sie oft, manchmal auch Passavant.

Ja, die Seilerbuben habe sie auch gesehen. Die seien am Abend todmüde und blieben kaum eine Stunde wach. Es gebe im Schulraum nicht mehr als zwei Kerzen. Um eine dritte schreibe sich Pfarrer Lechleitner die Finger wund. Verglichen mit diesen Zuständen hätten ihre Mädchen in Frankfurt das Paradies. Passavant wolle sich übrigens um eine Schule für kleinere Kinder bemühen. Die hätten dann, bevor sie arbeiten müßten, schon etwas gelernt.

Mieg verabschiedete sich. Er hatte noch eine Mission bei den Reichenbachs. Gegen Abend holte er Marianne zu einem Spaziergang ab. Sie lief ihm entgegen, schlug aber vor, auf der Höhe zu bleiben, um dem Promenade-Trubel der Kurgäste zu entgehen. Wenn er ihr viele Atempausen gestatte, schaffe sie's vielleicht bis hinauf zum Alten Schloß. Es liege gänzlich in Trümmern, aber die efeugrünen Mauern erinnerten sie doch sehr an Heidelberg.

Und dann sprach sie von dieser geliebten Stadt, von der Terrasse, vom Brückenturm, vom Bildersaal und den Boisserées. Die Sammlung der Brüder stand zum Verkauf. Willemer habe bei der Städelschen Stiftung angefragt, aber die Frankfurter hielten sich bedeckt.

Auch ihre private Goethe-Imitation habe nichts genutzt. – Wie das? – Marianne lachte. „Wollen Sie's hören? Meine Verse sollten Sulpiz ein wenig den Rücken stärken.

> *Kennst du die Stadt an dem bescheid'nen Strom?*
> *Dem niedern Dach entsteigt der ernste Dom,*
> *Den Hügel schmückt der Gärten Blütenkranz,*
> *Den Berg entflammt der Abendsonne Glanz.*
> *Kennst du sie wohl?*
> *Dahin, dahin*
> *Mußt du, o Freund, mit deinen Schätzen zieh'n."*

Sie hatte den Sonnenhut abgenommen und sah, während sie sprach, hinunter ins Tal, so daß ihrem Zuhörer für ein paar Sekunden Main und Neckar, Italien und Baden durcheinanderkamen. Marianne holte ihn mit der Nachricht zurück, daß die Gesellen wahrscheinlich nach Stuttgart zögen. Und Goethe habe für ihre neue Lage einen Besuch in Aussicht gestellt.

Was er übrigens vom Kunst und Altertums-Aufsatz halte. Die

Brüder seien mit der Beschreibung ihrer Gemälde ganz zufrieden gewesen. Dorothee Schlegel hingegen habe es das Gewäsch eines kindischen alten Mannes genannt. Schlimmer noch: auf jeder Seite schaue der Pferdefuß des Antichrist hervor. Mieg meinte, aus Goethe könne man keinen frommen Beter machen, das wisse doch jedermann.

Marianne war in Gedanken noch immer in Heidelberg. „Wir schuldeten dort ein Geschenk. Willemer gab mir für die Paulus-Familie ein Reise-Schreibetui mit auf den Weg. Ich fand es so schön. Das Mäppchen aus rotem Maroquinleder, die silbernen Griffe von Petschaft und Federmesser fein ziseliert, Sand- und Tintenfaß puppenklein. Aber denken Sie, ich konnte gar keine Freude bringen. Der junge Paulus, Goethes Schenke, spuckt Blut. Ach, diese großen Augen im Fiebergesicht! Auf die Hoffnung der Eltern ist der Kummer wie Mehltau gefallen. Des Vaters Liebling, der einzige Sohn. Sein Leben ist nur noch ein Ringen nach Atem, das Ende gewiß. Und wir mit unseren Verkehrtheiten tun so, als wüßten wir nichts von der frühen Vergänglichkeit. Erinnern Sie sich an Willemers Vorwürfe, als wir Italien bereisten? Ich habe in Bramy stets nur den jüngeren Bruder gesehen. Aber ich durfte ihn nicht herzen und küssen, obwohl ich spürte: er hungert nach Zärtlichkeit. Jetzt wäre es erlaubt gewesen, ihn zu umarmen, ihn und die Braut. – Vorbei!"

„Immer haben wir etwas versäumt. Wie sollten wir auch der Zukunft begegnen, bevor sich der Tag erfüllt?"

Sie hatten die Ruine erreicht und gingen zwischen den Mauern umher. Es war sehr still, kein Vogelgezwitscher hellte das düstere Schweigen auf. Aber die offenen Fensterbogen gewährten noch einen Sonnenblick hinunter ins Tal. Marianne stand, sah in die Weite und fragte plötzlich, ohne sich umzudrehn: „Elias, haben auch wir, wir beide, meine ich, etwas versäumt? – Sie zögern. Sie antworten nicht."

„Lassen Sie uns gehen, da spricht es sich leichter."

Er faßte sie bei der Schulter und brachte sie auf den Weg. „Was

Hölderlin bei den Gontards erlebte, ist in Frankfurt bekannt. Wir Freunde litten mit ihm, aber wir sahen auch die Unmöglichkeit. Ich hoffe, Sie verachten mich nicht dafür, daß meine Vernunft sich als stärker erwies. Bekenntnisse zur unrechten Zeit bringen Verwirrung und Not, selten ein Glück, das Aussicht auf Dauer hat. Heute kann ich Sie liebste Marianne nennen und es genau so meinen, ohne daß Ihnen Schaden entsteht."

Sein klares Wesen, sein klarer Kopf. Seine Stimme, die sie umfing. „Treu angehörig" unterschrieb man in Weimar. Es war Elias, der das von sich sagen durfte. Jetzt half er ihr über die Wurzeln und Steine, reichte ihr manchmal die Hand. „Warum nur tut Liebe so weh?" – „Wenn sie keine Erfüllung findet, tut sie weh. Aber das Leben fließt, und in der Ebene stürzen die Wasser nicht mehr über den Fels. Das haben wir früher einmal zusammen gelesen. Gesang der Geister, erinnern Sie sich? Goethe war dreißig, als er es schrieb."

„Sie haben mich gelehrt, über ernsthafte Dinge ernsthaft nachzudenken. Wollen Sie mir auch einmal raten, wo ich unsicher bin? Was soll ich tun? Christian Brentano liegt mir und sogar meinem Mann in den Ohren, ich müsse zur Beichte gehen und danach zur heiligen Kommunion."

„Um Himmels willen, wie kommt er dazu?" Mieg blieb stehen, trat einen Schritt zurück.

„Vielleicht steckt der Clemens dahinter. Sie sind beide ganz unmäßig fromm geworden und machen sich Sorgen um mein Seelenheil."

„Marianne, was wollen Sie beichten?"

„Ich weiß nicht so recht."

„Es gibt einen Katalog, um sich selbst zu befragen. Warten Sie, ich sag' Ihnen einiges auf:

Habe ich längere Zeit nicht gebetet?

Hab' ich den Namen Gottes mißbraucht?

Habe ich aus eigener Schuld die heilige Messe versäumt?

Habe ich meine Eltern und Lehrer verachtet?

Hab' ich andern geschadet, ihnen Böses gewünscht?
Habe ich unkeusch gehandelt, gedacht?
Habe ich gelogen in wichtigen Dingen?
Hab' ich mein Herz sündhaft an irdische Güter gehängt?

Da müßte sich etwas finden lassen. Aber alles ist nichts. – Sie haben als getaufte Katholikin ohne das Sakrament der Ehe mit Willemer in Sünde gelebt, bereuen Sie dies? Sie haben zudem diese fragwürdige Ehe gebrochen, in Gedanken und Worten gewiß. Ob das unter den obwaltenden Umständen zu den läßlicheren Sünden gehört, vermag ich nicht zu entscheiden. Aber Sie müßten zumindest Ihrer Liebe zu Goethe entsagen. Wollen Sie das?"

Er hatte über ihre gesenkte Stirn hinweggesprochen. Nun sah sie ihn an. Als sich ihre Augen mit Tränen füllten, nahm sie der Freund in den Arm. „Um Vergebung, Marianne! Das war eine Rede im Zorn. Sie merken, ich bin befangen und kann in dieser Sache keinen Rat erteilen. Die beiden Brentanos schätze ich nicht. Und Sie sähe ich ungern als Opfer einer bigotten Bekehrungswut."

Sie weinte sich an seiner Schulter aus und fand sich zuletzt ganz zufrieden dabei. „Sophie Schlosser sagt: Kind Gottes, du lebst schon recht. Sie denken wohl auch so, nicht wahr? Ich glaube, es ist die lateinische Messe, welche mir fehlt. Die Worte der Wandlung sind mir immer als großes Wunder erschienen. Ich liebe das Klingeln der Glöckchen, den Weihrauch und das Agnus Dei, wenn der Priester die Hostie bricht."

„Wollen Sie morgen um neun mit Ihrer Familie in die Stiftskirche kommen? Ich kann Ihnen keine Messe lesen, aber ich hoffe, Sie werden am Ende ein wenig getröstet sein."

Ach, dieser Freund!

Am nächsten Morgen saßen sie, Willemer zwischen den Frauen, in der leeren Kirche und wußten nicht, was zu erwarten stand. Aber dann wurden auf der Orgelempore Register gezogen. Marianne wandte sich um und sah hinauf. Da war Elias und neben ihm ein flachsblonder Junge, welcher die Bälge trat. Natürlich, wie konnte sie das vergessen, Mieg spielte die Orgel ebenso gut wie das Klavier und hatte sich offenbar für diese dort oben einen Schlüssel besorgt.

Er improvisierte, aber dann erkannte sie eine Melodie. „Christe, du Lamm Gottes, der du trägst die Sünd der Welt, erbarm dich unser!" Agnus Dei, qui tollis peccata mundi, miserere nobis! Das war es doch, was sie beten wollte. Sie wäre gern niedergekniet, aber neben den andern sitzend wagte sie's nicht.

Dreimal spielte die Orgel den Ruf, dann wurden die Register gewechselt, verhalten klang die Mahnung von oben: „O Mensch, bewein dein Sünden groß!" – Mieg mußte Noten haben. Dies war ein vierstimmiger Choralsatz, wahrscheinlich von Bach.

Marianne schämte sich jetzt ihrer Worte auf dem Rückweg vom Alten Schloß. Da hatte sie einem evangelischen Theologen gebeichtet, was ihr vor römischen Altären die Seele wärmte. Wie taktlos von ihr! Woher hatte er denn diesen offenen, klaren Blick? Er war mit sich selber im reinen, brauchte keinen Weihrauch, kein Dämmerlicht. Übrigens war es hier in der Stiftskirche hell. Nur das Sakramentshäuschen und die Silbermadonna erinnerten daran, daß eine katholische Kirche ihrer Andacht den Rahmen gab.

Sie wendete den Kopf: Willemer weinte. Erbarmen mit ihm, der am tiefsten von Bramys Tod getroffen war, erfüllte ihr Herz. Sie faßte nach seiner Hand. Mochte das Requiem für den Sohn den Schmerz des Vaters besänftigen! Sie wollte, so gut sie's konnte, Jakob zur Seite stehn, das war ihre Pflicht.

Mieg spielte jetzt eine Choralfantasie, bei welcher die Melodie, in der Höhe bleibend, immer zu hören war. „Christ ist erstanden von der Marter alle, des solln wir alle froh sein, Christus will unser Trost sein. Kyrieleis." Was für eine wunderbare Musik. Totengedenken, Gottesdienst, Beichte und Absolution, alles war in ihr aufgehoben, und der flachsköpfige Junge trat noch immer eifrig den Orgelbalg. Das war auch nötig, jetzt brauchte es einen großen Vorrat an Luft. Gewaltig setzte die Orgel zum Schlußchoral an: „Vater unser im Himmelreich."

Rosette schluchzte auf. Marianne sah zu ihr hinüber, nickte, ja, auch sie erinnerte sich. Im Schulzimmer, zwischen den Mädchen, Bramy, sechs oder sieben Jahre alt. Montags in der Frühe ließ Mieg sie die erste Strophe dieses Lutherlieds singen. Am Ende der Woche, wenn sie fleißig gelernt und gearbeitet hatten, sangen sie „Amen, das ist: es werde wahr."

Marianne hatte die Melodie zuerst nicht gemocht. Aber Bramy sang mit seinem hellen Knabensopran so schön, daß es sie rührte. Einmal trug er, während sie standen, eine kleine graue Katze auf dem Arm. Sie hatte sich gewundert, daß es der Lehrer erlaubte, ihn darüber befragt. „Warum sollte Bramys Katze nicht dabei sein, wenn wir das Amen singen? Gott hat auch die Tiere lieb." An diesem Morgen schenkte sie Mieg ihr Herz.

Das Orgelspiel war zu Ende, die Willemers erwarteten den Freund mit Tränen und offenen Armen. Der Vater dankte, und weil er nur wenig sprach, wog es viel. Ephraim erhielt einen Gulden für Kerzen, damit er an den langen Winterabenden lesen konnte.

Sie brachten Mieg hinunter zur Poststation, und Marianne wies an der Steinstraße zu einer kleinen Hausmadonna empor. Die Gottesmutter lächelt, das Kindlein strampelt, der Mantel flattert, die Krone bauscht sich, unter der Mondsichel lacht noch ein zweites Frauengesicht. La lune? La lune! – Gott segne dich, Elias, getreuer Freund, er segne dein Herz und deine Vernunft.

Botschaften hin und her

„Teuerster Freund,
   welch ein feindlicher Genius (ob Dämon der Gleichgültigkeit oder der Abneigung) ist Ursach, daß von Ihnen kein freundliches Wort mehr zu uns gelangt! Wo doch das Haus, das Sie kannten und liebten, so sehr eines gütigen Zuspruchs bedarf. Mariane kränkelt, hat keine Stimme, ich litt drei Wochen an schrecklichen Gichtschmerzen und leide noch, der Sohn liegt im Grab – so verspielt der Mensch sein Dasein an ein trübes Geschick. Aber eben darum, daß so viele Fäden reißen, sucht man die alten zu erhalten und will sich nicht gestehen, daß sie vielleicht schon durchschnitten sind.
   Lassen Sie mich und Maria des Gegenteils gewiß werden. Ich verlange keinen Brief, wenn Sie beschäftigt sind, nur drei Zeilen, daß Sie das Leben ertragen, und uns noch wohlwollen.
   30. Oktober 1818   Willemer"

   Marianne las, zu spät, den Entwurf. Der Brief war bereits unterwegs.
   „Jakob, wie kannst du von einem feindlichen Genius reden? Goethe ist unser Freund."
   „Ich habe ihm vor drei Monaten Bramys Tod angezeigt. Ein Wort der Teilnahme, um nur das geringste zu monieren, wäre höflich gewesen."
   „Er weilte in Böhmen. Vielleicht hat der Sohn die Nachricht nicht weitergereicht."
   „Wir haben Anfang November. Da ist er wieder daheim."
   Es mochte so sein, doch blieb Marianne verstimmt. Schon den Brief an August von Goethe hatte sie unklug gefunden. Wie konnte Willemer hoffen, daß der Freund in ein Trauerhaus kam? Die Mühle sei ihm zum Grab geworden, schrieb er nach Weimar, und eben dort-

hin lud er den Vater ein – „er soll uns nicht klagen hören, nicht weinen sehen".

Zu viel Larmoyanz. Und jetzt dieser Vorwurf der Gleichgültigkeit. Teilnahme läßt sich nicht fordern. Sie ist ein Gabe, welche auch ausbleiben kann.

Goethe, nicht ohne Gewissensbisse, diktiert dann doch mehr als drei Zeilen, sogleich nach Eingang der Post. Allzu lange hat er geschwiegen. Noch längeres Zuwarten käme einer bitteren Kränkung gleich. Das haben die Freunde nicht verdient, auch wenn ihn, wie immer nach seiner Heimkunft aus dem Bad, die Arbeit doppelt und dreifach bedrängt. Erwartet man doch bei Hof allerhöchsten Verwandtenbesuch. In einem Festgedicht soll er den Ruhm der Stadt Weimar verkünden, und das ganze muß für die russischen Gäste darstellbar sein.

An Willemer in Eile mit Wohlwollen dies:

Kürzlich erst war die Herzogin von Cumberland da. Sie erinnert sich gern des nächtlichen Mühlenbesuchs. Möge der Nachklang davon den Freunden noch tröstlich sein!

Ottilie erfreut sich am Somawar, diesem prächtigen Frankfurter Hochzeitsgeschenk. Frau Städel, zum allerschönsten gegrüßt, wäre für sie die rechte Gesellschaft, denn auch sie ist eine tätige Vereinerin.

Herr und Frau von Savigny machten in Weimar Station. Sie haben den Wunsch belebt, an den Main zu reisen und persönlich, an Ort und Stelle, die Freunde zu trösten.

Wenn man ihm schreibt, wird es ihm eine erfreuliche Winterlust sein, auch manchmal ein Lebenszeichen von hier aus merken zu lassen. Und so fort und für ewig. Schluß des Diktats.

In die Mappe für die Divan-Ergänzungen wandert am Abend ein Zettel, welcher die Pflichterfüllung poetisch bezeugt.

Wenn der schwer Gedrückte klagt,
Hülfe, Hoffnung sei versagt,

Bleibet heilsam fort und fort
Immer noch ein freundlich Wort.

Damit aber bewiesen ist, daß seine Gedanken sehr oft um die Mühle kreisen, hat er zwei Aushängebogen beigelegt, welche man vorläufig unter Verschluß halten soll, Divan-Gedichte, bequem zu lesen, weil übersichtlich gedruckt.

Der Brief bleibt in Willemers Kabinett. Mit den übrigen Blättern geht Marianne nach oben, steht lange am Fenster, ihr Blick folgt den ziehenden Wolken, dann wieder dem Text. Sie hat ihm dies Buch geweckt. Nun tönt des Dichters Wort aus der Ferne zu ihr. Aufgehobene Zeit. Gedenken soll sie, beim Anblick des Flusses, der fließt, wie er immer floß. „Nimmer will ich dich verlieren. Liebe gibt der Liebe Kraft." Das formt sich in ihrem Kopf zur schmeichelnden Melodie. Wenn Goethe noch einmal nach Frankfurt kommt, singt sie ihm Lieder aus seinem Divan vor.

Plötzlich überfällt sie der Schmerz wie ein Wüstenwind. Sie liest ein eigens angekreuztes Gedicht.

Deinem Blick mich zu bequemen,
Deinem Munde, deiner Brust,
Deine Stimme zu vernehmen,
War die letzt' und erste Lust.

Gestern, ach, war sie die letzte,
Dann verlosch mir Leucht' und Feuer,
Jeder Scherz, der mich ergetzte,
Wird nun schuldenschwer und teuer.

Eh' es Allah nicht gefällt,
Uns aufs neue zu vereinen,
Gibt mir Sonne, Mond und Welt
Nur Gelegenheit zum Weinen.

Die dritte Strophe ihr Abschiedsgruß. Mit solchen Gedanken fuhr sie von Heidelberg fort. Der Liebste ist nicht wiedergekommen. Statt dessen spricht er von Schuld. Wie es sich festsetzt, daß sie verschiedene Wahrheiten haben. Er hat es ihr angekreuzt.

Marianne, nimm dich zusammen und hör mit dem Weinen auf! Wer an Erinnerung reich ist wie du, hat kein Recht, mit der Gegenwart unzufrieden zu sein. Du mußt ihm schreiben, nicht gleich, aber bald. Es geht auf Weihnachten zu.

Goethe kann mit den Frankfurter Grüßen zufrieden sein. „Ihr freundlicher Brief und die ihn begleitenden Blätter haben mich wieder ganz in jene Zeit versetzt, in der ich so glücklich war. Wie gerne hätte ich Ihnen gleich nach der gehaltreichen Sendung meine Freude und meinen Dank bezeugt, aber Willemer bemerkte, daß erst die hohen Häupter abtreten müßten, ehe ein niedriges Gehör finden könne, und so bescheidete ich mich.

Wieviel Schönes hab ich gelesen. Veredelt durch Ihren Geist, tritt jedes noch so kleine Ereignis, jedes unwillkürlich ausgesprochene Wort in ein höheres Leben. Ich staune über das Bekannte und freue mich doch innig, daß es mir angehörte, ja daß ich es in einem gewissen Sinne mir zueignen darf.

Als ich diesen Sommer Heidelberg wiedersah, habe ich alle Orte besucht, die mir wert sind. Sogar an einem Gefangenen im Brückentor fehlte es nicht; ich will zu seinem Heile nicht hoffen, daß es derselbe war. Nur jene Lettern, fein gezogen im Sand, hatte die Zeit verwischt. Für ihre Unsterblichkeit ist nun auf andere Weise gesorgt.

Gedenken Sie unsrer im Kreise Ihrer liebenswürdigen Kinder. Wie gerne machte ich die Bekanntschaft des muntern Hausgeists, den mir Meline so hoch gepriesen. Wohl ihm, daß er in Ihrer Nähe wirken kann.

Sämtliche Bewohner des Roten Männchens und alle Angehörigen grüßen demutsvoll, respektvoll und liebevoll, wie es sich gerade für jedes schickt. Alle drei Grüße eignet sich an
    Ihre Marianne"

Noch war der Winter nicht überstanden, doch ließen die Tage sich besser an, als Rosette in Baden befürchtet hatte. Zuvörderst verdankte man dies dem Enkelkind Röschen Scharff. Die Zwölfjährige war von einer schweren Lähmung nur halbwegs genesen, ihre Beine versagten den Dienst. Da nun im Elternhaus aufwendig umgebaut wurde, bot man der Kleinen in der Willemer-Wohnung ein ruhiges Asyl.

Für einfache Handreichungen hatte Frau Städel aus ihrer Schule ein Mädchen herübergeschickt. Die Sachsenhäuser Bärbel empfand ihren Umzug ins Rote Männchen als Eintritt ins Paradies. Dem sanftmütigen Röschen las sie bald jeden Wunsch von den Augen ab.

Der Tag wurde eingeteilt. Nachmittags standen Atemübungen und Singen auf dem Programm. Anwesend waren Marianne, Röschen, Bärbel und der rostrote Fridolin. Den hatte Dr. Passavant samt Vogelkäfig geschenkt. Wenn Marianne die Saiten stimmte, verwandelte sich das federflaumige Bällchen in einen schlanken Pfeil. Auf der obersten Stange posierend, trat der Kanari – trotz Winter und Mauser – von einem Fuß auf den andern, seine Kehle vibrierte, laut schmetterte er sein Lied in die Luft.

Bärbel, welche nicht sang, wickelte ihren langen blonden Zopf um die Linke und lauschte verzückt. Sie hatte einen hellblauen Silberblick. Und sie zwinkerte, ohne daß je eine Schelmerei beabsichtigt war, es sah nur so aus. Wenn die andern genug gesungen hatten, durfte sie einen Apfel holen und teilen. Dann kam das Öffnen der Käfigtür. Fridolin drehte mehrere Runden im Flug, nahm zuletzt auf der Stuhllehne Platz und pickte ein von Röschen gehaltenes Apfelstück an.

Abends kam das Großmütterchen noch einmal zum Beten herein. Die Kleine hatte ein Lieblingslied und kannte den, der's gedichtet hatte. „Nachts, wenn gute Geister schweifen" sang sie mit dünnem Stimmchen und atmete schwer. Marianne mußte sich zusammennehmen, um nicht zu weinen über dem Elend des Kindes, das so geduldig war. Einmal wurde sie von der Frage überrascht: „Nicht wahr, der Doktor Goethe hat dich sehr lieb gehabt?" Sie lächelte, nickte und geriet so durcheinander, daß sie das Nachtlicht löschte, welches sonst immer brennen blieb.

Am Neujahrstag machte Röschens Bruder Besuch und brachte ein geheimnisvolles Rohr, in welches man durch ein kleines Guckloch hineinschauen konnte. Das Kind stieß bei der ersten zufälligen Drehung einen Freudenschrei aus, und nun mußten alle die neue Erfindung bestaunen. Man nannte das Instrument nach den schönen Bildern, die es zu sehen gab, Kaleidoskop.

Marianne behielt das Wunderding lang in der Hand. Ein orientalisches Fenster, ein gläsernes Divan-Gedicht. Ob Goethe seinen farbigen Zauber schon kannte?

Seltsame Stimmungen begleiteten sie durch den Tag. In der Dämmerstunde entzündete sie ein wenig Räucherpulver und erzählte der Enkelin in einfachster Form die Suleikageschichte. Als das Kind fiebrig glänzende Augen bekam, eilte sie erschrocken hinaus, um ein feuchtes Tuch für die Stirn zu holen. Es war aber nichts. Röschen wollte nur wissen, ob es in der Wüste Schlangen gäbe. Vor denen hätte sie Angst.

Die Sachsenhäuser Bärbel sollte vormittags in der Küche sein, um der Köchin zu helfen. Hannchen ging es nicht gut. Nach Willemer weinte sie am meisten um Bramy, den Bub. Man fand sie oft mit geröteten Augen regungslos am Küchentisch sitzen. Marianne machte sich Sorgen um die von allen geliebte Frau.

Bärbel war zu schüchtern, um sie aufmuntern zu können. Aber dann hatte Meline Scharff eine gute Idee. Sie ließ Röschens Puppenküche einpacken und herüberbringen, am Fahrtor stellte man sie bei Hannchen auf. Phil trug die Kranke in einem Sessel hinunter, so oft die Köchin sagte: „Heut habbisch Zeit." Die Ausstattung bestand aus einem richtigen kleinen Kochherd und zwei Regalen mit winzigen Töpfen aus Kupfer und Messing, Pfanne, Schüsseln, Kartoffelstampfer und Sieb. Auf einer Puppenwaage wog man Butter, Zucker und Mehl. Bärbel rührte, Hanne kostete, brachte Safran und Zimt. Zuletzt gab es ein Festmahl, bei dem die geladenen Puppen zum

Glück kein Interesse an Kuchen, Reisbrei und Mandelcreme zeigten. Die Köchinnen aßen, was sie gekocht hatten, selbst.

Wenn Kartoffeln zu schälen oder Linsen zu lesen waren, unterhielt Röschen die Gesellschaft mit Balladen, von denen sie etliche auswendig wußte. Sie rezitierte mit leiser Stimme und ohne dramatischen Impetus, aber mit so viel Vorstellungskraft, daß Bärbel das Schälen und Mundzumachen vergaß. Besonders der Zauberlehrling hatte es ihr angetan. Den wollte sie wieder und wieder hören, bald sprach sie ihn nach. So kam es, daß Marianne eines Tages, im Küchenflur lauschend, die Überschwemmung beinahe vor Augen sah. Man rief nach dem Herrn und Meister im Chor, und Hannchen jagte mit tiefer Stimme die ungebärdigen Besen in ihre Ecke zurück.

Nach dieser Szene sah sich die Hausfrau ermutigt, auch wieder Gäste zu laden. Den Anfang machte das Pfeifchen. Ehrmann hatte sich damit abgefunden, daß Rosette nicht ihn, sondern den viel jüngeren Thomas heiraten wollte, und kehrte mit Schnurren und Possen zu seinen Samstagsbesuchen zurück.

Sonntags kamen die Schlossers, oft zusammen mit dem Freiherrn vom Stein. Nach dem Essen verschwanden die Männer in Willemers Bibliothek und besprachen ihr großes Projekt. Da auf ein liberal verfaßtes einiges deutsches Reich nicht mehr zu hoffen war, wollte Stein bewahren und ordnen, was vom imperialen Mittelalter an Quellen noch existierte: Annalen, Gesetze, Urkunden, Briefe. Die Freunde ließen sich begeistern, man plante zur Finanzierung einen Verein.

Willemer war aber noch lange nicht über dem Berg. Er korrespondierte mit Thilau, er schrieb an einer „Geschichte meines Sohnes" und regte sich sehr dabei auf. Dann wieder verbrachte er Tage im Bett, aß nichts und starrte stumm an die Decke oder zur Wand. Manchmal, wenn die Tür einen Spalt offenstand, hörte Marianne ihn seufzen, dann schickte sie Pazzarello hinein.

Sie selber war oft unterwegs. Bei Schelble hatte sich ein Chor zusammengefunden. Frau von Willemer, hochwillkommen mit ihrem

Sopran, genoß den schönen Zusammenklang. Zwischen den Jahren bot man Freunden und Verwandten ein erstes kleines Programm.

Der Musiker hatte an der Wiener Oper Tenor gesungen. Auch in Frankfurt wurde seine Stimme geschätzt. Aber er agierte nicht gern und suchte dem Theaterbetrieb zu entkommen, indem er andere Aufgaben übernahm. Vor seinem Chor benutzte er – wie der neue Operndirektor Spohr – einen Dirigentenstab und signalisierte damit den Willen zur rhythmischen Perfektion. Das Üben und Wiederholen ganzer Passagen war ihm jedoch eine Last, er hatte wenig Geduld. Marianne übernahm zur Vorübung eine kleinere Runde, so kamen sie in den Mittwochsproben rascher voran.

Die Altstimmen wurden von Marianne Lessing geführt, einer klugen Person, die mit ihrem Pagenkopf ein wenig an Bramy erinnerte und so vergnügt lachen konnte, daß Marianne ihr bald von Herzen zugetan war. Man lud sie häufig ins Rote Männchen ein, zusammen mit Dr. Passavant. Am Ende des Winters waren die beiden verlobt.

Das andere Brautpaar richtete sich am Allerheiligentor eine Wohnung ein. Da Rosette ihre Schule nicht im Stich lassen wollte, kam Marianne zu Hilfe, suchte Teppiche und Vorhänge aus, beaufsichtigte die Anfertigung eines prachtvollen Schrankes, besorgte Empire-Stühle für den Salon. In den gemütlicheren Räumen kam man mit alten Möbeln aus.

Willemer tat, als gäbe es diese Verlobung nicht. Gerhard Thomas, ein hochangesehener, ernsthafter Mann, Jurist und jüngster Senator der Stadt, hätte dem Schwiegervater eine Freude sein müssen. Aber der kam von seinem Gram nicht los und verweigerte seiner ältesten Tochter die ihr gebührende Aufmerksamkeit. Marianne hielt das seltsame Gebaren für Eifersucht. Sie selber fand bei den Thomas' ein zweites Zuhause und hätte keine Mühe gescheut, ihnen ein angemessenes Hochzeitsfest auszurichten. Doch Willemer hielt sich auch hier zurück.

Ausgerechnet am 22. März gedachte er nach Potsdam aufzubrechen. Er ließ sich bewegen, zur Trauung mit in die Kirche zu kommen, danach fuhr Phil mit dem alten Landauer vor. Marianne blieb, Rosette zuliebe, bei den Gästen, um überall nach dem Rechten zu sehen. Doch in Gedanken reiste sie mit ihrem Mann. Jakob wollte den Freund überraschen, er machte in Weimar Station.

Acht Tage später gab's einen Brief, an Frau von Willemer adressiert. Marianne mußte sich im Treppenhaus setzen, ihre Hände flogen, das Papier riß beim Öffnen neben dem Siegel ein. Druckbogen, neue Gedichte, dazwischen ein eigenhändig beschriebenes Blatt.

„Den schönsten Augenblick der Täuschung erlebt ich. Der verehrte Freund tritt herein, die geliebte Freundin hoffe ich im Hinterhalte. Da fühl ich recht, daß ich ihr noch immer angehöre. Sagen Sie mir bald ein Wort. Hierbei wieder Fragmente; das Ganze folgt bald als Zeugnis fortwährender Unterhaltung mit der Entfernten. G."

Jakob ist also bei Goethe gewesen. Er hat ihn getroffen und gewiß auch bei ihm gespeist. Bis ins Kleinste wird er ihr alles erzählen. Jetzt hat sie erst einmal diesen Brief, sogleich nach Willemers Weggang verfaßt. Die Schrift sieht ein wenig nach Aufregung aus. Seine geliebte Freundin hoffte er zunächst der Tür, wie damals in Heidelberg. Sie wurde aber nach Weimar niemals geladen. Hat er das nicht bedacht? Freilich will sie ihm glauben, daß er enttäuscht war, als hinter Willemer niemand mehr kam.

Noch immer gehört er ihr an. Das ist ein beglückender Satz. Und dann die Gedichte. Ihre eigenen Strophen, das Ost- und das Westwindgedicht, mitten unter den seinen. Welch ein Geschenk.

Pazzarello, sei still! Ich weine ja nur, weil der Liebste geweint hat, er auch. Hier steht es für immer, sie haben's gedruckt. Das ist mehr als ein Abend in Weimar. Hör zu:

> *Von Wolken streifenhaft befangen,*
> *Versank zu Nacht des Himmels reinstes Blau;*
> *Vermagert bleich sind meine Wangen*
> *Und meine Herzenstränen grau.*

Sie hatte, bei aller Versuchung, das Wiedersehen zuletzt nicht gewagt. Dr. Passavant warnte: War sie den Strapazen der Reise gewachsen? Hielten ihre Nerven der Aufregung stand? Sie konnte nicht bleiben, während Willemer weiterfuhr nach Berlin. Also rückte nur allzu rasch ein neuer, herzzerreißender Abschied heran. – Natürlich hatte der Doktor recht. Jetzt freute sie sich, daß wenigstens Jakob willkommen war. Und hoffte auf seine Großmut, wenn er, zurück von der Reise, in Muße die neuen Gedichte studierte.

Eines hatte sie erschreckt. Sie las es am Abend, in Willemers Sessel gekauert, und mußte bekennen: Es gab ihre heimlichsten Wünsche preis.

Herrin, sag', was heißt das Flüstern?
Was bewegt dir leis die Lippen?
Lispelst immer vor dich hin,
Lieblicher als Weines Nippen!
Denkst du deinen Mundgeschwistern
Noch ein Pärchen herzuziehn?
    „*Ich will küssen! Küssen! sagt' ich.*"

Schau! Im zweifelhaften Dunkel
Glühen blühend alle Zweige,
Nieder spielet Stern auf Stern;
Und smaragden durchs Gesträuche
Tausendfältiger Karfunkel;
Doch dein Geist ist allem fern.
    „*Ich will küssen! Küssen! sagt' ich.*"

Da hatte er wohl die Jupitermuschel am Ohr. Sollte sie antworten, gleich, auf der Stelle? Ihm sagen, wie tief sie getroffen ist? Daß ihre Sinne in Aufruhr sind, ihre Sehnsucht stärker als alle Vernunft? Sie brauchte nichts zu chiffrieren, Jakob ist in Berlin. – Schon eilte die Feder. Sie strich wieder aus, schrieb und verwarf. Durfte sie sich so ganz offenbaren, unverstellt sagen, was sie empfand? Plötzlich lagen die Jahre der Trennung wie ein Gebirge vor ihr. Sie zerriß den begonnenen Brief, lief gewiß hundertmal in Willemers Zimmer auf und ab, streckte sich endlich auf seinem Sofa aus, sah durchs Fenster die Mondsichel steigen, hörte den Lärm auf der Straße verebben, lauschte in die eigentümliche Stille der Nacht. Als die ersten schüchternen Amsellaute den Morgen verhießen, hatte das Herz sich beruhigt.

Zwei Wochen später – der Hausherr wurde täglich erwartet – versiegelte sie ein großes Kuvert. Es ging nicht nach Weimar, es ging nach Paris. Und sein Inhalt bezeugte, daß die holde Suleika zugleich auch der tapfere kleine Blücher war.

„Bester Elias,

so sind Sie nun also mit Ihrer neuen Freiheit am rechten Ort. Ich sehe Sie wandeln, gegenüber der Île, an der Seine entlang. Ich höre, wie Ihnen Humboldt vom Amazonas erzählt. Und dann sitzen Sie mit Sulpiz in der herrlichen Bibliothek. Die Chroniken, Gebetbücher und Bibeln aus alter Zeit müssen ja einem Gelehrten den Atem rauben. Aber doch lieber nicht, wir brauchen Sie noch.

Wie's der Familie geht? Daß Rosette und Thomas verheiratet sind, wissen Sie schon. Damit habe ich meine vertrauteste Freundin zur Hälfte verloren, im Tausch einen sehr lieben Freund gewonnen und also bei der Hochzeit nur wenig geweint.

Verstimmungen hat es dennoch gegeben, Willemer war nicht einverstanden mit dem Termin. Man hätte das Ende des Trauerjahres abwarten sollen, hat er gesagt. Im übrigen findet er seinen Schwiegersohn allzu konservativ. Darauf machen Sie sich einen Reim! Gerhard Thomas faßt keine übereilten Entschlüsse. Und Rosette wird es ihm danken, sooft sie an die Eskapaden des Vaters denkt.

Eine unverblümte Familienkritik, nicht wahr? Dr. Passavant redet mir zu, meine eigene Meinung zu vertreten. Ich sehe, daß man es lernen kann, und gewinne an Sicherheit.

Über Willemers Reise haben viele Leute den Kopf geschüttelt. Was muß er für Dolfs um Gnade bitten? Ehrmann behauptet, kein Duellant sitze von seiner Festungshaft mehr als ein Viertel ab. Auch der Freiherr vom Stein hat widerraten. Wenn der Monarch einen Offizier begnadigt, tut er das aus eigenem Antrieb, als oberster Dienstherr seiner Armee. Aber nicht, weil ein Frankfurter Bürger großherzige Vorschläge macht. Der König hat ihn auch nicht empfangen, nur Freund Haugwitz, welcher viele Erklärungen gab. Können Sie sich vorstellen, daß Willemer dennoch Fürst Wittgenstein bat, sich zum Fürsprech eines preußischen Ordens zu machen?

Er fuhr dann nach Magdeburg, wo Bockum-Dolfs seine Strafe verbüßt. General Stockhausen hat ihn dort hingeschickt, mit welcher grimmigen Absicht, weiß ich nicht. Denn der junge Delinquent muß jede Versöhnung abgelehnt haben, stand stocksteif da, wie mir Willemer schrieb, das Gesicht eine Maske, die Hand in der Weste wie weiland Napoleon.

Frau von Geist-Beeren sah Jakob ein einziges Mal. Ihre Blässe hat ihm Eindruck gemacht. Er überließ ihr Bramys Erbe, wie dieser gewünscht. Als Tochter nahm er sie wohl nicht an, fuhr noch nicht einmal an das Grab seines Sohnes, es liegt auf ihrem Besitz.

Hätte ich Willemer begleiten sollen? Ich wagte es nicht, weil meine Gesundheit vom Winter her nicht die beste war. Aber es gab noch einen anderen Grund. Jakob wollte Goethe besuchen, überraschend, ohne geladen zu sein. Als wir darüber sprachen und ich grundlos zu weinen begann, sagte er: ‚Ich bin zu jedem Opfer bereit.' Dies hat mich vollends in Schrecken versetzt. Mein Lebensschiff liegt in Frankfurt vor Anker. Die bunten Wimpel flattern nicht mehr, aber ich zerre auch nicht an den Tauen. Wohin denn ausfahren? Und was finge mein Jakob ohne mich an? –

Vier Tage später beginne ich noch einmal ein neues Blatt. Denken Sie, am Montag luden die Schlossers mich ein, mit ihnen auf Goethes Spuren nach Bingen zu reisen. Damit Sie sich alles recht vorstellen können, packe ich Ihnen den Aufsatz zum Rochus-Fest ein. Sollten Sie ihn schon besitzen, wird sich in Paris jemand finden, der ein Präsent verdient.

Bei Rüdesheim strömte der Rhein gewaltig, und ich rief während der Überfahrt vorsichtshalber Christophorus an. Die Rochuskapelle leuchtete aber hell und tröstlich im Morgenlicht, wir kamen auch trocken an Land. Oben fanden wir Goethes Nußbäume gewachsen, eine Andenken- und Imbißbude zur Versorgung der Pilger bereit.

Am meisten interessierte uns Luise Seidlers Gemälde, welches der Dichter nicht nur gestiftet, sondern selber entworfen hat. Es ist ein liebliches Bild. Der Jüngling verteilt sein Erbe, leert noch den letzten Beutel aus, bevor er sich auf den Weg nach Italien macht. Die Empfänger sind zwei muntere Knaben. Ein Hündchen ist auch dabei.

Rat Schlosser hat das Bild zu weltlich gefunden. Seine Frau widersprach: Goethe hat in dieser paradiesischen Gegend kein Elend gesehn. Und zum Beweis las sie uns aus seinem Aufsatz die Fastenpredigt des Weihbischofs vor, welcher dem grundgütigen Gott für die Gnade dankt, acht Maß Wein ohne schädliche Wirkung trinken zu können. Den Verfasser sah ich augenzwinkernd im Hintergrund.

Mag er sich auch als alter Heide bezeichnen, aus der Fülle seines Herzens kommt so viel Frömmigkeit. Ich habe mir von der Festansprache die Mahnung zur Ergebenheit in Gottes Willen gemerkt. Und aus den Bauernregeln den Satz, daß es ein gutes Jahr geben wird, wenn die Grasmücke singt, ehe der Weinstock sproßt. Denn wo wir auch standen und gingen, die Luft war erfüllt vom tausendstimmigen Vogelsang.

Verzeihen Sie mir, lieber Freund, wenn ich noch nicht aufhören kann, von Goethe zu sprechen. Er hat mir zu meiner unendlichen Freude schon zum zweitenmal Proben des im Druck befindlichen Divan geschickt. Eines der schönsten Gedichte lege ich abschriftlich bei. Zuerst verstand ich es nicht. Aber nun weiß ich, daß im Hochbild vom Regenbogen aller Glanz einer sehnenden Liebe verewigt ist.

Bleiben Sie gesund und vergessen Sie im großen Paris nicht die kleine Mühle am Main! Der Familie sind Sie immer willkommen, mit der innigsten Freude des Wiedersehens umarmt Sie aber gewiß
Ihre Marianne W."

Hochbild

Die Sonne, Helios der Griechen,
Fährt prächtig auf der Himmelsbahn,
Gewiß, das Weltall zu besiegen,
Blickt er umher, hinab, hinan.

Er sieht die schönste Göttin weinen,
Die Wolkentochter, Himmelskind,
Ihr scheint er nur allein zu scheinen;
Für alle heitre Räume blind

Versenkt er sich in Schmerz und Schauer,
Und häufiger quillt ihr Tränenguß;
Er sendet Lust in ihre Trauer
Und jeder Perle Kuß auf Kuß.

Nun fühlt sie tief des Blicks Gewalten,
Und unverwandt schaut sie hinauf;
Die Perlen wollen sich gestalten:
Denn jede nahm sein Bildnis auf.

Und so, umkränzt von Farb' und Bogen,
Erheitert leuchtet ihr Gesicht,
Entgegen kommt er ihr gezogen;
Doch er, doch ach! erreicht sie nicht.

So, nach des Schicksals hartem Lose,
Weichst du mir, Lieblichste, davon;
Und wär' ich Helios der Große,
Was nützte mir der Wagenthron?

Der Regenbogen. Einmal hatte sie es im Jahr der Welten erlebt, daß er sich wölbte, während Goethe im stummen Schauen begriffen war.

Mit dem Gedicht, das sie abschrieb, hatte er das Himmelsbild der ziehenden Wolken in einen Mythos verwandelt. Griechisch, nicht persisch kamen die Strophen daher. Bei der letzten wurden Marianne die Augen feucht. Das Schicksalswort machte die Trennung zum unaufhebbaren Los.

Sie war es nicht, die sich entzog. Aber sie mußte sich fügen. Der Sehnsucht ist keine Erfüllung verheißen. Farben und Formen am Himmelsgewölbe – nur dies und das Ach des Geliebten ihr Trost.

Hudhud läuft über den Weg

Willemer 1819, am 24. Juni:
Ereignisse von mancherlei Art haben sich um mich hergelagert, unter denen das traurigste die Schwermut der guten Mariane ist. Ich glaubte immer, sie würde schreiben, und deshalb schrieb ich nicht, aber alles verstummt in ihrer Seele, ein geheimer Kummer nagt an ihrem Herzen, und zernagt es, wenn nicht bald Hülfe erscheint. Ich weiß alles und bin zu allem bereit, und spiele mit meinem Schmerz, ohne ihm zu erliegen. So etwas versteht sich übrigens in meinem Alter von selbst.

Wäre es möglich, so bringen Sie den 28. August wie vor vier Jahren im Palmenhain zu. Ihre unerwartete, mir allein bewußte Erscheinung könnte vieles ordnen, anders gestalten – und Sie lebten dabei auf der Mühle oder in der Stadt unbehelligt, ganz sich selbst überlassen.

                    Lieben Sie Ihren alten Landsmann Willemer

Goethe am 9. Juli:
Welche Seligkeit würde es für mich sein, an dem freundlichen heiteren Mainstrom die teuren, wahrhaft geliebten Freunde wieder zu finden und aufs neue das übrige Leben zu verpfänden. Wie ich dieses Jahr dazu gelangen sollte, seh ich nicht ab, da außer den allgemeinen Schwierigkeiten noch besondere eintreten, worüber Sie aufzuklären ich mir nächstens zur Pflicht mache. Schreiben Sie mir öfter, ersuchen Sie Marianen, daß sie von sich hören lasse. Wie nah ich meinen südwestlichen Freunden bin, können Sie denken, da ich mich gegenwärtig in Jena befinde, um den Abdruck des Divans zu beschleunigen, den man mir bist jetzt unverantwortlich verzögert hat.

Den Wunsch noch, bald wieder von den Lieben zu hören!   G

Willemer am 14. Juli:

Mein gütiger Freund

kaum daß ich Ihnen geschrieben, so erhalte ich auch schon Antwort. Wie wird Maria beschämt sein, wenn ich ihr Ihren Brief nach Baden schicke, wohin sie vor fünf Tagen abgegangen ist. Ich riet ihr zu, sich diesen gewiß ihr angenehmen Tausch mit der Mühle zu gönnen. Es wird ihr wohltun, sich einmal ganz überlassen zu sein, dann es begleitet sie niemand wie ihr Mädchen und ein Bedienter. Ich hoffe, Luft, Wasser und neue Gegenstände sollen ihr wohltun.

Ich ging nicht über Weimar zurück, wie sehr der Anblick meines nachsichtigen Freundes, seiner trefflichen Tochter und ihres Gemahls mich auch gestärkt haben würde; mein Friede war verletzt, und ich bedurfte nach jener Szene in Magdeburg um so mehr der Einsamkeit.

Sie lassen mich in Ungewißheit, ob Sie an den Rhein kommen – aber nicht ohne Hoffnung. Nun, alles gehe, wie es soll. Sie würden Liebe finden, und Liebe zu beweisen Anlaß haben. Es wird Ihrer öfter gedacht bei dem Grafen Reinhard, Frau von Wolzogen und Humboldt, auch der Kronprinz beklagt es, Sie immer verfehlt zu haben, er brachte mehrere Tage hier zu, ich gab ihm Ansichten über die Schweiz und sollte mitgehen, aber ich brauche keine Könige mehr, seitdem mein Sohn sie nicht mehr braucht.

Die einzelnen Stücke vom Divan haben uns sehr glücklich gemacht, ich hoffe, das Ganze folgt bald nach.

Vergessen Sie den Main und die Ihren nicht, die Ihren im vollsten Sinn des Worts.
                              Willemer

Marianne an Goethe, Baden den 19. Juli:

Daß ich so lange gezögert, für Ihre herzlichen Worte zu danken, ist kaum zu entschuldigen, denn ich fürchte, meine Schuld zu vergrößern, wenn ich mich auf ein Gefühl berufe, was mich im Augenblick unfähig machte, so viele Güte zu erwidern; einmal aufgeschoben, findet man den rechten Zeitpunkt nicht, und man erscheint als undankbar, wenn man sich auch hierüber keine Vorwürfe zu machen hat.

Ich war überrascht, gerührt, ich weinte bei den Erinnerungen einer glücklichen Vergangenheit; es kam mir fast alles wie ein Traum vor, den ich mir in der Gegenwart wiederholte, um ihn nicht zu vergessen. Daß Willemer Sie gesehen, gesprochen hatte, vermehrte das Unbegreifliche meines Zustandes, ja selbst was er mir von Ihnen schrieb und Ihr eigener Brief vollendete meine Verwirrung; ich konnte oder ich wußte nicht zu antworten; können Sie mir verzeihen, was sich nicht entschuldigen läßt? – Lassen sie mir immer die angenehme Täuschung, daß Sie mir nicht aus Großmut nur verzeihen.

Die herrliche Gegend, die ich seit kurzem bewohne, die überaus reine Luft, das heilsame Bad, alles vereinigt sich, meiner Gesundheit, die in den letzten Jahren merklich gelitten, wieder aufzuhelfen. Sollte denn die Nähe Straßburgs, verbunden mit obigen, Ihnen gewiß bekannten vortrefflichen Eigenschaften Badens nicht den Vorzug vor Karlsbad verdienen? Wie glücklich würde ich sein, Sie hier zu wissen, selbst wenn ich nicht mehr anwesend sein sollte, es bliebe immer die schöne Hoffnung, Sie bei uns auf der Mühle zu sehen. – Ich falle schon wieder in meinen alten Fehler; so bescheiden auch meine Wünsche im Ganzen sein mögen, wenn ich mir sie erfüllt denke, erscheinen sie mir verwegen.

Frau von Heygendorf hat vorigen Sommer einige Wochen in dem Haus zugebracht, das ich bewohne; sie kann Ihnen sagen, wie nahe dem Himmel in jedem Sinne meine freundliche Wohnung ist. Und wie viele schöne Mädchen gibt es nicht hier; Hudhud läuft in einem fort über den Weg; auch hohe Herrschaften genug, wenn man will, und hohe Berge und Täler, und – doch Sie können ja nicht kommen. Ich würde mich sehr freuen, wenn ich noch einige Zeilen in Baden erhielt'; freilich darf ich es kaum hoffen, denn ich habe es nicht verdient, und dennoch könnte Ihnen meine Adresse bei Herrn Domänenverwalter Hugenest fehlen, wenn sie nicht hier stünde.

Von ganzem Herzen grüßt Sie   Mariane

Goethe an Marianne, 26. Juli:

Nein, allerliebste Marianne, ein Wort von mir sollst du in Baden nicht vermissen, da du deine lieben Lippen wieder walten lässest und ein unerfreuliches Stillschweigen brechen magst. Soll ich wiederholen, daß ich dich von der Gegenwart des Freundes unzertrennlich hielt, und daß bei seinem treuen Anblick alles in mir rege ward, was er uns so gern und edel gönnt. Ob du gleich schwiegst, hatte ich allerlei zurechtgelegt, der Rückkehrende vermied uns, und es blieb liegen.

Nun da du sagst, und so lieblich, daß du mein gedenkst und gern gedenken magst: so höre doppelt und dreifach die Versicherung, daß ich jedes deiner Gefühle herzlich und unablässig erwidere. Möge dich dies zur guten Stunde treffen, und dich zu einem recht langen Kommentar über diesen kurzen Text veranlassen. Wäre ich Hudhud, ich liefe dir nicht über den Weg, sondern schnurstracks auf dich zu. Nicht als Boten, um mein selbst willen müßtest du mich freundlich aufnehmen. Zum Schluß den frommen liebevollen Wunsch

  Eja! wären wir da!   G

Goethe an Willemer, 5. August:

Nach Baden habe ich gleich geschrieben; man wird verzeihen, wenn ich zu aufrichtig gewesen bin. An jedem schönen Tage sehne ich mich nach Ihren Ufern, bin jetzt noch viel gebunden und seh am Ende doch die steilen böhmischen Gebirge vor mir. Zu liebenswürdigen Entschlüssen scheint es nicht mehr an der Zeit zu sein. Möge sich alles Gute so gewiß um Sie versammeln, als ich in Gedanken jederzeit bei Ihnen gegenwärtig bin.

  Treulichst   Goethe

Willemer am 28. August:

Ich danke Ihnen, daß Sie Mariane so bald und so herzlich geschrieben, sie hat es wohl um Sie verdient, die gute, die liebevolle Seele. Seit acht Tagen ist sie von Baden zurück, aber sie kränkelt, und ich sage nicht zu viel, wenn ich Ihnen sage, daß meine Sorgen an Größe nur von meiner Liebe übertroffen werden! Vereinigen wir uns, Freund, einem leidenden Gemüt die verlorene Heiterkeit, einem erschlafften Geist und Körper die verlorene Stärke wieder zu verschaffen.

Leben Sie wohl, und konnten Sie an Ihrem Geburtstag nicht unter uns sein, so machen Sie bald eine andere Zeit uns zu einer Festzeit.

  Mit Ehrfurcht und Liebe   Willemer

Marianne am 28. August

Die freundlichen und herzlichen Worte, die ich in Baden erhielt, haben ihre Wirkung nicht verfehlt. Ich hatte vieles, Bekanntes und Neues, zu erwidern; zudem war durch Sulpiz Boisserée, der kurz vor meiner Abreise eintraf, durch Gespräch und Mitteilung die vergangene Zeit fast zur Gegenwart geworden. Dies alles wollte ich Ihnen schreiben, so gut ich es vermochte, Sie hätten das Fehlende wie immer ersetzt, und ich hätte mich wie immer verwundert, daß ich mich so gut auszudrücken weiß. Meine Abreise, die früher erfolgte, als ich anfangs glaubte, und eine nicht ganz unbedeutende Unpäßlichkeit nach meiner Ankunft in Frankfurt verhinderte meine Absicht, und nun weiß ich nichts mehr zu sagen, als daß Ihr Wohlwollen mich innig rührt und erquickt und mir ein Bewußtsein verleiht, das mich zu gleicher Zeit erhebt und demütigt.

Eines kleinen Abenteuers kann ich nicht umhin zu erwähnen, das mir in Baden von guter Vorbedeutung zu sein schien; der Erfolg wird zeigen, ob ich mich auf meinen Boten verlassen kann: Bei einem Spaziergang mit Boisserée führte unser Weg durch einen Wald, der von der Abendsonne herrlich beleuchtet, überdies mit Stechpalmen reichlich durchwachsen war, deren grünes Gold, vom Sonnenglanze schimmernd, aus dem dunklen Schatten südlich und üppig hervorstach; und wahrhaftig, Hudhud lief über den Weg und blieb auf dem Stamm einer Stechpalme sitzen. Ich trat zu ihm und sagte ihm – nein, ich sagte nichts, denn er weiß ja alles! Er versprach mir, alles pünktlich auszurichten und die Aufträge, wozu mir der Griffel und das Pergament fehlen, aus eignen Mitteln zu bestreiten; auch wolle er auf jenen Tag, dessen Feier wir immer im Stillen begehen, alle Herzenswünsche unter seine Fittiche nehmen und vor Ihren Füßen ausstreuen.

Das Buch der Bücher soll ja schon einigen Erwählten sichtbar geworden sein, und zwar in vollendeter Gestalt; also bald, recht bald wird sich uns der Osten mit allem Glanze des Blüten- und Farbenschmuckes aufschließen, ich kann es kaum erwarten. Willemer hat mich doch wohl ein wenig zu krank geschildert, ich bin wieder gesund, und lebe stets der Hoffnung, Sie zu sehen.

Alles Gute und Schöne sei wie immer mit Ihnen   Mariane

Willemer am 29. August:

Frankfurt feierte gestern seinen schönsten Tag, sich zur Ehre wie zur Lust. 180 Personen waren im großen Saal vom Weidenbusch um eine Tafel her versammelt und hatten die Büste ihres Landsmanns, des ersten jetzt lebenden Dichters, im Auge, ein goldener Lorbeerkranz, mit Rubinen und Smaragden durchflochten, zierte des Unsterblichen Scheitel. Die Gläser klangen, und verständige wie verständliche Gesundheiten flammten gleich Blitzen zwischendurch. Kirchner brachte die erste Gesundheit aus und sprach wie ein stiller Gott, ernst, feierlich, herzergreifend. Unter den Anwesenden war der Gesandte Aretin, Wangenheim, Graf Reinhard, Schlosser, Büchler, viele benachbarte Gesandte – Thorwaldsen und Boisserée. Von Senatoren nur Thomas, mein Schwiegersohn. Die Büste des Freundes umgab ein Lorbeerhain, Blumen schmückten die Tafel, und alles empfand die Bedeutung des Festes. Frauen waren ausgeschlossen, aber die gute, wieder unpaßliche Mariane gedachte ihres Freundes in wehmütiger Stille.

Abends zuvor war Museum, mit Reden, Deklamationen, Musik und Kunst. Am 28. Tasso und ein Prolog, alles ging ohne Verdruß, recht fein und dennoch kräftig von Statten. Ich war auch dabei – und statte darum Bericht ab – an den Freund, der unsichtbar bei uns war.

Willemer

Goethe aus Karlsbad am 8. September:
In Erwiderung so manches Freundlichen soll ich von meinem bisherigen Lebenslauf einiges vertraulich erzählen.

Den 28. brachte, bei schönem Wetter, unter freiem Himmel zu, auf dem Wege von Asch nach Karlsbad; wo ich zeitig anlangte. Wenige Tage drauf entfernten sich die hier versammelten Staatsmänner, ihnen folgten einige nähere Verhältnisse, so daß ich in der vollkommensten Einsamkeit zurückblieb.

Sogleich aber begrüßte mich Hudhud aufs liebenswürdigste, vertraute mir viel und mancherlei. Bald hierauf erschien unmittelbare Freundes-Nachricht von dem so schön und herrlich begangenen Feste, die mich zugleich erfreuen und beschämen mußte. Von Weimar aus meldete mein Sohn Höchstdankenswertes von angekommenen Geschenken und Gaben, und heut erhalte ein Diplom als Ehrenmitglied der Gesellschaft älterer deutschen Geschichtskunde; gleichfalls bezüglich auf jenen Tag, und von verehrten Namen unterzeichnet, die Sie mir, teuerster Freund, als vorzügliche Teilnehmer jenes Festes genannt haben.

Geblendet von dem Abglanze solcher in der Entfernung mir zu Gunsten bereiteten Erfreulichkeiten, finde ich mich auf einmal wieder im Angesicht schroffer Felsenwände, denen ich kaum mit Schlägel und Eisen einige Erklärung abgewinnen kann und mich in Gedanken um so lieber zu den wertesten Freunden hinwende, die, in freier Gegend, am belebtesten Flusse, gewiß so schöner Herbsttage genießen, als hier in diesen Schluchten mir zu Gute kommen, wo sie freilich von doppelt- und dreifachem Werte sind.

Im Laufe dieses Monats würden mich einige Zeilen von dorther höchst glücklich machen. Goethe

Geschenke

Pazzarello, schau her! Er hat den vollständigen Divan geschickt. Buch des Sängers, Buch der Liebe, Buch Suleika, das Schenkenbuch. Den ganzen Divan, noch ungebunden, nicht richtig geheftet. Aber wir sollten ihn haben, bevor Doktor Goethe ins Karlsbad geht.

Willemer ist im Rheingau, Rosette hat keine Zeit. Was machen wir da? Öffnen alle Fenster, lassen das Rauschen der Erlen und Pappeln herein. Kuscheln uns auf dem Kanapee und freuen uns ganz allein. Im Atemholen sind zweierlei Gnaden, das verstehst du doch auch.

So viel Wirklichkeit im Gedicht. Das Leben ein Gänsespiel. In der Mücke das Gleichnis des Seins. Adam hat ein Evchen bekommen, oben drüber steht: Es ist gut. Die Geburtstagsfeier, erinnerst du dich? Alles findet sich wieder, die Pfauenfeder, der Tulbend, sogar Willemers Holpergedicht. Und Hudhud natürlich, der schöne Vogel, stolziert übers Feld. Da waren wir selig, o ja! Du doch nicht, Närrchen, ich meine Hatem und mich.

Vor den Ohren der Freunde, der Anverwandten hat er ganz unverblümt von unserer Liebe gesprochen. Nein, unverblümt nicht. Er las aus dem Divan vor. Und du, großes Hunderl, hast wie Hudhud den Kuppler gemacht. Hast ihm seine Sacktücher nachgetragen. Wenn sie reinlich waren, drückte ich zuvor meine Lippen darauf. Eines besitzen wir noch, schau her! Man müßte es waschen, aber dann ist es nur noch ein Stückchen Stoff und eigentlich keine Hinterlassenschaft mehr.

Immer zog er sein Schnupftuch durch die Hände. Das hat ihn verraten: er war nicht so ruhig, wie er schien. Und wie denn auch? Suleika machte ihn krank und gesund, sang ihm zu Gefallen, gefiel ihm vor allen – da hab' ich schon wieder in Versen geredet, das kann nicht so weitergehn.

Nein, Pazzarello, nicht auf den Schoß! Bleib hier neben mir sitzen, das ist nahe genug. Und das Sacktuch gib wieder her. Wir werden es doch einmal waschen müssen. Die Liebe ist ein vergänglich Ding. Dauerhaft fließt nur der Fluß. – Weißt du noch, wie wir unten am Ufer standen? Ich warf einen Ring hinein. Du schautest mich an, als käme gleich der Befehl zum Apport. Es kam aber keiner, du kannst ja nicht tauchen. Und der Ring war sofort auf dem Grund. „Mich vermählst du deinem Flusse", hat er geschrieben. Doch läßt er uns warten, seitdem ihm die Achse am Wagen brach.

Schau, da ist ein neues Gedicht. Das muß er in Weimar geschrieben haben, hier las er es niemals vor.

> *Wunderlichstes Buch der Bücher*
> *Ist das Buch der Liebe;*
> *Aufmerksam hab' ich's gelesen:*
> *Wenig Blätter Freuden,*
> *Ganze Hefte Leiden;*
> *Einen Abschnitt macht die Trennung.*
> *Wiedersehn – ein klein Kapitel,*
> *Fragmentarisch! Bände Kummers,*
> *Mit Erklärungen verlängert,*
> *Endlos, ohne Maß.*

Ja, so ist es gewesen. Viele Tränen und wenig Trost. Brauchst nicht zu schniefen, mein Närrchen. Ich bin dir ja gut. Darfst auch wissen, was keiner sonst weiß: es sind ein paar Strophen von mir. Sie stehen mitten unter den seinen und fallen nicht auf. Seltsam ist das. Wer liebt, dem schwimmen die Verse wie Zauberschiffchen aufs Blatt. Man tunkt die Feder ins Tintenfaß, schon stehen sie da. „Wie etwas sei leicht, weiß, der es erfunden und der es erreicht." Glaub's nicht! Es ist auch gefährlich. Die Sehnsucht taumelt ins Licht und verbrennt.

Ob ihm jemand geschrieben hat, daß der Paulus-Sohn nicht mehr lebt? Der Schenke ist tot, am Lungenfieber gestorben, Erlkönig hat ihn geholt. – O Gott, was rede ich da? Schluß mit dem Spintisieren! Hier hast du den Schuh. Er ist zerbissen, aber er ist eine Wirklichkeit.

Der Weimarer Pantoffel, die Vorbedingung zu einem hübschen Frankfurter Weihnachtsgeschenk. Sie hatte August gebeten, einen ausgemusterten Hausschuh des Vaters zu schicken, weil sie die Fußgröße brauchte. Das erbetene Muster kam, und Schuster Kilian fertigte ein Paar neue Pantoffeln an, aus feinstem Leder der Innenschuh, außen ein festes Gewebe in Rot und Grau. Das Kunstwerk ward schließlich von einer Lasche gekrönt. Für zwei Füße zwei Laschen, und auf jeder stand der Name Suleika gestickt, in arabischer Schrift, nach einem Zettel von seiner Hand. Es war eine mühsame Arbeit gewesen. Der Empfänger hatte sich humorvoll bedankt.

„Ob es gleich herkömmlich ist, daß man des Papsts Pantoffel küsse, weil ein Kreuz drauf, wohl auch, daß man die Füße der Geliebtesten liebkose, um anzudeuten, daß man sich dem Willen ganz hingibt, der sich uns ergeben hat: so ist es doch unerhört, daß man eine würdige Person durch magische Zeichen nötige, die Hülle seines eigenen Fußes zu verehren, wozu moralisch und physisch gar wunderbare Gebärden nötig wären."

Da hatte er recht, man kann sich kaum selber die Füße küssen. Aber das machte ja nichts. – Den alten Hausschuh bekam Pazzarello zum Spielen geschenkt. Er erinnerte sich an den Gast, wedelte mit dem Stummelschwänzchen und biß das zerfledderte Leder vollends entzwei.

Sollen wir lesen, was nach den Gedichten steht? Über Araber, Perser, Hebräer, Israel in der Wüste, Mahomet und den Koran? Du langweilst dich, willst in den Garten, Mäuse fangen, die du nicht frißt. Wart noch eine Sekunde! Hier schreibt er über Hatem und mich. „Sein Alter, seine grauen Haare schmückt er mit der Liebe Suleikas, nicht geckenhaft zudringlich, nein! ihrer Gegenliebe gewiß. Sie, die Geistreiche, weiß den Geist zu schätzen, der das Alter verjüngt." – War Goethe alt? Ich hab's nicht bemerkt. Aber es stimmt. Vor fünf Tagen wurde er siebzig und ist jetzt genau doppelt so alt wie ich. Die

Frankfurter haben ihn hochleben lassen, eine Männergesellschaft, Frauen lud man nicht ein.

Was hat er über das Buch Suleika gesagt? Solche Leidenschaft kehre nicht leicht zurück. Doch sei es erlaubt, zu hoffen, wie man auf gute Weinjahre hofft. – Neuer Wein, neue Liebe. Pazzarello, ich fürchte, da meint er nicht uns.

Komm, wir gehen hinunter zum Fluß. Und bevor wir diesen Spazierstock nach Weimar schicken, taufen wir den Stechpalmen-Hudhud im Main. Damit waschen wir auch den dunkelbärtigen Schrecken ab. Leg den Kopf nicht so schief! Dein Frauchen ist ganz gesund. Die Geschichte läßt sich vernünftig erzählen, doch wirst du sie schwerlich verstehn.

Der Spazierstock – beiläufig: er scheint mir für Goethe zu kurz – ist von Matti, dem Mann aus Tirol. Wie andere Fremde, aus Flandern, aus Böhmen, hatte er an der Promenade in Baden seinen Tisch aufgeschlagen und bot den Spaziergängern allerlei Schnitzwerk an. Stöcke zum Beispiel mit hübschen Griffen in Tiergestalt. Ich fragte ihn, ob er mir für den Knauf einen Wiedehopf schnitzen könne. Er hob die Schultern und sah mich mit seinen kohlschwarzen Augen durchdringend an. Verstanden hat er mich nicht. Vielleicht kommt der Vogel in seiner Heimat nicht vor. Doch legte er mehrmals die Hand aufs Herz.

Zuletzt fiel mir Lehrer Rothermel ein. Der besaß auch wirklich ein Vogelbuch, es fand sich ein Wiedehopf abgebildet, ich zeigte Matti das Blatt. Die Augen des Mannes blitzten mich an, hinter dem Bartgestrüpp verzog sich der Mund und gab ein paar Zahnlücken frei. Mit raschen Strichen zeichnete er den Hudhud auf ein Stück braunes Papier.

Ich hatte ihm nicht meine Wohnung gesagt, doch am nächsten Abend stand er unter der Tür. Er überreichte den Stock, sah mich, statt seinen Preis zu nennen, immer nur an, packte endlich meine Hand und preßte seine Lippen darauf, bevor ich zurückweichen konnte. Dann lief er davon. Ich spüre noch jetzt den kratzigen Bart auf der Hand.

Jetzt bellst du, mein tapferer Hund, aber damals war ich allein. Unser Georg, der selber schön schnitzen kann, brachte dem Mann einen Gulden hinunter. Er meinte, der Griff sei es wert. Er liegt ganz angenehm in der Hand, doch der Stock ist zu kurz. Matti hat ihn nach seiner eigenen Größe bemessen, da traf er's nicht recht.

Ist schon gut. Wenn ich wieder nach Baden gehe, nehm' ich dich mit. Dann darfst du die fremden Handkußräuber verbellen. Und für den Weimarer Freund bestell' ich ein Böhmisches Glas. Sie schleifen Motive und Buchstaben ein, ganze Namen rundum. Marianne in Goethes Hand. Ein schöner Gedanke, findest du nicht? – Nun lauf und fang Mäuse! Aber bring sie den Katzen, nicht mir!

Der Stock war zu kurz, ganz wie Marianne vermutet hatte. Doch der Beschenkte dankte für den hölzernen Stubengenossen mit artigen Versen.

Hudhud auf dem Palmensteckchen,
Hier im Eckchen,
Nistet, äugelnd, wie charmant!
Und ist immer vigilant.

Auch sollte der Wiedehopf weiterhin sein Möglichstes tun, um die Ferne durch heitere Botschaft zu kürzen. Deshalb kehrte er übers Jahr als gemalter Vogel nach Frankfurt zurück, brachte für die Hausgenossen in einer kreisrunden Schachtel allerlei Schätze, posierte selbst auf dem Deckel mit kräftigen Füßen und Feldherrnblick, bunt gezeichnet, die Krone üppig, im Efeukranz ein magisches Tier, alles verkündend, was sich nicht sagen läßt.

„Marianne ist vor Freude außer sich", konnte der Hausherr berichten. „Sie springt wie ein Kind im Zimmer herum, ruft alle nacheinander durch die Klingel herbei. Christine bewundert den farbigen Glasperlenbeutel, die Stickereien am Taschentuch. Hannchen schnuppert am Räucherpulver, wischt sich die Augen und murmelt: So hat's geroche, wie de Herr Geehde bei uns war. Unsere geliebte Mignon nimmt vor allem die Schmuckschrift ans Herz. Sie wird Ihre Mahnung befolgen, sobald ihre Nerven beruhigt sind."

Das rosenfarbene Blatt mit der schönen Prägung am Rand war eine Hudhud-Botschaft von höchstem und innigstem Wert: „Du! Schweige künftig nicht so lange. Tritt freundlich oft zu mir herein." Ach, am liebsten wäre sie ja wie die neue Melusine in einem Kästchen nach Weimar gereist, aber Liebe und Treue können sich auch aus der Ferne bewähren, wenn es der Freund so wünscht.

Selbstredend stand die Familie nicht an, ihrerseits mit Geschenken das Netz zu knüpfen, das den Verehrten in loser Gefangenschaft hielt. Viele Male gingen im Lauf der Jahre zwölf neue „Apostel" auf Pilgerschaft. Zum siebzigsten Geburtstag kam gar der Elfer in zwei Bataillonen vors Haus. Zu Weihnachten gab es Zuckerwerk, Pfeffernüsse und Printen. Im bunten Wechsel der Jahreszeiten Schinken und Würste, Mostsenf, Kastanien, Quittenpaste, getrocknete Früchte, Honig, Ingwer und anderes mehr.

Artischocken waren besonders beliebt. Marianne sandte sie bis in den Oktober hinein. Wie froh es sie machte, die geschätzten Distelköpfe sorgsam zu packen, sich vorzustellen, wie sie der Hausherr selbst aus der Hülle befreite, später den Gästen mit Augenzwinkern servierte, zuletzt erst verratend, daß sie in der milderen Sonne der Heimat gereift.

Auch sorgte man für ein gutes Gedenken der Stadt. Zeichnungen, Radierungen, Stiche vom Römerberg, vom Mainufer und von seinen Bewohnern wechselten den Ort und hielten ferne Erinnerung wach. Für die Enkel gab es ein Mikrorama von Frankfurt und für den Großvater (auf dessen Bitte hin) einen Wappenkalender aus alten Tagen, als Johann Textor Stadtschultheiß war.

Mit verständlichem Stolz trug der Bankier die Weimarer Gegengaben ins Buch der Geschenke ein.

1816	1. Heft über Kunst und Altertum
	Kupferstiche zu „Faust"
1819	Weimarer Festgedicht
	Velin-Exemplar der zwanzigbändigen Werkausgabe (Marianne übereignet)
	Der Divan, mit Goldschnitt, in Leder gebunden
	Nachbildung eines Wachsmodells (Schadow-Medaille)
1820	2. und 3. Heft über Kunst und Altertum
1821	Divan-Kompositionen (Eberwein)
	Scherenschnitt mit Divan-Motiven (Adele Schopenhauer)
	Stich nach Dawes Goethe-Portrait
	Handzeichnungen von Goethe, radiert und gedruckt
1822	Campagne in Frankreich
1823	4. Heft über Kunst und Altertum
1824	Jubiläumsausgabe von „Werthers Leiden" (neues Eingangsgedicht)
1825	Denkmünze in Silber (nach Entwurf von Rauch)
	Bild nach Bovy-Medaille
1826	Weimarer Jubiläumsmedaillen (Goethe 50 Jahre dem regierenden Herzog zur Seite)
1828	Für Röschen mit Versen: Haus am Frauenplan; Gartenhaus; Dornburger Vollmond-Gedicht
1830	Goethes Handschrift in Lithographien

Marianne, wenn sie die Liste zur Hand nahm, freute sich stets, daß der Ur-Divan fehlte. Er blieb ihr eigenstes und liebstes Geschenk. Die Blätter rührten sie an wie die weißen Schmetterlinge vor dem Gemäuer der Mühle. Hatem war da, seine Stimme klang ihr im Ohr. Man durfte ihn nur nicht umarmen, erst recht nicht befragen wollen. Oder doch? War nicht neben den Versen für stumme Zwiesprache Platz? Den ersten schüchternen Bleistiftstrichen folgten bald allerlei Kringel und Ausrufezeichen. Daten und Skizzen machten aus dem Gedichtheft allmählich ein Rollenbuch für tausend Erinnerungen. Fettfingerchen gab es, und einmal setzte sogar Pazzarellos feuchte Nase einen Punkt aufs Papier. Undenkbar dies alles bei der kostbar gebundenen Prachtausgabe mit ihren Lederauflagen, Zierstempeln, Arabesken in Gold. Selbst der Verfasser hatte auf einem Zettel den Gegensatz zwischen dem strengen Einband und den muntern Liedern beklagt. Marianne ließ Goethes Blättchen im Buch, glaubte an die behauptete Unsterblichkeit der Gedichte. An den Schwur seiner ewigen Liebe nicht mehr so ganz.

Aber gerade darauf bestand der Freund von Jahr zu Jahr mehr. „Meine Teuerste" nannte er sie und meinte die Auszeichnung ernst. Der Achtzigjährige spielte nicht mehr den Hatem, hatte das orientalische Kostüm wie eine Schlangenhaut abgestreift. Auch waren andere Frauen dazwischengekommen, Marianne wußte das wohl. Dennoch blieb sie ihrer Liebe treu.

Als er, übrigens nicht zum erstenmal, ein Blatt des Bryophyllum, seiner „pantheistischen Pflanze", sandte, bewegten sanfte Gefühle ihr Herz. Schon früher hatte er ihr für das üppig sprossende Brutblatt, das seine Keime vom Blattrand aus in die Erde versenkt und ein ganzes Familiengedränge neuer Pflänzchen emportreibt, eine gereimte Pflegeanweisung verfaßt. Jetzt brachte er die Frühlingssendung abermals mit einem Gedicht auf den Weg. Seine ergreifende Metaphorik schob sich vor die einstmals gedeutete Rätselgestalt des Ginkgo-Laubes.

> *Wie aus Einem Blatt unzählig*
> *Frische Lebenszweige sprießen:*
> *Mögst in Einer Liebe selig*
> *Tausendfaches Glück genießen!*

Er erwartete nicht zu viel. Wie in der Divan-Zeit begriff sie auch jetzt das Symbol und nahm die Pflanze als Gleichnis für alle Liebe, die er Suleika geschenkt.

Zwar stand sie nicht an, sich den Freund auf die Terrasse zu wünschen, wenn die Mühle im heiteren Sommerlicht schwamm. Wußte aber, er würde nicht kommen. Blätterte statt dessen in der siebenten

Lieferung der Ausgabe letzter Hand, fand in den Tag- und Jahresheften einen knappen Bericht zu seinem Frankfurter Aufenthalt. Stichworte nur: die ländliche Wohnung, geistreiche Freunde, Entstehung des Divan, gesteigertes Glück.

Wie anders liest sich das, wenn man auf dem Altan seines Gastzimmers sitzt und das Rauschen des Flusses die mittagsmüden Vögel in einen kurzen Schlummer versenkt. Nur wenige kennen die Melodie zu diesem bescheidenen Text, und wer sie kennt, dem schließen die Worte einen Himmel voller Erinnerungen auf. Das wird sie ihm schreiben. Seine Antworten kommen jetzt rasch, man merkt die Freude und dahinter die Einsamkeit.

Marianne sucht unter den Briefen ein besonderes, handgeschriebenes Blatt heraus. Mit seiner Entstehungsgeschichte ist sie nur zur Hälfte vertraut. Aber ihre ganze Liebe gehört diesem letzten poetischen Zwiegespräch.

Im Jahr der Welten hatte sie einen Blütenkranz aufgeklebt für den 28. August. Zehn Jahre später gab sie ihrem Schwiegersohn ein ähnliches Blatt mit auf die Reise nach Weimar. Und der Empfänger war so entzückt, daß er seine strenge Gepflogenheit, aus dem innersten Kreis nichts nach außen zu lassen, verriet. Riemer und Meyer mußten das Kunstwerk bewundern, schließlich auch Kanzler Müller, der häufig zu einem Abendplausch kam. In der Mitte des Kranzes stand ein Gedicht. Es ließ sich leicht lesen, geradezu überfliegen, Marianne schrieb eine schöne und klare Hand.

Später bat der Kanzler um eine Abschrift der Verse für sein Archiv. Goethe erschrak. Was hatte er da offenbart, von der Freude am Musterhaften verführt? In der Weimarer Sammlung von Glückwünschen zum fünfzigjährigen Dienstjubiläum ein Gedicht der teuren Marianne, ein Liebesgedicht? Ausgeschlossen. Noch am selben Tag lehnte er eigenhändig und schriftlich das Ansinnen ab. Nahm aber einen großen Bogen zur Hand, faltete ihn in der Mitte und übertrug die Frankfurter Strophen nach links. Für die freigebliebene rechte Hälfte verfaßte er eine Erwiderung. Hübsch sah es aus.

Sie

Zarter Blumen leicht Gewinde
Flecht ich dir zum Angebinde,
Unvergängliches zu bieten
War mir leider nicht beschieden.

In den leichten Blumenranken
Lauschen liebende Gedanken,
Die in leisen Tönen klingen
Und dir fromme Wünsche bringen.

Und so bringt vom fernen Orte
Dieses Blatt dir Blumenworte,
Mögen sie vor deinen Blicken
Sich in bunten Farben schmücken.

Er

Bunte Blumen in dem Garten
Leuchten von der Morgensonne,
Aber leuchten keine Wonne,
Liebchen darf ich nicht erwarten.

Sendest nun in zarten Kreisen
Die von dir gepflückten Sterne,
Zärtlich willst du mir beweisen
Du empfindest in der Ferne

Was ich in der Fern empfinde',
So als wär kein Raum dazwischen,
Und so blühen auch geschwinde
Die getrockneten mit frischen.

Die Empfängerin machte kein Geheimnis aus dem Geschenk. Verwandte und Freunde konnten es lesen, das Blatt. Sophie Schlosser fand die Wechselrede besonders schön, umarmte Marianne und sagte: „Immer wird er dich lieben, so wie wir alle. Du hast es verdient."

Eifersucht

„Man darf ihr nicht glauben."

Meline, die schöne Meline Guaita, legte Marianne, welche neben ihr saß, die Hand aufs Knie und lächelte zu ihrer Freundin hinüber. Die nickte und sah beharrlich zum Fenster hinaus. Der Himmel hellte sich allmählich auf, aber am Wegrand schossen noch immer lehmgelbe Bäche zu Tal, und in den Alleen fegte jeder Windstoß einen Schwall Wasser von den Bäumen herunter aufs Kutschendach. Georg Brentanos Coupé hatte dem Gewitterguß standgehalten. Die vor Nässe dampfenden Pferde gingen jetzt Schritt. In den weichen Polstern hätten die Damen der Schläfrigkeit anheimfallen können, doch der Nachmittag mit Bettine rumorte ihnen noch im Gemüt.

„Was, zum Beispiel, glaubst du ihr nicht?"

„Daß Goethe ihr einen Lorbeerzweig schenkte. Den hat sie irgendwo abgepflückt."

„Sie hat ein Denkmal für ihn entworfen, aus Liebe zu ihm ein herrliches Werk vollbracht, nicht wahr, so drückte sie's aus? Da hat er ihr die Hände aufs Haupt gelegt und sie gesegnet wie ein Vater sein Kind. Dann gab's den Lorbeer. Das alles könnte doch sein."

„Es könnte, oder auch nicht. Ich habe ihre Reden nie für bare Münze gehalten. – Sag mir aber, wie dir das Denkmal gefällt!"

„Die Zeichnung finde ich gut, obwohl sie Goethe nicht trifft. Bettine macht einen Gott aus ihm."

„Na, wenigstens steht sie ihm nur auf den Füßen und sitzt ihm nicht auf dem Schoß."

„Denkst du, mit dem Flügelwesen, welches sie Psyche nennt, meint sie sich selbst?"

„Gewiß. Und klimpert auf der Lyra herum."

„Ihr Gipsmodell ist ein Graus."

„Das möchte sie aber unverändert in Auftrag geben."

„Desto schlimmer, wenn sie die Mängel nicht sieht. Spinnenbeine und Mottenflügel – kein Wunder, daß die Muse schon beim Transport ein Händchen verloren hat."

„Bethmann denkt, er muß das Projekt unterstützen, und Guaita wagt keinen Widerspruch. Stell dir vor, inzwischen haben sie bei Rauch angefragt, ob er's nicht ausführen will. Wo doch der längst selber ein Goethe-Denkmal entworfen hat. Schlichter und schöner, nach meinem Geschmack."

Marianne sah weiter zum Fenster hinaus. Es war aber gar nichts zu sehen außer den schrägen Spuren des Wassers, welches über die schmutzigen Scheiben lief. – Mit dem Denkmalentwurf hatte sich Bettine am Frauenplan wieder Eintritt verschafft. Das konnte man ihr nicht verübeln. Aber heute nachmittag hat sie, erzählend, aus ihrem Besuch in Weimar ein Schaustück gemacht: Am Klavier unter silbernen Leuchtern der schönste Gesang. Goethe ergriffen. Doch hin und wieder verläßt er den Raum. Sie hat die Bouteille nebenan glucksen gehört, auch am Atem bemerkt, daß er trank. Beim Abschied ist sie niedergekniet, hat die Schwelle seines Zimmer geküßt, weil der herrlichste Menschengeist seinen Fuß darauf setzt. Da sei er um sie herumgegangen und habe gesagt: Über dich und deine Liebe schreite ich nicht hinaus. Sie führte es vor, wie er feierlich sprach. Tränen habe er auch in den Augen gehabt. Es war ein Triumph, doch das sagte sie nicht, sah nur die beiden lauschenden Frauen irrlichternd an. Marianne bekam einen trockenen Hals. Ob man in Weimar nachfragen konnte, wie es in Wahrheit gewesen ist?

„Hat dir Georgs Garten gefallen? Du warst zum erstenmal da."

„Er ist wundervoll. Aber gegen unsere geliebte Mühle kann er natürlich in meinem Gemüt nicht an."

Mit dem Park hatte sich ein sehr reicher Mann seine Träume erfüllt. Mächtige Bäume, weiße Pfauen im grünen Gras. Ein griechischer Tempel mit Marmorbassin und Vogelvolieren, dahinter ein Treibhaus, von Sphinxen bewacht. Eine Rosenlaube an der Nidda entlang und eine geschwungene Brücke über den Fluß. Marianne war auch vom Hausherrn beeindruckt, er sah wie ein Mailänder Herzog aus. Liebenswert fand sie sein Petrihäuschen. Man konnte dort im weißen Salon auf roten Samtpolstern sitzen und hinter Glas die Bienenvölker bestaunen. Sie wuselten goldbraun auf ihren Waben umher.

Mit schmalen Lippen hatte Georg Bettines Reden gelauscht und sie schließlich gekappt: „Wie bekommt dir das Schlangenbad? Meline und Marianne haben sich dort sträflich gelangweilt. Sollte es meiner lebhaften Schwester besser ergehen?"

Frau von Arnim ließ sich auf die Frage nicht ein, erzählte statt dessen, daß sie auf einem Esel nach Winkel hinübergeritten sei. Dort habe sie auch den Clemens getroffen. Er reise mit einem Koffer voll blutiger Tücher umher, die jedermann anfassen soll. Zum Glück sei die Dülmener Nonne jetzt tot. Ihre Visionen bringe er demnächst in eine lesbare Form.

„Sechs Jahre am Lager einer stigmatisierten Frau, mein Gott!" – Unvermittelt kam Marianne auf Bettines Schilderungen zurück. Meline seufzte und krauste die Stirn. „Wir Brentanos haben alle ein paar Spinnen zu viel im Kopf."

„Du doch nicht, Meline. Und Georg auch nicht. Seine Freude an den Bienen hat mich gerührt. Und wie er uns jetzt zweispännig heimbringen läßt, das ist höchstens galant, verrückt ist es nicht."

Das Coupé bog in den Mühlenweg ein, die Pferde standen, der Wagen hielt. Marianne umarmte die Freundin: bis bald. In diesem Jahr war Guaita Älterer und Thomas Jüngerer Bürgermeister der Stadt, da sah man sich oft.

Frau von Willemer mußte allerhand Pfützen durchqueren und stieg nur langsam die ausgetretenen Stufen empor. Im düstern Flur roch es nach feuchten Kleidern und Hunden. Bärbel kam, um zu sagen, der Herr Geheimrat sei erst gegen acht aus der Stadt zurück. Marianne nickte, stieg die knarrende Treppe hinauf, ging ins Zimmer ihres Mannes, zog einen Band Gedichte aus dem Regal, suchte, fand, fing an zu lesen und achtete nicht darauf, daß sie noch immer in nassen Schuhen stand. Dies alles geschah, weil Bettine beiläufig festgestellt hatte, der Stoff der Goethe-Sonette stamme von ihr. Die Behauptung hatte in Mariannes Bewußtsein genagt, jetzt mußte sie nachsehen, ob die Verstimmung begründet war.

Ein Liebender wirbt und wird von dem zarten Geschöpf nicht erhört – das konnte die Arnim nicht sein. Dann bestürmt ihn eine mit Küssen. Genauer: sie umarmt sein Marmorbild in der Bibliothek. Dies wäre schon eher eine vorstellbare Situation. Auch werden Briefe geschrieben. Sie möchte ihm leere Blätter senden, welche er ausfüllen soll. Hochbeglückt, wenn sie lesen könnte: mein einzig Wesen, mein artig Herz!

Marianne stieg eine Röte ins Antlitz über die spiegelnde Vorläuferschaft. Die Sonette sind im Jahr der Welten erschienen, da war sie zu sehr mit dem Leben befaßt und hatte für Gedrucktes kaum Zeit. Ein schlimmes Versäumnis, muß sie erkennen, denn jetzt springt sie eine Zeile regelrecht an. „Im weiten Mantel bis ans Kinn verhüllet", so beginnt das zweite Sonett, und in der letzten Strophe kann man dann lesen, wie der Liebhaber die störende Hülle von sich wirft. Das Mädchen liegt ihm im Arm.

Ach, dieser Schmerz! Sie hatte die Mühlbergturm-Szene für einzig gehalten, Goethes Inschrift für ein Entsagungswort. Es war ein Zitat. Aus einem Liebesgedicht, für Bettine womöglich, hat er zitiert.

Willemer findet Marianne in seinem Zimmer und teilt ihr noch auf der Schwelle mit, seine neueste Schrift sei in der Buchhandlung Brönner vorzüglich plaziert, genau unter Goethes Portrait. Erst als er sie fragt, wie es in Rödelheim war, sieht er, daß sie geweint hat. Auch steht sie noch immer in nassen Schuhen. Er zieht sie ihr von den Füßen, läutet um einen heißen Tee. Bevor Bärbel geht, schickt Marianne sie in den Saal, die silbernen Leuchter zu holen. „Einen, gnädige Frau?" „Nein, alle vier."

Dann sitzt sie im Sessel und erzählt von den Bienen, den Vögeln, der Fasanerie. Und daß Georg sie im geschlossenen Wagen hat heimbringen lassen. Guaitas Phaeton stehe noch dort. Zuletzt kommt

Bettines Gerede zur Sprache, Marianne läßt keine Einzelheit aus, nicht die silbernen Leuchter und nicht den Gesang, erst recht nicht das Satyrspiel an der Schwelle und Goethes artige Devotion. Meline halte alles für Lüge, wenn nicht en gros, so doch en détail. Aber mit Bestimmtheit habe die Arnim zweimal gesagt, der Geheimrat fahre in diesem Jahr nirgendwo hin. Eckermann hat also fälschlich seinen Besuch in Aussicht gestellt. Was für ein unerträgliches Auf und Ab! Voriges Jahr hielt sich die Rheinreise lange als Gerücht, dann war das Ziel doch Marienbad. Dieses Jahr ist keine Kur geplant, Böhmen mag dem Freund verleidet sein. Desto eher wäre die Mühle der rechte Erholungsort.

Unvermittelt steht Willemer auf, holt einen Brief aus dem Sekretär, gibt keine Erklärung, liest einfach vor: „In der unschreibseligsten Stunde nur wenige Worte des Danks für den Gruß durch Eckermann. Die Lust zu einem wirklich vorgehabten Ausflug, um liebe Freunde, wenns auch nur eilig wäre, zu besuchen, vermindert sich mit jedem Tage. Obliegenheiten und Arbeiten vermehren sich, die ich zu unterbrechen fürchte. Darum bitte ich, desto fleißiger und freundlicher zu schreiben, und füge zugleich den kulinarischen Wunsch hinzu, mir ein halb Dutzend Artischocken, die ich auf der Mühle zu verzehren hoffte, mit der fahrenden Post wohlverpackt zu übersenden. Möge das Erfreulichste Sie umgeben.   Unwandelbar
                                                                                        Goethe"

Die Kerzen knisterten. Willemer hatte sich wieder gesetzt und Marianne das Blatt hinübergereicht. Sie starrte es lange an. „In der unschreibseligsten Stunde. Warum schrieb er dann überhaupt?"

„Weil ich ihn dringend gebeten hatte, uns nicht länger zwischen Tür und Angel zu lassen."

„Aber dieser Brief ist vom 4. August. Er wurde mir drei Wochen vorenthalten."

„Du warst beim Dichten: Heidelberg stand wieder auf. Ich sah, wie das Schreiben dich glücklich machte. Vielleicht, daß deine Geburtstagsgabe ihn beschämt. Die Artischocken habe ich einpacken und senden lassen. Aber du kannst mir glauben, manchmal weiß ich nicht, wo die größere Narrheit ist, bei uns oder bei ihm."

„Jakob, du bist zornig auf Goethe!"

„Wundert dich das? Wenn die Lust zu einem eiligen Ausflug so rasch verfliegt, war sie nicht groß. Er stößt uns vor den Kopf und denkt sich offenbar wenig dabei. Aber mich schmerzt es, wenn ich dich weinen sehe. Du bist so gut und hast derlei Kränkungen nicht verdient."

„Womöglich grämt er sich noch um die Levetzow und will von uns nicht getröstet werden."

„Weil wir entbehrlich sind. Du hast die Szymanowska gehört. Sie kam von Goethe und sprach mit verklärtem Blick von dem großen Mann. Wir haben ihre Schönheit und am Klavier ihre Kunst bewundert. Glaubst du, sie hat in Weimar weniger Eindruck gemacht?"

Marianne lächelte. Willemer in den Niederungen der Eifersucht. Die Marienbader Affäre hat ihn reizbar gemacht. Da war der dreiundsiebzigjährige Dichter im März dem Tode nur knapp entronnen, und als die befreiende Nachricht von seiner Genesung kam, hatten sich Wangenheim, Gerning, Schlosser und andere Freunde beim Grafen Reinhard versammelt, das Bild des Verehrten mit Lorbeer umkränzt, die Gesundung mit einem Festmahl gefeiert. Was aber tat der Genesene, statt sich zu schonen? Reiste nach Böhmen, machte einer neunzehnjährigen Schönen den Hof. Die Gerüchte überschlugen sich. Der Herzog habe bei der Levetzow den Brautwerber gespielt und jährlich 2000 Taler Witwenpension garantiert. Ottilie sei mit Krämpfen zusammengebrochen: eine Schwiegermutter, acht Jahre jünger als sie! Der Sohn habe getobt und mit seinem Umzug nach Berlin gedroht. Geschehen war schließlich gar nichts, nur stellten sich neuerdings Herzbeschwerden ein. Und ein böser Katarrh.

Vor Marianne hatte man lange geschwiegen. Erst durch Ehrmann, der jetzt in Speyer wohnte, kam es heraus. Er fragte in einem seiner skurrilen Briefe, wie es dem Weimarer Bräutigam gehe. Nach Jakobs

Bericht blieb sie gefaßt. Warum sollte ihn in dem langweiligen Marienbad, das nur aus wenigen Häusern bestand, die Anmut nicht affizieren? Er vergaß ja so gern sein Alter, und die andern vergaßen es auch. Ein Töchterchen, welches ihn schmeichelnd umfing, warum nicht? Nein, die Levetzow regte Marianne nicht auf. Sie hatte sich nicht, wie Bettine, ins Haus gedrängt. Sie konnte auch nichts dafür, wenn die Gerüchte ins Kraut schossen, hinter vorgehaltener Hand.

Willemers Tischuhr schlug zehn. Seine Frau erhob sich aus dem Großvaterstuhl, blies an allen vier Leuchtern die Kerzen aus, küßte ihren Mann zur Nacht und überraschte ihn beim Hinausgehen mit der Bemerkung, im Mühlbergturm müßten die beiden Stübchen gestrichen werden. Am besten, er schicke den Weißbinder hin, sobald wieder trockenes Wetter sei.

Am nächsten Morgen hatten sich alle Wolken verzogen, die Luft war kühl und klar. Marianne machte einen Spaziergang durchs Mühlengelände, dachte gelassener an Rödelheim und genoß die Sonne im grünen Laub. Zum Mittag gab es Tafelspitz, Salzkartoffeln und Meerrettichsoße. Nach dem Essen zog sie sich zu den Weimarer Briefen zurück. Sie brauchte die Zwiesprache mit dem Freund, suchte vom vorigen Jahr das Datum des 9. September. Marienbad war überstanden, aus Eger schrieb er nach Frankfurt am Main. Im Vertrauten suchte er Zuflucht, bei Marianne zuerst. Die Levetzow neunzehn, fast noch ein Kind; sie selber war doppelt so alt. Und kriegte alles erzählt:

„Den Wünschen des Großherzogs, dem Andringen der Ärzte, Freunde, Kinder durfte ich nicht widerstehen, und so traf ich am 2. Juli zugleich mit dem Fürsten in Marienbad ein. Seine Gegenwart, immer aufregend und belebend, brachte bald den ganzen Kreis in Umtrieb; schöne geräumige Wohnungen, liebenswürdige Nachbarschaft, freier, fast ländlicher Aufenthalt, Bewegungen von morgens bis abends im Wandeln und Fahren, Eilen und Begegnen, Irren und Finden und für die Jugend zuletzt im Tanze, gaben Zeit und Gelegenheit zum Erneuern älterer Verhältnisse, zum Anknüpfen neuerer, zum Suchen und Gesuchtwerden, zu Unterhaltung, Vertraulichkeit, Neigung und was sich nicht alles durcheinanderflocht; daß man sich eben ganz vergaß, sich weder krank noch gesund, aber behaglich und beinahe glücklich fühlte."

Marianne schluckte, strich mit zwei Fingern über das Blatt. Konnte es eine treuere Beichte geben? Beinahe schüchtern. Verlegen und wortreich. Dahinter das Wetterleuchten des Schmerzes, zugleich der Versuch, wieder Tritt zu fassen. „Neigung, Friede und Freude" lautete am Ende der Segenswunsch.

Nein, sie wollte Willemers Unmut nicht teilen. Und auch auf Bettine nicht neidisch sein. Als sie bei den handgeschriebenen Schmuckblättern ein getrocknetes Zweiglein fand, nahm sie es in die Hand. Es kam schon vor, daß Goethe Lorbeer verschenkte. Aber dieses kleine Gebinde hatte auch Myrte dabei. Und begleitete einst ein Buch, in welchem Herr Eckermann, dieser linkische junge Gelehrte, mit höchster Verehrung vom Meister sprach. Bei Seite 279 war ein Zettelchen eingelegt. Dort hatte Eckermann ausgeführt, wie Goethe den besonderen Charakter eines Gedichtes bis in die kleinste Wendung hinein zu bewahren wisse. Sein Beispiel für diese höchste Vollendung der Poesie war ihr Westwind-Gedicht!

Der Freund hatte das Buch, die Zweige und ein Schmuckblatt mit passenden Versen geschickt. Seine eigene Handschrift. Und was für ein Text!

> *Myrt und Lorbeer hatten sich verbunden;*
> *Mögen sie vielleicht getrennt erscheinen,*
> *Wollen sie, gedenkend seliger Stunden,*
> *Hoffnungsvoll sich abermal vereinen.*

Dies wurde gesagt, am 18. Oktober, im Jahr von Marienbad: daß die Neigung auch gegen den Anschein währt und Marianne mit Eckermanns Würdigung ihres Gedichtes den höchsten denkbaren Ruhm gewann.

Lorbeer auch für Bettine? Sei's drum. In Weimar wurde man nicht nur willkommen geheißen, man wurde zu Zeiten auch wieder hinauskomplimentiert. Das sollte ihr nicht widerfahren. Hat sie doch nie, den Freund behelligend, seine Schwelle geküßt. Hingegen war ihr versichert worden, daß die ferne Liebe das Nahe oft überwiegt. Auch dazu gab es handgeschriebene Verse. Goethes Schmuckblätter waren wirklich eine hilfreiche Medizin. Fräulein Adele Schopenhauer, einst als Besucherin steif durch den Frankfurter Garten stolzierend, hatte bei Marianne, so beichtete die ihrem Freund, überlegene Schelmereien provoziert. Augenzwinkernd gab er ihren Gefühlen recht.

Da das Ferne sicher ist
Nahes zu überwiegen,
Wie's der kleine Blücher ist
Freut es sich im Siegen.
Fühlt auch erst ein zartes Blut
Einige Verlegenheit,
Bald erwacht Verwegenheit,
Liebenswürdger Übermut.

Indem Marianne diese Verse noch einmal las, ließ die Wirkung der Arnimschen Püffe endgültig nach. Zwar mußte man weiter gewappnet sein, aber es war noch die Frage, ob Bettine solche charmanten Billette besaß.

Die Hausfrau packte zusammen und ging zu Hannchen hinunter. Am Abend sollten die Eberweins kommen und gastfreundlich empfangen werden, wie jedermann, der mit Empfehlung von Goethe kam.

Der schlanke Mann mit den dunklen Locken machte eine gute Figur. Er war Mitglied der Weimarer Hofkapelle, ein tüchtiger Geiger und Pianist, auch Kompositeur. Am Frauenplan organisierte er die Hauskonzerte und versammelte regelmäßig ein Dutzend Sänger zum

Chor. Marianne vernahm mit Vergnügen, daß Goethe manchmal die Baßpartie sang.

Sie arrangierte, den Gästen zuliebe, bei Schelble eine Sonntagsmusik, mit Quartetten von Hummel und Mozart sowie einigen Divan-Liedern, gesungen von Madame Eberwein. Der Weimarer Empfehlungszettel hatte mit dem Wunsch geschlossen, es möchten „die feuchten Schwingen den Frankfurtern recht freundlich um die Ohren säuseln". Also setzten die Gäste das Lied ans Ende ihres Programms und brachten Marianne damit in arge Verlegenheit. Willemer, Rosette, Sophie Schlosser und Carl Passavant (diese zumindest) wußten: es war ihr Gedicht. Sahen sie jetzt nicht alle herüber? Nein, man hielt die Blicke gesenkt. Sie selber aber starrte mit Unbehagen die Sängerin an. Mochte sie auf der Bühne triumphieren, hier milderte keine Entfernung den Eindruck von Häßlichkeit. Ein kurzer Hals, darüber das eckige Kinn, breit stehende Zähne. Und, was noch schlimmer war: Eberwein hatte gegen den Text komponiert. Immer die gleichen Triolen, con affetto gespielt. Henriettes Sopran zuletzt im Fortissimo auf dem hohen As. Das war keine sanfte Klage, das war leider nur Bravour.

Während die Gäste das Paar umringten, mit Beifall bedachten, stahl sich Marianne hinaus. Plötzlich hatte sie eine Hand auf der Schulter und eine vertraute Stimme am Ohr: „Das ist nicht Ihr Lied. Ich werde Felix Mendelssohn bitten, es in Musik zu setzen. Eberwein hat weder Gefühl noch Geschmack." Schelble! – Erriet er, warum sie so litt? Zumindest teilte er ihre Pein, das war schon ein Trost.

Dem bewegten Sommer folgte ein friedlicher Herbst. Willemer hatte in Rastatt einen neuen Landauer bestellt, mit Gepäckkasten rückwärts und allerlei Innenfächern für Bestecke, Schreib- und Toilettenzeug. Die Kutsche soll zum kommenden Frühjahr geliefert werden, ist stabil und niedrig gebaut, was nach der Erfindung der elliptischen Feder möglich und modisch ist.

„Damit können wir reisen, wohin du begehrst." Marianne lächelt. In Wahrheit ist es der Hausherr, der keine Ruhe hat. Arbeit im Garten bekommt ihm am besten, aber sie verhindert nicht, daß sein hypochondrisches Wesen seltsame Blüten treibt. Er redet von einem stetig wachsenden Herzpolyp. Wenn die Enkel da sind, entspannt er sich, sitzt eine Weile mit ihnen beim Großmütterchen, wo die schönsten Märchen erfunden werden. Aber noch ehe sich alles zum Guten wendet, schleicht er wieder hinaus.

Marianne ist als Kinderfrau allseits begehrt. Bei Maxe Andreae kommt Jahr für Jahr ein neuer Erdenbürger zur Welt. Rosette hat einen Sohn und drei Mädchen. Doch pflegt man im Hause Thomas vor allem eine abwechslungsreiche Geselligkeit. Und bei Schelble wird zweimal die Woche geprobt. Der Cäcilienverein konzertiert mit dem Theaterorchester, von Cherubini bis Händel und Mozart reicht das Programm. Bachs Matthäuspassion ist der ehrgeizigste Teil ihres Repertoires.

Schelble hat übrigens Wort gehalten. Eines Tages drückt er Marianne ein eigens für sie gestochenes Blatt in die Hand: ihr Westwind-Gedicht, von Mendelssohn komponiert. Sie probieren sofort: fließende Sechzehntel in der Begleitung, Andante sostenuto, sanftes E-Moll. Die letzte Strophe un poco più vivace, Übergang zu E-Dur. Beschwörend oft wiederholt: die Nähe des Geliebten, welche neues Leben verheißt. Diminuendo, ein verhauchtes Piano zuletzt. Marianne ist glücklich. Nun hat sie ihr Lied.

Gar nicht voran geht die Frankfurter Denkmalgeschichte. Rauchs und Bettines Entwürfe haben sich gegenseitig ausmanövriert. Auch der Ankauf von Boisserées Bildern durch die Städelsche Stiftung findet nicht statt. Mit Aussicht auf München bleibt Sulpiz trotz seiner Enttäuschung gelassen, und als er, von Weimar kommend, die Müllersleute besucht, ist das für alle ein Fest.

Der Himmel liefert grandiose Prospekte, die Sonne nimmt ihren Abschied in Purpurrot, der Main gibt sich dunkelblau, der Wald violett. Man sitzt bei offenem Fenster, Thomas, Rosette, das Willemer-Paar, und Sulpiz muß berichten von allem, was er erlebt. Ja, dem Freund geht es gut. Sein Auge ist noch immer voll Glanz, die Stimme, wenn er vorliest, wie Orgelklang. Und unvermindert die Lust an einer trefflichen Mahlzeit, einem tüchtigen Schluck. Für die nahe vergangenen Dinge bleibt ihm zuweilen das Gedächtnis aus. Aber seine Urteile über den Lauf der Welt sind scharf und mokant, man kommt sich wie auf dem Blocksberg vor.

Ottilie, die Enkel? – Allerliebst! Doch hat die Schwiegertochter nach einem Reitunfall das Bett hüten müssen, und Goethe will das zerschellte Antlitz partout nicht sehen. Bei Tisch sorgt die hübsche Ulrike von Pogwisch für den muntersten Plauderton, skizziert mit spitzer Zunge den Hof und seine Intrigen, da hört der Alte nicht ohne Vergnügen zu.

Manchmal fühle er sich von den allzuvielen Besuchern geplagt. Dann stehe er unvermittelt und ohne Entschuldigung auf, greife nach einem Buch und stelle sich lesend ans Fenster. Wie vor zehn Jahren arbeite Goethe fleißig am Morgen und wenig am Nachmittag. „Ich muß in den frühen Stunden den Rahm abschöpfen, die übrige Zeit mag dann zu Käse gerinnen." Das seien so seine grimmigen Sprüche, aber von den Frankfurtern rede er liebevoll, er habe sogar nach Pazzarello gefragt. – Pazzarello, ach ja! War er nicht rabenschwarz? Und jetzt liegt zu Füßen des Hausherrn ein brauner Hund.

Marianne fängt an zu weinen, Willemer gibt Bericht: ihr Liebling ist nicht mehr am Leben, doch starb er einen ehrlichen Hundetod. Hat im Herbst am Mühlberg Hasen gejagt und war für ihre schnellen Haken zu alt. Sprang noch munter in die Kalesche, aber nicht mehr hinaus. Weil alle, auch die Dienstboten, fürchterlich heulten, wurde sogleich ein neuer Pudel besorgt und abermals Pazzarello genannt. Doch dieser ist dumm und wäre bestimmt nicht zum Goethe-Freund avanciert.

Gerhard Thomas, der für Sanftmut und Gerechtigkeit ist, krault dem mißtrauisch blinzelnden Hund das Fell. Willemer lacht, geht hinaus und kommt mit einer Rolle zurück. Marianne soll lesen, es ist ihr Gedicht, die übliche Hunde-Geburtstags-Gratulation für den Herrn. Über Pazzarello den Zweiten wird da alles gesagt. – Sie zögert, sie ist nicht vergnügt, doch den Gästen zuliebe trägt sie vor, was auf dem Zettel steht.

Meinen Glückwunsch soll ich bringen,
Und weiß keine Silbe mehr,
Aber nicht mit rechten Dingen
Ging's bei der Geschichte her.

Sorglos lag ich hingegossen
In dem Körbchen an der Wand,
Als von hellem Licht umflossen,
Pazzarello vor mir stand!

„Freund! Ich komme Dich zu lehren,
Was für morgen Deine Pflicht,
Unsern guten Herrn zu ehren!
Für Gering'res käm ich nicht.

Höre nun und spitz' die Ohren:
Morgen früh, wie sich's gebührt,
An dem Tag, wo er geboren,
Wirst Du schönstens ausstaffiert.

Dann läßt man Dich in sein Zimmer,
Wo er freundlich sitzt und lacht,
Und du bringst ihm dann, wie immer,
Das Gedicht, das Du gemacht."

„Ein Gedicht?" rief ich voll Schrecken,
„Lieber Freund, wo denkst Du hin!
Im Vertrau'n muß ich Dir stecken,
Daß ich gar kein Dichter bin."

„Meinen Platz hast Du errungen;
Nimm ihn nun mit Würde ein,
Immer ward der Herr besungen,
Und so soll es wieder sein."

Einsam blieb ich, kaum mich fassend,
Voller Zorn, so dumm zu sein.
Kein erdachter Vers war passend,
Leider schlief ich dann auch ein.

Jetzt kann ich nur schüchtern sagen,
Was mein Pudeldeutsch vermag:
Dankbar wird mein Herz Dir schlagen
Bis zu seinem letzten Schlag.

Gott erhalte Dich uns allen
Noch ein halbes hundert Jahr,
Und befrei' Dich nach Gefallen
Von dem häßlichen Katarrh!

Großer Beifall, und für Pazzarello den Zweiten zum Trost ein Stück Wurst. Dann muß Boisserée zurück in die Stadt. Marianne umarmt ihn zum Abschied, seine Locken sind noch immer so drahtig, daß man getrost hineinfassen kann.

Als sie um Mitternacht ihre Schlafkammer aufsucht, findet sie hinter der Tür einen Umschlag von seiner Hand. Der Freund, der Bote, was hat er ihr hinterlegt? Einen Brief von Goethe? Nein, alle Blätter sind mit seiner krausen Handschrift bedeckt. Aber was er mitteilt, ist aufregend genug.

„Verehrte Marianne, ich überlasse Ihnen hiermit ein großes Goethe-Gedicht, und weil uns zum vertraulichen Gespräch bei der Kürze meines Besuches gewiß die Gelegenheit fehlt, füge ich noch eine Erklärung hinzu.

Wie man mir sagte, war die Levetzow-Liebe auch in Frankfurt eine Zeitlang das Tagesgespräch, und Sie werden davon vernommen haben. Unser Freund versucht inzwischen darüber zu scherzen (der Onkel hat die reizende Nichte ein wenig zu sehr verehrt), aber die Wunde geht tief. – Am Abend vor meiner Abreise reichte er mir eine rote Mappe, darin auf mehreren Blättern ein eigenhändig und schön geschriebenes Gedicht. Lesen Sie, sagte er, meine Elegie. Von allem, was mir gelang, ist dies das schlechteste nicht. Sie wissen ja, eine Leidenschaft, der keine Erfüllung beschieden ist, zeitigt die schönsten Gedichte.

Seine Stimme schwankte, er wandte sich ab und ließ mich allein. Ich las und las und erlag zuletzt der Versuchung, eine Abschrift zu machen. Das Unrecht ist nicht sehr groß, denn ohnehin wird demnächst alles gedruckt. Indem ich Ihnen meinen Raub überlasse, hoffe ich, Sie vor mißlichen Überraschungen zu bewahren, wenn das Gerede von neuem beginnt.

Eckermann sagte mir, die Exzellenz habe das Gedicht auf der Heimreise von Böhmen in der Kutsche verfaßt. Abschied, Fluchten – das wiederholt sich, aber es gleicht sich nicht. Vor Jahren war ich von Heidelberg bis Würzburg an seiner Seite geblieben, weil ich sah, wie er litt. Diesmal hatte er nur einen Stift und Papier. Und da entstand dieser herrliche Klagegesang. Sie werden ihn mit der Güte Ihres Herzens lesen und auch über meine vorweggeilende Information das richtige Urteil fällen.

In Liebe und Treue   Sulpiz"

Marianne schrieb das lange Gedicht erst einmal ab, um es besser verstehen zu können. Und begegnete schreibend nicht nur dem Freund, sondern mehr noch sich selbst.

> *Wie regte nicht der Tag die raschen Flügel,*
> *Schien die Minuten vor sich herzutreiben!*

Ja, so waren im Jahr der Welten auch ihr die Tage gegangen. Ein Windhauch nur von der Morgenfrühe bis Mitternacht.

> *Nun bin ich fern! Der jetzigen Minute,*
> *Was ziemt denn der? Ich wüßt' es nicht zu sagen.*

Er hat es erleben müssen wie sie, daß dem Vereinsamten nichts auf der Welt mehr von Wert erscheint.

Sie kann nicht mehr schreiben, Tränen trüben den Blick. Eins ist sie mit dem Geliebten, erleidet noch einmal ihren und seinen Verlust. Nur die letzte Strophe, so empfindet sie's, gehört ihm allein.

> *Mir ist das All, ich bin mir selbst verloren,*
> *Der ich noch erst den Göttern Liebling war;*
> *Sie prüften mich, verliehen mir Pandoren,*
> *So reich an Gütern, reicher an Gefahr;*
> *Sie drängten mich zum gabeseligen Munde,*
> *Sie trennen mich, und richten mich zu Grunde.*

Marianne schüttelt den Kopf. Auch wer in die Nähe des Todes gerät, muß nicht zugrundegehen, wenn er sagen kann, was er fühlt. Das wußte er wohl. Sonst hätte er dies nicht geschrieben. Und zeigt es den Freunden, macht es fertig zum Druck.

Tausend Obliegenheiten verschiedenster Art erfüllen den Tag. Er ordnet sein Werk, er vollendet die Wanderjahre, den Faust. Was für ein großer Wille im strengen Geschäft! Man sollte ihm herzstärkende Briefe senden und alles, was er sich wünscht. Hudhud, der liebenswürdige Vogel, muß wieder Bote sein.

Gegönnte Zeit

„Friedrich soll Holz nachlegen!" Der Geheimrat von Goethe hat kalt. Die Schulter schmerzt, und der Atem geht schwer. Das verstärkt die Furcht vor dem schlimmeren Schmerz in der Brust. Er wandert bedächtig zwischen Schreibtisch und Ofen, wärmt sich den Rücken, geht, ein Blatt in der Hand, zum Fenster hinüber, dort ist es noch hell. Die Tage werden länger. Doch heute hängt über dem Garten ein bleigrauer Himmel. Seine Augen fassen keine Wolkengestalt. Manchmal plagt ihn die Angst zu erblinden. Er hat es sich vorgestellt, wie es Faust widerfuhr. Aber nun ist das Hauptgeschäft abgetan, sein großes Drama versiegelt, weitere Tage sind ein Geschenk.

Ottilie würde ihm vorlesen, jederzeit. Für diese Papiere wünschte er's freilich nicht. Deshalb steht er am Fenster und vertieft sich in die Girlanden der zierlichen Schrift. Ferne Klänge aus ferner glücklicher Zeit. Im verwirrenden Weltlauf ein sorgsam gehüteter Schatz. Die Freundin: so treu wie sonst keine. Und munter plaudernd, als stünde sie neben ihm. Dies Blatt hier muß er viele Male gelesen haben, es faltet sich leicht.

„Die Mühle hat alles aufgeboten, um sich in vollem Glanze zu zeigen, und wirklich ist es so schön hier, daß sie Ihres Besuches würdig wäre. Das Grün ist frischer denn je und gedeiht, weil es mehr Luft und Sonne hat. Der Saal ist von innen und außen freundlicher geworden, und Ihr ehemaliges Schlafzimmer behaglich und nett.

Unser liebstes Gespräch ist, uns jener Zeit zu erinnern, in der Sie bei uns waren, und es schmerzt mich, daß es damals nicht halb so hübsch hier war. Sie würden viel mehr Bequemlichkeit und ein besseres Klima finden. Die schöne rote Passionsblume wächst nun im Freien, ich habe zum Beweis in dem Certificat eine getrocknete eingelegt. Es scheint, als ob sie an der Stelle jener zarten Passionsblume blühe, die einst hier im Schatten so gut gedieh. Die Mühle hat sich verjüngt – wie es aber der Müllerin ergangen, wollen wir nicht verraten.

Wenn ich Ihre und Schillers Briefe lese, so ist mir, als müßte ich Sie schon damals gekannt haben, und ich beneide alle um das Glück so vieler Jahre. – Kommen Sie doch zu uns!

Unverändert   Ihre Mariane"

Der Wunsch, noch einmal am Ufer des Mains zu stehen, hatte ihn mehr als einmal gepackt. Aber er war in Weimar geblieben, schützte ein tätiges Leben vor. Und in den letzten Jahren war das die lauterste Wahrheit gewesen. Seine Werkausgabe nahm ihn Tag für Tag in die Pflicht.

Die Frankfurter wurden nicht müde, ihn einzuladen. Was hätte aber ein Wiedersehen bewirkt? Neue Passion. Oder Enttäuschung, wenn das Herz nicht mehr sprach. Empfindungen lassen sich nicht kommandieren. Da gerät das Bemühen zur Peinlichkeit. Nein, auch die besten Freunde müssen nicht zueinanderkommen. Leicht droht Beschränkung von ihrer Gegenwart. Hingegen macht die Ferne unbefangen und frei.

Mariannes Briefe waren schon recht. Sie hatte oft lange geschwiegen, so daß es ausdrücklicher Bitten bedurfte um ein erneutes freundliches Wort. Es kam. Und nun lagen die schön geschriebenen Blätter auf seinem Tisch. Er mußte sie ordnen, Dazwischengeratenes aussortieren, fehlend Verstreutes zusammensuchen.

Mit dieser privatesten Korrespondenz war er nicht immer verfahren, wie es die Ordnung verlangt, hatte einen Zettel rasch weggesteckt und später nicht mehr gewußt, wohin. In seiner Jugend war das oft so gewesen, doch für den Haushalt eines alten Mannes reimt es sich nicht.

Müller und Eckermann werden den Nachlaß verwalten. Zelters Briefe zum Beispiel liegen, geheftet, zum Druck bereit. Diese hier sind vor Indiskretionen zu schützen. Verfügungen scheinen ihm nicht zuverlässig genug. Ist das Individuum erst einmal ausgelöscht, reicht sein Wille kaum zwei Querfinger über das Grab. Deshalb bringt er die Dinge selber ins Lot, packt zusammen und schickt der Freundin zurück, was nur unter ihre Augen gehört.

Die Gerbermühle hat sich verjüngt, die Müllerin nicht. Ob die Reihe ihrer perlweißen Zähne noch steht? Sie muß jetzt eine Frau um die fünfzig sein, so alt wie Christiane zuletzt. Mit Falten im Antlitz und weißen Fäden im Haar. Aber Geist und Anmut sind erhalten geblieben, das bezeugt jeder Brief. – Hat er alle Blätter beisammen? Im Aktenregal gibt es hinter der linken Tür noch ein besonderes Fach. Er geht und sucht, aber es findet sich nur ein Willemer-Zettel, nichts von der kleinen Frau.

Sein Gesicht wird von einem Luftzug berührt. Ärgerlich schaut er hinüber zur Tür. Er hat sich jede Störung verbeten. Aber da ist schon der Enkel herein. Ob er dem Apapa ein Zauberkunststückchen vorführen darf? Der nickt ergeben und sieht dem lockenköpfigen Schauspieler zu. Wölfchen läßt einen Groschen verschwinden, nach allerlei Brimborium spuckt er das Geldstück aus. Der Großvater spendet Beifall und verrät nicht, daß er den Trick durchschaut.

Ob er bleiben dürfe, fragt ihn der Enkel. Er fragt sehr artig und erklärt, es sei hier so heimelig warm. Gut, er kann bleiben, wenn er sich still verhält. Am kleinen Schreibtisch gibt es noch gutes Licht. Hier ist Papier. Er soll doch einmal versuchen, die neue Dampfeisenbahn zu zeichnen. Das Modell hat Mister Parry vorgestern mitgebracht. Ja, zwischen Manchester und Liverpool fahren sie schon, in zehn Jahren ist auch Wölfchen mit der fauchenden Bahn unterwegs, braucht keine Pferde mehr.

Goethe hat noch Willemers Blatt in der Hand, welches zu seinen Gedanken den Anstoß gab: ein Reiseprogramm. Der Freund, der so gerne selber kutschierte, hat ihm da vor Jahren einen seltsamen Vorschlag gemacht: „Mein Frau ist ein Engel ohne Flügel in ihrem Hauswesen, aber ein Engel mit Flügeln, wenn sie reist. Daß wir doch eine solche Reise zusammen machen könnten, Sie und Mariane in einer leichten Chaise und Ihr Bedienter mit drei Pferden, ich und mein

Bedienter in einer noch leichtern mit zwei Pferden. Aber ich erwache und sehe: es ist nur ein Traum."

Womöglich war die Aufteilung ernstgemeint. Doch sind die Freunde von ihrer Italienreise zurück, als Willemer diesen Reiseplan träumt. Mariannes Notizen mit den vertrauten Namen machten freilich aus der Verlockung eine ziehende Lust. Er schlug sie sich rasch aus dem Sinn und half sich mit dem bewährten Rezept, nur noch ans Allernächste zu denken.

Rückblickend hatte die Freundin solche „Reisen im Flug", die neuesten Kunststraßen nutzend, mit mildem Spott bedacht. Keine Maultiere mehr auf dem Saumpfad, keine Mühen und keine Gefahr. Mylord und Mylady sitzen in ihrer Kutsche, im eleganten Reisekostüm, mit Büchern versehen, und vergleichen den Ausblick und Anblick mit dem, was geschrieben steht.

Liebenswert ihre Versicherung, daß sie am Ende in Freiburg bei Vollmond seiner gedacht. Das alte Treueversprechen, es hatte sich noch einmal bewährt. Und er? War dem Begräbnis des Herzogs entflohen, hauste im kleinsten der Dornburger Schlösser, holte sich in Gedanken die Freunde herbei. Auf der Terrasse war ihm ein schönes Gedicht an den aufgehenden Vollmond gelungen, es ging nach Frankfurt und auch nach Berlin.

So hinan denn! Hell und heller,
Reiner Bahn, in voller Pracht!
Schlägt mein Herz auch schmerzlich schneller,
Überselig ist die Nacht.

Wölfchen sah verwundert herüber. Was murmelte der Großvater da vor sich hin?

Ja, dort oben über der Saale war ihm Marianne oft zur Seite gewesen, ihre Stimme sprach mit dem Wind. Sie begleitete ihn, wenn er zwischen Rosen und Malven spazierte, übers Traubengeländer hinuntersah auf den Fluß. Oder zum Himmel hinauf, wo die Wolken sich jagten. Er zeigte ihr Kamele, Drachen, trippelnde Schafe, mit nie versiegender Vorstellungskraft. Und dachte an ihr Geburtstagsgedicht. Eines Morgens – die Nebel hatten sich aufgelöst, und das Band der Saale glänzte im Sonnenlicht – fiel ihm der Anfang ein. „Euch grüß ich, weite lichtumfloßne Räume." Das war eine Zeile nach seinem Sinn. Mariannes Strophen verherrlichten Heidelberg. Er hatte sie abschreiben lassen und Ottilie gezeigt. Die meinte, das schöne Gedicht sei von ihm. Ohne zu widersprechen, überließ er es ihr zum Druck. In der Privatzeitschrift „Chaos" wurden keine Verfasser genannt. Da mochte es leuchten, das Lied. Eine andere Öffentlichkeit wagte er nicht.

Willemers Griff in den goldenen Topf: Er hatte das hübsche Kind in sein Haus geholt. Sie blieb ihm zur Seite, sie hat sein rastloses Wesen, soweit sie's vermochte, beruhigt. Die Musik eine hilfreiche Freundin. Harmonien durchwehten das Haus. Befohlene Stille, sobald der Geheimrat schrieb. Er schrieb sehr viel. Wortreich, begeistert, von sich selbst überzeugt. Über Siéyès und Napoleon, über Einkommensteuer und Preßfreiheit, über sein Amt im Senat, endend in Resignation. Zuletzt das „Handbuch für gebildete Eltern, die es gut mit sich und ihren Kindern meinen". Nach Weimar kam es mit Goldschnitt, in Leder gebunden. Seitenlang fordernd: es soll so sein! Und wie ist er selbst? Sprunghaft, verworren. Aber nicht geizig, kein Frankfurter Pfeffersack. Eher ein Strebender, wohlmeinend auch. Die Augen ins Weite gerichtet. Sie halten freilich nichts fest. Die Gerbermühle sein Talisman und Marianne sein Glück. Von Kindern und Kindeskindern wird sie mehr als der Vater geliebt.

Ein Engel mit Flügeln, wenn sie reist? Schon auf der festen Erde setzte sie ihre Füße stets mit erfreulicher Anmut. Aber die energische Stimme war auch gut für Kommandos, wenn sich die Plane erfüllen sollten.

Zurück an den Schreibtisch, mein Alter! Du mußt schon dein eigener Blücher sein. Wölfchen soll die Lampen anzünden, wer Briefe ordnet, braucht Licht.

Bis zur Einladung nach Kassel stimmt die Chronologie. Und hier geht es weiter mit einem besonderen Reisebericht: „Die kleine Fahrt auf dem Dampfschiffe bis Köln und wieder zurück gehört zu den angenehmsten, die ich je machte; ich glaube nicht, daß es möglich ist, in einem Zeitraum von wenigen Tagen schönere Gegenden, verschiedenere Menschen aus allen Nationen und auf eine bequemere Weise kennen zu lernen, indem man die Wahl hat, sich ganz ruhig beobachtend zu verhalten oder tätig mit in die kleine Welt zu treten, die sich auf einem so kleinen Raum zusammenfindet. Dies letztere habe ich sehr gerne getan, und mit Engländern, Holländern, Italienern und Franzosen recht angenehme Gespräche geführt. Wenn nicht zuweilen die Binger, Bacheracher, Koblenzer, Mainzer wie lustige Personen unter den Fremden gewesen wären, könnte man sich einbilden, man sei auf dem Hudson gefahren. Ich habe oft an Sie gedacht und mir gewünscht, in Ihrer Gesellschaft diese Reise machen zu können; wie sehr würde sie Ihrem Sinn zusagen und Ihrer Menschenkenntnis und Lust am Beobachten reichen Stoff bieten; wie oft habe ich Ihren Namen in fremder Sprache stammeln hören, und selbst in diesem kleinen, sich so ungleichen Kreise waren Sie gegenwärtig. Ich mußte das Fischerlied einer Engländerin vorsingen, die kein Wort Deutsch verstand. Aber sie war zufrieden, den Klang der Worte zu hören. Und als sie uns später auf der Mühle besuchte, machte sie Rosettes Zeichnung mit einer Strophe von Ihnen als Geschenk überglücklich. Sie wird in ihren Zimmern in Richmond die bescheidene Ansicht des Mains und der Stadt, aus den Fenstern der Gerbermühle, aufhängen, die freilich durch die Hand, die jene Zeilen schrieb, einen unschätzbaren Wert erhielt."

Frau von Willemer hat also verraten, daß sie ihn kennt. Aber sie brüstet sich nicht wie die Arnim, freut sich nur, wenn man sein Werk verehrt, und ist den Verehrern gut. So sind auch ihre Briefe gestimmt. Wohl soll er ihrer gedenken, aber sie gewinnt ihn für sich, indem sie ihn unterhält. Und wie einst seine Mutter vergißt sie die leiblichen Freuden nicht, schickt Würste, Schinken, Kastanien und Honig.

Artischocken ein paarmal im Jahr. Packt mit Vergnügen und fragt nach weiteren Wünschen. Krüge mit Mostsenf zum Beispiel könnten bezeugen, daß der Wein auf den Bergen um die Mühle wenigstens zu diesem Gebrauch taugt.

Wölfchen ist aufgestanden und zeigt ein Eisenbahnbild mit viel Dampf. Setzt auch das Lob für seine Interessen ein. Ob der Apapa noch von den Frankfurter Printen hat? Er darf auf den Stuhl klettern und holt von der Bücherrepositur ein kleines Kistchen herunter. Es finden sich Printen und Pfeffernüsse, leider nur noch ein halbes Dutzend, Weihnachten ist lange vorbei. Als auch die letzten Krümel mit feuchten Fingerchen aufgetupft sind, fängt sich der Blick in dem Deckel des Kästchens. Da sieht man in Brandmalerei einen Vogel mit Schopf.

„Es ist ein Hudhud, nicht wahr?"

„Ein Wiedehopf, liebes Kind."

„Aber die Mutter hat mir gesagt, daß es ein Hudhud ist."

„Da hat sie wohl recht. Hudhud nennt man den Vogel, wenn er eine Botschaft von Freunden bringt. Dieser hier ist aus Frankfurt gekommen."

„Und brachte uns Printen und Zuckerzeug."

„Gewiß."

Das Kindergesicht schmiegt sich an seine Wange. Zärtlichkeit als Tribut für den süßen Genuß. Darüber darf man nicht klagen. Auch die Biene macht den Blumen um des Honigs willen den Hof.

„Möchtest du das Kästchen behalten? Du kannst deine Muscheln darin aufbewahren. Vielleicht redet Hudhud mit ihnen vom Meer. Er ist weit herumgekommen. Sogar in Arabien kennt er sich aus."

Wölfchen gibt dem Apapa einen Kuß, dann ist er draußen mit seinem Tagesgewinn. Nun bewacht nur noch der geschnitzte Vogel aus Baden auf seinem Spazierstock das Feld. – Goethe blättert im Stapel der Briefe zurück. Da gab es doch diesen reizenden Hudhud-Bericht. Nein, nicht den aus dem Bad, einen späteren noch, als er selbst nicht mehr reiste. Ja, hier:

„Obschon auf das freudigste überrascht, sollte mich, was Sie so liebevoll mir zugedacht, doch nicht ganz unvorbereitet finden. Sie werden lachen, wenn ich Ihnen erzähle, was mich mit der festen Hoffnung auf baldige Nachricht von Ihnen erfüllte. Den 21. abends war ich mit Willemer nach Seckbach gefahren, wo wir uns der herrlichen Aussicht und des blühenden Weins auf dem schönen Hügel hinter dem Dorfe erfreuten. Wir hatten uns eben still sitzend über die schöne Abendbeleuchtung erstaunt, als ich hinter mir den rauschenden Flügelschlag eines Vogels hörte; können Sie noch zweifeln, wenn ich Ihnen sage, daß es Hudhud war, der nicht weit von mir im Grase saß, die Krone entfaltend? Unwillkürlich sagte ich: Hudhud, fürwahr, ein schöner Vogel bist du – und da flog er fort, ich aber war überzeugt, er hätte mir Botschaft angezeigt, und so war's auch, Sie mögen immerhin lächeln."

Nein, er lächelte nicht. Sie sagte immer das Rechte, ihre Briefe wärmten sein Herz. Und hielten sich, nach schmerzlichen Jahren, zwischen Wunsch und Wirklichkeit behutsam im Gleichgewicht. „Daß Sie sehr beschäftigt sind, freut mich, um deswillen, was daraus hervorgeht, betrübt mich aber, weil es uns die Hoffnung nimmt, Sie bei uns zu sehen. Tröstlich ist, daß Sie mir erlauben, Sie von ganzem Herzen lieb zu haben, welches vielleicht auch ohne Ihre Erlaubnis geschähe, es Ihnen aber auch manchmal sagen zu dürfen, was freilich nicht ohne Ihren Willen geschehen kann."

Willemer fuhr oft mit ihr über Land. „Mein guter Jakob" hat sie einmal geschrieben. Sie kann an seiner Seite nicht unglücklich gewesen sein. Hat eine große Familie gewonnen und fürs ganze Leben Geborgenheit. Ihre Anlagen wurden gefördert, die Stimme geschult. Des Hausherrn Liebe zur Mühle hat sie geteilt. Und die Freundschaft mit Hatem gab ihnen Stoff für Gespräche, knüpfte ein triadisches Band.

Vor Jahren waren sie ihm bis Kassel entgegengereist, hatten gehofft, daß er die verbliebene Wegstrecke auf sich nahm. Oder auch, daß er sie einlud, nach Weimar zu kommen. Warum tat er es nicht?

Wollte er nicht, daß Mariannes Augen sähen, was fragwürdig war? Die Tochter ein Wirbelwind, der Sohn in endlosem Dienst unterwegs oder polternd im Haus. Meyer und Riemer beflissen. Im Heer der Besucher die eigene Einsamkeit. – Nein, nun urteilte er nur nach dem Augenblick. Er wünschte die große Tafel nicht mehr, weil er an seinen persönlichen Zuständen genug zu richten hatte, war aber doch ein gastfreier Hausherr gewesen, als die Welt noch nach Weimar kam. Frommann, Knebel, Coudray, Soret, das waren die nahen, Humboldt, Zelter die ferneren Freunde. Cotta, Reinhard, Klenze, Rauch und viele andere hatten ihn aufgesucht. Der König von Bayern gar. Und die Mendelssohns, der junge Felix mit seiner Musik. Vorbei dies alles. Ein Klausner ist er geworden, in seiner Höhle ein Dachs. – Wenn nur das Frühjahr bald Einzug hielte, ein sonniger Tag die erste Ausfahrt erlaubte, wenigstens bis an sein Gartenhaus!

Unten gehen die Türen, Ottilie ist da. Aber sie wird ihn nicht stören, sie kommt erst, wenn er sie ruft. Es bleibt nicht mehr viel zu tun. Die jüngsten Briefe sind alle geordnet, nur einer fand sich gesondert, er ist vom 7. August und zweieinhalb Jahre alt. Da mußte Marianne in der Ausgabe letzter Hand seine Hommage an die Musik der Szymanowska gelesen haben, und, als ärgste Zumutung, die Elegie.

Kein Zeichen von Eifersucht, von Gekränktsein in diesem Brief, eher ein großes Erbarmen, mit weiblicher Neugier vermischt. „Da sich freilich nicht übersehen läßt, daß der Dichter die Feder in sein Herzblut taucht, so ist bei allem Mitleid, das man für den innig geliebten Freund und seine Herzenswunden hat, doch die Ungewißheit kaum zu ertragen, mit der man sich abmüht zu erraten, wann, wie und durch wen sie ihm geschlagen wurde."

Das war etwas vorlaut, sie hatte es selbst so empfunden, deshalb stellte sie klar: „Was ich mir von den Quellen des Paradieses aneignen durfte, erfrischt und erquickt mein Leben und erhebt mich in mir selbst; ich danke dem Geschick für diesen Glanzpunkt meines Daseins, der ohne bittere Zugabe, rein und unvermischt, meine späten

Lebenstage zu erhellen vermag; dies ist ein Geschenk des Himmels, weit über mein Verdienst."

Nur die Lumpe sind bescheiden. Mariannes Rückzug war aus Stolz und Demut gemischt. Sie dankte ihrem Geschick für ein Himmelsgeschenk. Wie recht sie hatte! Alles geben die unendlichen Götter ihren Lieblingen ganz. Lächelnd beschloß er, den Brief als letzten unter den Stapel zu schieben, schrieb aber noch an den Rand: „Inmitten aller Personenrätsel hat sich zwischen Weimar und Frankfurt ein vorzügliches offenbart, sowohl der Innigkeit als auch der Dauer nach."

Dann schlug er den Packen in festes Papier und legte ein vorbereitetes Abschiedsgedicht obenauf. Verschnürte, siegelte, adressierte mit eigener Hand, es dauerte seine Zeit. Zuletzt notierte er zum Diktat für den folgenden Tag: „Indem ich die mir gegönnte Zeit anwende, die grenzenlosen Papiere, die sich um mich versammelt haben, zu sichten und darüber zu bestimmen, so leuchten mir besonders gewisse Blätter entgegen, die auf die schönsten Tage meines Lebens hindeuten. Sie sind nunmehr eingepackt und versiegelt. Ich möchte Ihnen das Paket, allen Zufälligkeiten vorbeugend, senden. Nur würde mir das einzige Versprechen ausbitten, daß Sie es uneröffnet bei sich liegen lassen bis zur hora incerta. Dergleichen Blätter geben uns das frohe Gefühl, daß wir gelebt haben; dies sind die schönsten Dokumente, auf denen man ruhen darf."

Der Abschied für immer wurde noch nicht gewagt. Erst am 29. Februar ging das Paket auf den Weg. Und abermals drei Wochen später meldete man Goethes Tod.

Im Zauberkreis

„Das Vieruhrläuten. Wir sind gleich da. Mein Kompliment, Marianne. Dies war doch ein weiter Weg."

„Die Füße sind noch in Form. Die Schwingen eher gerupft. Und von der Taille darf man schon gar nicht reden. Hannchen kocht zu gut."

„Wie geht es ihr? Sie muß über siebzig sein."

„Einundsiebzig, kurzatmig, immer geschwollene Beine. Aber das Küchenregiment gibt sie nicht ab. Und den Herrn Hofrat wird sie aufpäppeln wollen."

„Wir sagen ihr, daß ich Diät halten muß."

„Gewiß. Und nähren die Hoffnung, daß es Ihnen bald besser geht. – Da ist schon das Tor. Kommen Sie zu einem Tee mit hinein?"

„Lieber nicht. Stift Neuburg ist für mich ein Ort der Verlegenheit, das wissen Sie doch."

„Ich weiß, daß Sie so empfinden, aber ich verstehe es nicht. Und es tut mir leid. Die besten Menschen sind so dünn gesät, daß ich sie immer gleich bündeln möchte. Was haben Sie gegen den Hausherrn? Er ist ein frommer Mann."

„Sagen wir lieber: ein Renegat."

„Elias, wo bleibt Ihre Toleranz? Sie attackieren den liebenswürdigsten aller Gelehrten. Wenn er nicht liest oder schreibt, ist er auf rührende Weise um das Wohl seiner Gäste besorgt."

„Und eben deshalb die vielen Prälaten. Weihrauch und Reaktion! Ein Mitglied des Preßvereins müßte da drinnen die Rolle des Hechtes im Karpfenteich spielen. Es sei denn, man bliebe stumm wie ein Fisch."

„Sie reden, daß es mir in die Knie fährt. Setzen Sie sich neben mich! Die Mauer ist von der Herbstsonne gut gewärmt. Und das Gnadenbild wird Sie, hoffe ich, weiter nicht stören."

„Die Inschrift vielleicht, aber gewiß nicht die Schlange. Sie hat die Frucht der Erkenntnis wie einen Spielball im Maul."

„Bringen Sie mich nicht durcheinander! Was hat es auf sich mit Ihrem Verein? Planen Sie einen Aufstand, ein Attentat?"

„Wir kämpfen um die Freiheit der Presse, welche man zum Beispiel im Großherzogtum Baden zuerst verkündet und dann wieder aufgehoben hat. – Wenn ich mich recht erinnere, hat Willemer vor vielen Jahren über die Preßfreiheit eine Flugschrift verfaßt. Damals haben ihn seine Standesgenossen ausgelacht, aber er hatte recht. Nur was öffentlich ist, ist auch nachprüfbar. Metternich weiß das und läßt die Zensur verschärfen. Die Bundesfürsten parieren, das Hambacher Fest hat alle erschreckt."

„Waren Sie auch auf dem Schloß?"

„Volksfeste sind für die Jungen. Aus Heidelberg war eine Burschenschafts-Abordnung dort. Und Gustav Körner ist ihr Sprecher gewesen."

„Der Körner vom Frankfurter Wachensturm? Elias, mir stockt der Atem. Sie wissen, daß es Tote gegeben hat. Und Gerhard Thomas war nach all den Aufregungen wochenlang krank."

„Das tut mir leid. Und natürlich stehe ich nicht für Gewalt. Aber ich denke, die jungen Leute haben das Recht, für eine besser verfaßte Zukunft zu streiten. Und sie sollten deswegen nicht auswandern müssen. Börne und Heine sind in Paris. Körner hat es geschafft nach Amerika."

„Ich verstehe wenig von Politik. Sie erinnern mich aber, ganz ohne äußere Ähnlichkeit, an den Freiherrn vom Stein, den Willemer sehr verehrte, während ich ihn immer ein wenig zum Fürchten fand."

„Er lebt nicht mehr. Und auch der freisinnige Cotta ist tot. Wir andern dürfen nicht resignieren, weil sonst die Willkür siegt. Das Volk muß informiert werden und nachdenken lernen – da haben Sie den Pädagogen im vaterländischen Presseverein."

„Es kommt mir vor, als hätten wir beide das Alter getauscht."

„Liebste Marianne, jung sind wir beide nicht mehr, und ehrwürdig alt ist unsere Vertraulichkeit. Sie schauen mich an – schon öffne ich Ihnen mein Herz."

„Das war einmal umgekehrt."

„Tempora mutantur et nos mutamur in illis."

„Ich finde mich damit ab. Der Pfad, den wir gerade gegangen sind, heißt Philosophenweg, nicht wahr? Da darf man keine Quisquilien verhandeln, da muß es schon die Zukunft des Vaterlands sein."

„Sie begegnen dem Überfall mit liebenswürdigem Spott. Aber ich möchte Ihnen doch noch sagen, was der alte Jeremy Bentham, der auch in Weimar geschätzt und gelesen wurde, als Ziel vernünftigen Handelns verkündet hat: das größtmögliche Glück der größtmöglichen Anzahl von Menschen."

„Und weiß man denn auch, wie es aussehen soll, das Glück?"

„Die Bedürftigen müssen zu essen haben und ein Dach überm Kopf. Darüber hinaus sollte jeder eine Betätigung finden, die seinem Vermögen entspricht. Wie Hannchen zum Beispiel mit ihrem unangefochtenen Kochregiment."

„Glauben Sie, Goethe hat an Benthams Lehre gedacht, als er die letzten Faust-Szenen schrieb? Grünes, fruchtbares Land für Millionen am Rande des Meeres."

„Vielleicht. Jedenfalls hat er es so formuliert, daß unsere Studenten den Text auf ein Flugblatt setzten. Wer Goethe zitiert, den kann man zumindest nicht relegieren. Ich habe den Zettel aufgehoben für Sie.

Nur der verdient sich Freiheit wie das Leben,
Der täglich sie erobern muß.
Und so verbringt, umrungen von Gefahr,
Hier Kindheit, Mann und Greis sein tüchtig Jahr.

Solch ein Gewimmel möcht' ich sehn,
Auf freiem Grund mit freiem Volke stehn.
Zum Augenblicke dürft' ich sagen:
Verweile doch, du bist so schön!

„Und wer hat am Ende die Wette gewonnen?"

„Das kann man nicht sagen. Vor dem entscheidenden Satz steht ein Potentialis. Ihr Freund hat der Gnade des Himmels ein Schlupfloch gelassen. Aber das ist nicht das richtige Bild. Die Engel obsiegen mit purpurnen Rosen, die Satane stürzen ärschlings zur Hölle, Mephisto hat seinen Aufwand vertan, und Fausts Unsterbliches strebt zwischen Felswänden himmelan. – Keine finsteren Blicke, Marianne! Ich rede im Ernst. Goethe hat das Spektakel grandios zu Ende gebracht, zum Glück ohne Christus und ohne Jüngstes Gericht. Damit und mit der Reverenz vor Ihrem Geschlecht ist er ganz bei sich selber geblieben. – Sie haben einen großen Mann verehrt und geliebt. Und ich, das freut mich doch auch, habe Sie vor mehr als dreißig Jahren mit seinen Gedichten vertraut gemacht."

„Ja, Elias, und diese Rollenverteilung ist ein Grund unserer währenden Zweisamkeit. Morgen werden wir beide nach Frankfurt fahren und haben im Wagen viel Zeit. Deshalb bin ich Ihnen entgegengereist. Wir müssen uns über den Faust unterhalten. In Frankfurt wird man Sie anderweitig in Anspruch nehmen, da sind wir kaum ungestört."

„Ich unterwerfe mich dem Ewig-Weiblichen, das heißt Ihrer klugen Disposition. Aber nun erklären Sie mir noch einmal, was ich eigentlich soll."

„Mein getreuer Eckart sein."

„Und was heißt das konkret?"

„Die Kinder fürchten, daß ihr Vater bald keine Entscheidungen mehr treffen kann, und denken über mein Auskommen nach. Sie, unser treuester Freund, sollten, so möchten's die Schwiegersöhne, meine Sache vertreten und den Erbvertrag als unbeteiligter Zeuge unterschreiben. Auch müßte man Willemer alles erklären, das wird Ihnen zugemutet und zugetraut. Sie wissen, daß die Mühle nur gepachtet ist. Aber das Türmchen gehört der Familie, und die Kinder wollen, daß es mein Eigentum wird. Das hat mich gerührt, denn die Mauern schließen so manche Erinnerung ein."

„Die großherzige Fürsorge Ihrer Familie ist nur gerecht."

„Ach, ich weiß nicht. Mir bleibt meine angriffliche Stellung immer bewußt, und wenn es außer mir keiner so sieht, habe ich noch mehr Grund, allen dankbar zu sein. – Elias, Sie müssen jetzt gehn! Morgen früh um sechs wird Phil bei der Brücke vorfahren."

Mieg verabschiedete sich und lief hinunter zum Fluß. Bei der Stiftsmühle ließ er sich übersetzen, das verkürzte den Weg in die Stadt. Sie sah ihrem Freund lange nach. Der Theologe, der Pfarrerssohn, nach langen Hauslehrerjahren ein freier Mann. Sein Verstand noch immer ein Tuch, um sich den Schweiß von der Stirn zu wischen. Desto erstaunlicher seine politische Leidenschaft. Er war in Paris gewesen, monatelang, vielleicht war es das. In seiner Wohnung stapelten sich französischen Zeitungen bis in den Flur.

Würde er Gerhard Thomas erschrecken? Schließlich gehörte der als Senator zur Obrigkeit. Anders stand es mit Passavant. Ihr Arzt hatte sich erst kürzlich über die harte Bestrafung der Holzfrevler aufgeregt. „Der Familienvater kommt ins Gefängnis, und uns sterben die Kinder unter den Händen weg. Wer schon elend ist, hat gegen Schwindsucht und Cholera keine Chance."

Daß Mieg ihre Freunde nicht mochte, tat ihr leid. „Ein Tugendapostel, in Weihrauchwolken gehüllt." Durfte man Schlosser so karikieren? Gut, es wäre nicht nötig gewesen, in Rom für den Neuburger Kaufvertrag um Genehmigung nachzusuchen. Auch Willemer hatte sich darüber lustig gemacht. Aber wenn nun schon das Haus kein Kloster mehr war, konnte niemand die Räume gottgefälliger nutzen als dieses fromme Paar mit seiner dezenten Geselligkeit. 16000 Bücher. Und nach der Morgenmesse ein Weihrauchwölkchen im Haus. Was machte das schon? Hatte nicht auch der Divan-Dichter solche orientalischen Düfte geliebt?

Schlosser übersetzte Franz von Assisis Sonnengesang. Elias schrieb Essays über Rousseau und Chateaubriand. Bettelmönche waren sie beide nicht. Miegs Hausfrau hatte den Mokka in zierlichen Täßchen serviert und im Salon einen Flügel stehn. Auf dem

Wohnzimmertisch lagen sechs Exemplare eines Romans von Stendhal: Le rouge et le noir. „Wir lesen im Cercle, der Tisch ist rundum besetzt."

Eifersüchtig, Marianne? Was fällt dir ein? Warum sollte er nicht sein gutes Französisch nutzen? Ihr habt ihm nicht angeboten, in Frankfurt zu wohnen. Nun lebt er in Heidelberg, hört Vorlesungen über Staatsrecht, schreibt Artikel für den Preßverein und liest mit einigen Damen Stendhal.

Sie bückte sich, hob aus dem Gras einen Apfel auf und biß mit wohlerhaltenen Zähnen kräftig hinein. Hatte auch noch immer die Gottesmutter aus Sandstein vor Augen. „Heilige Maria, Zuflucht der Sünder, bitte für uns" stand auf dem Postament. Marianne schüttelte den Kopf. In solcher Stimmung ist sie jetzt nicht. Der Apfel schmeckt köstlich. Und die Schlange dort oben ist wirklich ein freundliches Tier. Erkennen, was die Welt im Innersten zusammenhält – das kann sie nicht strafwürdig finden, heute jedenfalls nicht. Neben ihr hat eine fuchspelzige Hummel den Taubnesselbusch entdeckt. Sie fliegt von Blüte zu Blüte und saugt und muß schon ganz trunken sein. Von der Landstraße tönt Peitschenknallen und Hundegebell herauf. Flache Kähne gleiten den Neckar hinab. Die Stadt kann man, weil sie hinter dem Berg liegt, nicht sehen, sie ist aber da.

Also Mieg mag die Schlossers nicht. Die Goethe-Verwandtschaft scheint für ihn kein Diplom. Und wie sehr Sophie sie getröstet hat, damals, als die Levetzow-Geschichte in Frankfurt umlief, kann er nicht wissen, der Freund. „Riemer und Meyer und Müller und dann dieser Sohn. Wem steht da von außen ein Urteil zu!" – Die Rätin hatte den Haushalt in Weimar erlebt.

Eines Tages war auf Mariannes Schreibpult ein Petschaft gelegen mit Goethes Profil. Dazu ein Zettel von Sophies Hand. „Schweigend will er die Gedanken wahren, die du seinem treuen Schutze anvertraust." Seitdem hatte sie ihre Post mit dem Goetheköpfchen gesiegelt, auch die Briefe an Mieg. Das stille Einverständnis der strengen Frau Rat, welche über den Divan niemals ein Wort verlor, sie aber manchmal umarmte, tat ihr wohl. Mochte der Freund sich verweigern, sie hielt an ihrer Liebe zu Neuburg fest.

Und stand jetzt auf, um hineinzugehen, wollte keinem Menschen begegnen, hatte auch Glück. Niemand auf der Terrasse, niemand im Flur. Mittagsstille im ganzen Haus, da durfte man schon am Eingang die Schuhe ausziehen und barfuß über die kühlen Fliesen laufen. Klösterlich kühl auch die Kammer, obwohl die Sonne ins Fenster schien. Die hohen Bäume verwandelten das Licht in ein Schattenspiel.

Kopfschmerzen hast du? Kommst mit den Widersprüchen nicht hin? Meine Liebe, du hast dir doch alles selber gerichtet. Läßt Willemer in Frankfurt allein, fährst mit Phil, ohne beauftragt zu sein, nach Heidelberg, nimmst Wohnung im Kloster, welches ein Sommersitz ist. Hörst dir zum Frühstück an, was Fritz Schlosser von den Visionen der Sancta Teresa erzählt. Gehst auf der Schloßterrasse spazieren und träumst den glücklichsten Tagen deiner Vergangenheit nach. Willst sehen, wie der Herr Hofrat Mieg nach seinem Umzug wohnt. Hörst auf dem Philosophenweg dies und das über Faust, aber doch mehr von der Zukunft des Vaterlands. Nach so viel Gemütsbewegung solltest du über Kopfschmerzen wirklich nicht ärgerlich sein.

Bei Goethes Engeln gäb's ein probates Rezept: „Was euch nicht angehört, müsset ihr meiden. Was euch das Innre stört, dürft ihr nicht leiden." Wenn du aber auf Mieg und den Schlossers bestehst, von der Familie zu schweigen, bleibt dir nur ein tapferes Herz. Dort können sich alle begegnen, ohne mit den Köpfen aneinanderzustoßen. Und der Geliebte behält den vornehmsten Platz.

Hast schon wieder sein letztes Buch in der Hand, sein letztes Drama, den letzten Akt. – Ja, das liest sich nicht ohne Schrecken, wenn die Sorge dem halsstarrigen Greis das Augenlicht raubt. Nach drüben ist ihm, so sagt er, die Aussicht verrannt. Zuletzt umgibt ihn auch hier auf Erden die allertiefste Nacht. Beklemmendes Bild: der blinde Kolonisator am Meer! Er läßt einen Sumpf entwässern, befiehlt es zumindest mit herrischen Gesten. In Wahrheit schaufeln Lemuren unter dem Fenster sein Grab.

Der Dichter wurde nicht blind, was regst du dich auf? – Kannst die beiden Gestalten noch immer nicht recht separieren. Und doch ist's kein Wunder. Faust spricht von Goethe, wenn er sich selbst beschreibt.

> *Ich habe nur begehrt und nur vollbracht*
> *Und abermals gewünscht und so mit Macht*
> *Mein Leben durchgestürmt.*

Klagt er sich an mit dem „nur"? Oder bläst er sich selber Fanfare? Fragen über Fragen, und Elias nicht da. Bleibt der Türmer mit seinem einfachen Lied. Auch das ist Goethe: zum Sehen geboren, zum Schauen bestellt. Seine bewegte Miene, wenn er mit dir am Ufer des Flusses stand, die wechselnden Farben des Abendhimmels beschrieb.

Wie es paßt zu ihm, daß er Fausts Unsterbliches durch Bergschluchten aufsteigen läßt. Über Nebel und Wolken empor ins Licht. Und wie es paßt, daß die Seele von liebenden Frauen empfangen wird, von einer Büßerin auch, „sonst Gretchen genannt". Eigenhändig, hatte Ottilie erzählt, schrieb er den Namen in Johns Reinschrift hinein.

Das Ewig-Weibliche sein endgültig letztes Wort. Dr. Passavant findet's gerecht. Alle Frauen, die ihm begegnet sind, mußten ihn lieben. Und diesem Reichtum an Liebe verdankte er seine unversiegbare Schöpferkraft.

Auch Ottilie, das fügsame Töchterchen, ist dem Vater sehr verbunden gewesen. Fünfzehn Jahre hat sie mit ihm unter einem Dach gelebt. Die Besucher sortiert und mit den willkommenen Gästen geistreich geplaudert. Hat lesend und kommentierend die Vollendung des Faust erlebt. Kein Wunder, daß ihr das Haus der Willemers offenstand, als sie mit Walther nach Frankfurt kam. Doch waren die Gastgeber eher enttäuscht. Von Weimar sprach Ottilie mit Abscheu, von Kanzler Müller, dem Nachlaßverwalter, mit Zorn. Alles Interesse galt einem englischen Freund. Um ihm zu begegnen, war sie da.

Überm Reden tanzten die Locken, ihre lebhaften blauen Augen huschten umher. Ein Kolibri, dachte Marianne. Eine Schwalbe, die für ihr Nest eine schützende Hauswand sucht, so sah sich Ottilie selbst. Und wiederholte, daß man's ohne den Vater in Weimar nicht aushalten könne. Auch habe sie ein Recht auf Freiheit und Liebe nach langen Jahren der Abhängigkeit. Betreten sah man, wie sie die feinen Hände rang. Goethes Schwiegertochter auf der verzweifelten Suche nach Glück.

Walther hatte ihre unsteten Augen, aber des Großvaters weiche Züge um Mund und Kinn. Marianne schloß den schüchternen Jungen ins Herz, doch zur Vergötterung gab es keinen Grund. Er spielte mit feuchten Händen Klavier und war ein verhätscheltes Kind. Sie hätte ihm gern einen guten Erzieher besorgt, dachte sogar an Mieg. Passavant warnte vor allzuviel Engagement. „Die Mutter ist eine charmante Person, aber von wechselhaften Stimmungen geplagt. Ihre Leidenschaft steuert auf Besitzergreifung und dramatische Szenen zu. Halten Sie sich zurück!" Schließlich füllte man nur ihren Geldbeutel auf und ließ sie reisen, mit Charles Sterling den Rhein hinunter nach Köln.

Marianne seufzte. Ottilie von Pogwisch stand ein unruhiges Leben bevor. Und sie würde die Turbulenzen selbst inszenieren. Schon in besseren Zeiten hatte sie ihre kleine Privatzeitschrift „Chaos" genannt, sie brauchte die Provokation. Doch blieben die Beiträge anonym.

Einmal erhielt Marianne ein solches Heft und fand sich darin gedruckt. Man hatte sie nicht um Erlaubnis gefragt. Sieben Jahre Distanz schienen wohl Goethe genug. „Das Heidelberger Schloß", mit Herzblut geschrieben, zum 75. Geburtstag nach Weimar geschickt. Ob Ottilie wußte, daß sie die Verfasserin war? Der Empfänger hatte sich wenig ergriffen gezeigt, jedenfalls spät bedankt. Und für eine Sendung Stachelfrüchte zuerst. „Also abermals Artischocken", so begann der enttäuschende Brief.

Sie hat ihn herausgefischt und erkundet noch einmal die dürren Zeilen, stolpert wie einst durch den Text. „Um nicht noch mehrere

Tage mit meinem schuldigen Schreiben zu zaudern, sage ich mit wiederholtem Dank, daß ich seit einigen Wochen von Heidelberg nicht wegkommen kann, und daß jene neubelebten Ruinengärten als Hintergrund aller Pflichtgefühle, aller Geschäfte und Zerstreuungen unwandelbar mir vor den Augen stehen." Der diktierende Goethe war in einen trockenen Geschäftston gefallen; die Kränkung empfand sie noch jetzt. Doch in Zukunft würden überhaupt keine Briefe mehr kommen. Deshalb ließ sie die Blätter beisammen, hütete sie als ihr kostbarstes Gut und hatte die Mappe, wenn sie unterwegs war, immer dabei.

Zu den Ruinengärten war sie auch heute hinaufgestiegen, hatte am Brunnen gesessen und mit geschlossenen Augen geträumt.

> *Im Zauberkreis, der magisch mich umgibt,*
> *Versenkt euch willig, Sinne und Gedanken!*
> *Hier war ich glücklich, liebend und geliebt.*

Es waren himmlische Tage gewesen. Sie hatte etwas Hohes empfunden und es neun Jahre später noch einmal in Verse gebracht. Inzwischen sind die starken Gefühle verwischt, aber dort oben kehrt die Erinnerung immer ins Leben zurück. Sie hat ein wenig geweint und ein Ginkgo-Blatt aufgelesen. Dann ist sie hinuntergegangen zu Mieg. Und jetzt erwartet man sie im Salon. Sie macht sich mit Jäckchen und Haube zurecht.

Draußen hört man die Spatzen aufgeregt tschilpen. Am Brunnen werden die Pferde getränkt. Marianne schaut ins smaragdgrüne Laub. Die gefiederten Blätter tanzen im Abendlicht. Was hatte Schlosser gestern von der Esche gesagt? Die Schlangen fürchten ihr stetig wechselndes Schattenbild. Also keine Schlangen vor ihrem Fenster. Statt dessen ein zierliches Taubenhaus. Und die Tauben nicht grau oder braun, sondern, wie von Assisi berichtet, schneeweiß.

Morgen fährt sie nach Hause, Elias kommt mit. Er wird ein paar Tage bleiben, bis zu ihrem Geburtstag vielleicht. Wenn Hannchen wohlauf ist, gibt es ein Festessen für die Familie, die Schelbles, die Passavants. Und Musik gibt es auch. Aus Paris hat der Freund die allerneuesten Noten mitgebracht: Etüden, Balladen und Impromptus, von einem gebürtigen Polen mit Namen Chopin.

Doch jetzt muß sie wirklich hinüber, man wartet auf sie. Mit ausgebreiteten Armen kommt ihr Sophie entgegen. Rat Schlosser rückt an seiner Seite den bequemsten Sessel zurecht. Monsignore Alfieri erscheint im Salon mit einem buschigen Strauß in der Hand. Er hält ihn wie eine Trophäe empor. „Seltsame Blüten! Wächst an der Mauer. Wie heißt?" „Pfaffenhütchen", sagte Marianne, lächelte den verdutzten Gottesmann an und wünschte sich Goethe herbei. Der hätte den lateinischen Namen gewußt und vielleicht auch noch eine hübsche Geschichte erzählt.

Anhang

Daten aus Goethes Leben

Johann Wolfgang Goethe (1749-1832), geboren am 28. August in Frankfurt am Main.
Vater: Johann Caspar (1710-1782).
Mutter: Katharina Elisabeth (1731-1808), von Freunden „Frau Aja" genannt.
Der junge Goethe studiert die Rechte, 1765-1768 in Leipzig, 1770-1771 in Straßburg. Liebe zur Sesenheimer Pfarrerstochter Friederike Brion (1752-1813).
Kurze Anwaltspraxis in Frankfurt.
1772 in Wetzlar Referendar am Reichskammergericht. Liebe zu Charlotte Buff, verh. Kestner (1753-1828). Der „Werther" (1774) macht den Dichter berühmt.
1773 Verlobung mit der Frankfurter Bankierstochter Lili Schönemann (1758-1817).
1775 Reise in die Schweiz. Die Verlobung wird aufgelöst. Goethe folgt einer Einladung nach Weimar. Von Herzog Karl August (1757-1828) allmählich mit vielen Regierungsgeschäften betraut.
Liebe zu Frau von Stein (1742-1827).
1782 wird der Geheimrat Goethe geadelt und mit der Finanzverwaltung beauftragt.
1786-1788 Aufenthalt in Italien. Nach seiner Rückkehr nimmt er Christiane Vulpius (1765-1816) ins Haus.
1789 Sohn August geboren. 1830 gestorben in Rom.
Ab 1794 Freundschaft mit Schiller (1759-1805).
Ab 1805 Freundschaft mit Zelter (1758-1832), lebhafter Briefwechsel zwischen Weimar und Berlin.
1806 Besetzung Weimars durch französische Truppen. Eheschließung mit Christiane Vulpius.
1808 Begegnung mit Napoleon beim Erfurter Kongreß.
1812 Begegnung mit Beethoven in Teplitz.

1814 und 1815 Reisen an Rhein und Main. Die übliche Kur in den böhmischen Bädern wird ausnahmsweise durch Aufenthalte in Wiesbaden ersetzt.
1817 Heirat des Sohnes mit Ottilie von Pogwisch (1796-1872). Die Enkel: Walter, Wolfgang und Alma. Gemeinsames Wohnen im Haus am Frauenplan.
1823 Eckermann (1792-1854) kommt nach Weimar. Schwere Erkrankung Goethes im Februar. Während des Sommers Marienbad. Liebe zu Ulrike von Levetzow (1804-1899).
1828 Tod des Herzogs. Entfernung von Weimar. Dornburger Aufenthalt.
1831 „Faust" abgeschlossen. Letzter Geburtstag in Ilmenau.
1832 Tod am 22. März. Bestattung in der Weimarer Fürstengruft.

Menschen, die Marianne von Willemers
Frankfurter Leben begleitet haben
Eine Übersicht

Die Familie

Johann Jakob Willemer (1760-1838)
Mariannes Ehemann war der Erbe eines Bankgeschäfts und führte sein Haus mit wechselnden Teilhaberschaften bis 1815, danach „privatisierte" er. Als begüterter Frankfurter Bürger (Haus zum Roten Männchen, Mühlbergturm; Gerbermühle auf Lebenszeit gepachtet) leistete er sich ausgedehnte Familienreisen, eine emsige Schriftstellerei und in der bewegten Geschichte seiner Stadt ein vielfältiges politisches Engagement. Dabei machten ihn Eigenwille und Streitlust nicht immer beliebt. Intensive Geschäftsbeziehungen (Darlehen, Aktienauflagen) gab es zum preußischen Königshaus. Aber den Adelstitel verlieh 1816 Kaiser Franz I. von Österreich. Den elf Jahre älteren Goethe verband sich Willemer früh durch diverse Gefälligkeiten. Man hatte auch Christiane und mehrmals Sohn August zu Gast.

Bevor Marianne Jung (1784-1860) als sechzehnjähriges Mädchen ins Haus kam, war Willemer schon zweimal verwitwet. Von den acht Kindern aus erster und zweiter Ehe lebten damals noch fünf. Die Lieblingstochter Kätte starb 1803. Zwei Töchter des Hauses legten früh (obwohl sie nur vier und acht Jahre jünger waren) Mariannes Rolle als „Großmütterchen" fest: *Amalia Henriette* (Meline), verheiratet mit Friedrich *Scharff,* und *Eleanore Maximiliane* (Maxe), verheiratet mit Jean *Andreae.* Im Hause Andreae kamen zwischen 1811 und 1836 vierzehn Kinder zur Welt. Meline Scharff war die Mutter der kranken Anna Rosine (Röschen), welcher Frau Willemer besonders zugetan war.

Anna Rosina Willemer (1782-1845)
Von allen „Geschwistern", die nach Mariannes Heirat (1814) zu Stiefkindern wurden, spielte die zwei Jahre ältere *Rosette* die wichtigste

Rolle als Vertraute im Goethe-Drama. Nach dreijähriger Ehe verwitwet, war Frau *Städel* mit ihrer Tochter ins Vaterhaus zurückgekehrt und mußte später auch noch den Tod des Kindes beklagen. Ihr Leben hellte sich auf, als sie 1819 den angesehenen Senator *Gerhard Thomas* heiratete. Sie bekam in dieser späten Ehe fünf Kinder und führte in der Frankfurter Gesellschaft ein gastfreies Haus. Immer blieb sie auch, vor allem im Frauenverein, sozial engagiert. Gerhard Thomas starb überraschend im November 1838, als er gerade das Amt des Frankfurter älteren Bürgermeisters bekleidete. Willemer war ihm um zwölf Tage im Tod vorausgegangen. Dieser doppelte Verlust ließ die Frauen wieder enger zusammenrücken. Mit Rosettes Tod 1845 wurde die 61jährige Geheimrätin Willemer ihrer besten Freundin beraubt.

Abraham Ludwig Heinrich Willemer (1794-1818)
Willemers einziger Sohn, liebevoll Bramy genannt, hatte früh die Mutter verloren, wurde vom Hauslehrer Mieg erzogen, besuchte – wie er damals Mode war – drei Jahre Pestalozzis Schule in Yverdon und ging dann mit seinem Mentor auf Bildungsreise. 1814 nahm er als Leutnant bei den Freiwilligen Frankfurter Jägern am Feldzug gegen Napoleon teil. Die Beziehungen des Vaters brachten ihn später als preußischen Offizier nach Berlin. Dort verlobte er sich mit der verwitweten Baronin Friederike von Geist auf Groß-Beeren und fiel kurz vor der Hochzeit im Duell.

Von Mariannes Familie ist wenig bekannt. Die *Mutter,* meist *Demoiselle Jung* genannt, war eine geborene Pirngruber und Schauspielerin an verschiedenen österreichischen Bühnen. Sie kam 1798 mit ihrer Tochter nach Frankfurt. Das Mädchen trat erfolgreich in mehreren kleinen Rollen auf, meist im Ballett. Zwei Jahre später nahm sie Willemer als Pflegekind in sein Haus. Die Mutter erhielt 2000 Gulden sowie eine Rente und zog sich nach Linz zurück. In Österreich hat das Ehepaar Willemer sie noch mehrmals besucht.

Freunde

Elias Mieg (1770-1842)
Der Sohn eines Pfarrers studierte Theologie und war u.a. befreundet mit Hegel, Hölderlin und dem Geographen Carl Ritter. Im Hause Willemer spielte er (auch in Rechtsangelegenheiten) die Rolle einer Vertrauensperson. Für Bramy konnte er als Erzieher gewonnen werden. Er begleitete den Jungen nach Yverdon, unterrichtete dort auch selbst und stand Pestalozzi in finanziellen Dingen beratend zur Seite. 1814 nahm er als Feldprediger am Krieg gegen Frankreich teil und war dann noch zwei Jahre Prinzenerzieher im Hause Ysenburg-Birstein. Nach ehrenvoller Entlassung (Hofratstitel) lebte er als Privatgelehrter in Heidelberg. Die Goethebegegnung auf der Gerbermühle (1815) ist verbürgt.

Dr. Johann Carl Passavant (1790-1857)
Frau von Willemer schrieb Dr. Passavant 1818 aus Baden-Baden einen umfangreichen Brief, welcher belegt, daß sie um diese Zeit in seiner Behandlung war. Der in Frankfurt geborene Arzt hatte sein Fachwissen u.a. in Wien und London erweitert, reiste in Italien, interessierte sich für Psychologie und Magnetismus, Musik und Kunst, versuchte, zwischen den Konfessionen zu vermitteln, und war sozial engagiert (Begründung einer Kleinkinderschule). Zu seinen Freunden gehörten so verschiedene Charaktere wie Gerhard Thomas und Fritz Schlosser. Seine Ehefrau Doris Lessing sang mit Marianne von Willemer im Chor des Cäcilien-Vereins.

Dr. Johann Christian Ehrmann (1749-1827)
Der gebürtige Straßburger war in Frankfurt seit 1779 ein anerkannter Arzt und ein witziges Original. Er stiftete den Orden der verrückten Hofräte, hatte aber auch Anteil an der Gründung des Senckenbergischen Naturgeschichtlichen Museums. Vergebens bemühte sich der Witwer um Rosette Städel. Dennoch war er bis zu seiner Über-

siedlung nach Speyer im Hause Willemer ein gern gesehener Gast. Die Goethe-Bekanntschaft datierte aus der gemeinsamen Straßburger Studienzeit.

Johann Nepomuk Schelble (1789-1837)
Geboren in Hüfingen, war er zunächst Hofsänger in Stuttgart, dann Opernsänger in Wien. 1816 wurde der Tenor ans Frankfurter Nationaltheater verpflichtet. Aber die darstellende Seite seines Berufs lag ihm nicht, daher zog er sich von der Bühne zurück. In der Wohnung des Künstlers fand man sich sonntags zur Aufführung von Kammermusik ein. Von 1818 an leitete er den unter Frau von Willemers Mitwirkung gegründeten Cäcilien-Verein. Dort sang man bereits 1820 Mozarts Requiem. 1829 dirigierte Schelble die erste Frankfurter Aufführung von Bachs Matthäus-Passion. Nach seiner Erkrankung übernahm Felix Mendelssohn-Bartholdy den Chor.

Sulpiz Boisserée (1783-1854)
hat in seinem Tagebuch Goethes letzten Aufenthalt in der Heimat ausführlich dokumentiert. Als Freund und Begleiter nahm er am Divan-Geschehen beobachtend teil und hielt auch später durch Briefe und Besuche zwischen Weimar und Frankfurt Kontakt.
   In Heidelberg hatten die Brüder Boisserée den Dichter 1814 und 1815 jeweils zwei Wochen zu Gast. Sie hofften auf ein wirksames Wort in der Öffentlichkeit zur Vollendung des Kölner Doms und konnten den „Klassiker" Goethe kurzzeitig für ihre Sammlung altdeutscher Kunst interessieren. Er wohnte im Sickingen-Palais neben den Bildern und sah sie sich einzeln Tag für Tag an. Die Gemälde wurden später veräußert und bildeten den Grundstock zur Münchner Alten Pinakothek.

Das Ehepaar Schlosser
führte im Sommer auf Stift Neuburg bei Heidelberg ein offenes Haus. Auch Marianne von Willemer war nach dem Tod ihres Mannes hier

häufig zu Gast. Es verband sie mit der Familie deren Katholizismus und eine tiefgegründete Sympathie. Fritz Schlosser (1780-1851) war über den Ehemann von Cornelia Goethe mit dem Dichter verwandt und konnte ihm in Frankfurt als Rechtsgelehrter mehrfach gefällig sein. Im übrigen unterstützte er tatkräftig Steins Monumenta-Projekt. Auf Stift Neuburg gab es eine umfangreiche Bibliothek (16.000 Bände) und allerlei Goethe-Reliquien. Am wertvollsten aber war für die alte Geheimrätin der Ort. Heidelberg barg viele Erinnerungen. Und das Ehepaar Schlosser hatte Goethe gekannt und geliebt.

Bekannte

Unter den Frankfurter Großbürgern zeichneten sich die Brentanos durch intensive, aber auch wechselhafte Beziehungen zu den Willemers aus. Einige Familienmitglieder seien hier beispielhaft aufgeführt.

Clemens Brentano (1778-1842)
Er hatte die jugendliche Tänzerin Marianne Jung auf der Bühne bewundert. Später gab er dem Mädchen Gitarrenunterricht. Es kam zu Spannungen mit Willemer, als Grund für den Hausverweis vermutet man Eifersucht. Mit Achim von Arnim brachte er 1805 in Heidelberg „Des Knaben Wunderhorn" heraus. Von 1818 bis 1824 zeichnete er in Dülmen die Visionen der stigmatisierten Nonne Anna Katharina Emmerick auf.

Am Ende eines unstet-verworrenen Lebens wandte sich Clemens mit der Widmung seines Gockel-Märchens noch einmal der Jugendliebe Marianne zu.

Bettine Brentano (1785-1859)
ging mit der jungen Marianne zeitweise recht freundschaftlich um. Ihre extensive Goetheverehrung sah diese jedoch nicht ohne Kritik.

In fortgeschrittenem Alter hat Frau von Willemer Begegnungen tunlichst vermieden. Zu „Goethes Briefwechsel mit einem Kinde" äußerte sie sich sehr distanziert.

Eine Verbindung verdient noch erwähnt zu werden: Bettines jüngste Tochter, Gisela von Arnim, heiratete den Gelehrten und Goethe-Forscher *Herman Grimm* (1828-1901). Diesem jungen Verehrer und Freund hat die alte Geheimrätin Willemer das Suleika-Geheimnis anvertraut.

Christian Brentano (1784-1851)
hatte dem Vorbild seines Bruders Clemens folgend, im Jahre 1818 eine Generalbeichte abgelegt und brachte auch Marianne nach Bramys Tod dazu, sich der katholischen Kirche mit Beichte und Kommunion wieder anzunähern.

Meline Brentano (1788-1861)
Die schönste aller Brentano-Töchter war verheiratet mit dem Frankfurter Senator Georg Friedrich von Guaita. Sie führten ein großes Haus, in dem auch Goethe gelegentlich einkehrte. Durch das jährlich wechselnde Bürgermeisteramt bestand besonders zur Familie Gehard Thomas freundschaftlicher Kontakt.

Georg Brentano (1776-1851)
war der älteste Sohn der frühen Goethe-Freundin Maxe La Roche. Er leitete im Handelsimperium der Brentanos die Bank. Sein Reichtum gestattete ihm die Anlage eines märchenhaften Parkes in Rödelheim. An der Planung soll auch Goethe teilgehabt haben. In diesem Anwesen traf sich die Großfamilie zu besonderen Festen, und Clemens machte den maître de plaisir.

Franz Brentano (1765-1844)
Der Kaufmann, Schöffe, Senator der Stadt Frankfurt war das unbestrittene Familienoberhaupt und hielt (auch finanziell) die exzen-

trischen Geschwister zusammen. Seine Frau, die stolze Antonie von Birkenstock, Freundin Beethovens, hatte eine Fülle von wertvollen Gemälden und Kupferstichen aus ihrem Wiener Erbe nach Frankfurt gebracht. Goethe sah sich die Kunstschätze an, war auch 1814 einige Tage auf dem Winkeler Landgut des Paares zu Gast, genoß den berühmten Rheingauer Wein und bedankte sich mit Versen, die man dort heute noch unter Glas bewundern kann.

Nachwort

Ein Roman über Marianne von Willemers Goethe-Begegnung? Wozu? Gibt es da nicht schon Zeitungsartikel, Essays, Bücher genug? Doch, es gibt sie, sogar in einer ziemlich ungebrochenen Tradition. Und die lange Freundschaft des Paares ist im Briefwechsel beider Familien bewahrt, herausgegeben und hervorragend kommentiert. Wozu also noch ein Roman?

Vielleicht, weil ich dachte, daß alles Gesagte nicht nah genug bei den Menschen ist. Und daß man die Szenerien der wichtigsten Handlungsorte lebendiger darstellen kann. Vielleicht auch, weil ich Goethe trotz aller Bewunderung schon immer erschreckend fand. Und weil ich das Muster solcher Beziehungen kenne, den zu entrichtenden Preis, aber auch den Gewinn.

Vor Marianne von Willemers einsamer, wenig gepflegter Grabstätte auf dem Frankfurter Hauptfriedhof stand ich und träumte von einem „Denkmal", das ihrer würdig sei. Von einem liebenswerten Buch über die liebenswerteste aller Goethefreundinnen, ohne die der Westöstliche Divan, wie wir ihn kennen, nicht vorstellbar ist.

Es war nicht viel zu erfinden. Die Geschichte ist dramatisch genug, auch wenn es nach Goethes Abschied nur noch den Briefwechsel gab. Für zwei Kapitel entschloß ich mich zur Auswahl authentischer Texte, welche von den schwankenden Stimmungen zwischen Frankfurt und Weimar beredtes Zeugnis ablegen. Kein Nacherzählen, so schien es mir, würde die Wirkung dieser Zitate einholen können.

In der deutschen Literatur gibt es kaum schönere Liebesgedichte als die an Suleika. Oft läßt sich ahnen, auf welche Weise sie angeregt wurden, wie sie entstanden sind. Nachweisen kann man das alles nicht, nur den Anspruch erfüllen, in der Darstellung ziemlich wahrscheinlich zu sein. Der Gedichtvortrag gehörte (wie der Gesang) zur Unterhaltung der Gerbermühle-Gesellschaft. Poesie erfüllte den

Sommer im „Jahr der Welten", deshalb brauchen die Verse auch Raum im Roman.

Eine Verlegenheit: Wie läßt man den Dichter reden, sofern man Gespräche entwirft? Ich half mir mit Themen und Wendungen aus den autobiographischen Schriften, zog auch die Eckermann- und Kanzler Müller-Notate heran. Manches entnahm ich dem Tagebuch von Sulpiz Boisserée.

Frei erfunden sind ein paar Szenen um Passavant und vor allem um den Familienfreund Elias Mieg. Dessen hohe Wertschätzung wird mehrfach bezeugt, doch die Überlieferung läßt uns hier fast völlig im Stich.

Bleibt noch ein Wort des Dankes, das meinen begleitenden Helfern gilt. Museen und Archive haben mir Unterstützung gewährt. Bally schickte ein Foto von den gestickten Suleika-Pantoffeln, Düsseldorf sandte Noten von Reichardt, die Ysenburger kopierten Briefe von Mieg, im Frankfurter Hochstift erlaubte man mir das Handschriften-Studium. Freunde lieferten Informationen über den Stand der Zahnheilkunde zu Goethes Zeit oder über die widersprüchliche Rechtslage zum Duell.

Stellvertretend für alle hilfreichen Geister sei hier Almut Junker genannt. Sooft ich Fragen an das Historische Museum der Stadt Frankfurt hatte, war sie mit Antworten für mich da, lieferte Pläne, Grafiken, Tabellen, oft auch den Kommentar.

Und dann gibt es da noch meinen Berliner „Privatlektor" Dietz Buchhierl. Er ergänzte die Liste der Sekundärliteratur, er machte Titelvorschläge, er sorgte dafür, daß im Roman nur zeitgemäße Rosensorten und Hunderassen erschienen. Er schickte Bilder vom Wiedehopf, welcher im Divan Hudhud heißt. Und er wachte darüber, daß keine unzulässigen Modernismen die Atmosphäre verdarben. Ihm sei zuletzt und am allermeisten gedankt.

Kaiserslautern, September 1998
Ruth Istock

Inhalt

Die Nachricht *7*
Wasser wird sich ballen *16*
Memento mori *29*
Zwischenspiel *38*
Da du nun Suleika heißest *52*
Gast auf der Mühle *64*
Geburtstag *78*
Mich verwirren will das Irren *87*
Zwei, die sich erlesen *98*
Gnadenfrist *108*
Nachtgespräch *121*
Heidelberg *129*
Gelegenheit zum Weinen *144*
Warten *154*
Einladungen und Ausflüchte *166*
Doktor Passavant *175*
Freundschaft *187*
Botschaften hin und her *200*
Hudhud läuft über den Weg *215*
Geschenke *223*
Eifersucht *234*
Gegönnte Zeit *250*
Im Zauberkreis *260*

Anhang *271*

Die deutsche Bibliothek – CIP-Einheitsaufnahme

Istock, Ruth:
Da du nun Suleika heißest : Marianne von Willemers
Goethe-Jahre / Ruth Istock.
Blieskastel: Gollenstein, 1998
ISBN 3-930008-97-1

Alle Rechte vorbehalten
© 1998 Gollenstein Verlag, Blieskastel

Buchgestaltung Aniela Kuenne
unter Verwendung zweier Bilder
des Freien Deutschen Hochstifts, Frankfurt a. M.:
Kurt Joseph Raabe: J. W. v. Goethe, Öl auf Holz, 1814
Johann Jacob de Lose: Marianne von Willemer, um 1809
Pastell; Foto: © Ursula Edelmann, Frankfurt a. M
Satz Karin Luck und Alexandra Erbach
Schrift Meridien und Poppl Exquisit
Papier Alster Werkdruck, 90 g
Lithos und Druck Bliesdruckerei P. Jung GmbH
Bindung Buchbinderei Schwind, Trier

2. Auflage 1999

Printed in Germany
ISBN 3-930008-97-1